Theorie und Empirie Lebenslangen Lernens

Herausgegeben von
Ch. Hof, Frankfurt/Main, Deutschland
J. Kade, Frankfurt/Main, Deutschland
H. Kuper, Berlin, Deutschland
S. Nolda, Dortmund, Deutschland
B. Schäffer, München, Deutschland
W. Seitter, Marburg, Deutschland

Mit der Reihe verfolgen die Herausgeber das Ziel, theoretisch und empirisch gehaltvolle Beiträge zum Politik-, Praxis- und Forschungsfeld *Lebenslanges Lernen* zu veröffentlichen. Dabei liegt der Reihe ein umfassendes Verständnis des Lebenslangen Lernens zugrunde, das gleichermaßen die System- und Organisationsebene, die Ebene der Profession sowie die Interaktions- und Biographieebene berücksichtigt. Sie fokussiert damit Dimensionen auf unterschiedlichen Aggregationsniveaus und in ihren wechselseitigen Beziehungen zueinander. Schwerpunktmäßig wird die Reihe ein Publikationsforum für NachwuchswissenschaftlerInnen mit innovativen Themen und Forschungsansätzen bieten. Gleichzeitig ist sie offen für Monographien, Sammel- und Tagungsbände von WissenschaftlerInnen, die sich im Forschungsfeld des Lebenslangen Lernens bewegen. Zielgruppe der Reihe sind Studierende, WissenschaftlerInnen und Professionelle im Feld des Lebenslangen Lernens.

www.TELLL.de

Herausgegeben von

Christiane Hof
Goethe-Universität
Frankfurt/Main

Jochen Kade
Goethe-Universität
Frankfurt/Main

Harm Kuper
Freie Universität Berlin

Sigrid Nolda
Technische Universität Dortmund

Burkhard Schäffer
Universität der Bundeswehr München

Wolfgang Seitter
Philipps-Universität Marburg

Barbara Dietsche

Verwaltung in Weiterbildungseinrichtungen

Vom diffusen Unbehagen zum professionell-reflektierten Umgang mit Verwaltungstätigkeiten

Mit einem Geleitwort von Sigrid Nolda

Springer VS

Barbara Dietsche
Egelsbach, Deutschland

Dissertation Philipps-Universität Marburg, Fachbereich Erziehungswissenschaften, 2014, u.d.T. Barbara Dietsche: Verwaltung in Weiterbildungseinrichtungen. Eine Untersuchung der Beschreibungen von Verwaltungstätigkeiten verschiedener Berufspositionen im Hinblick auf Verwaltungsverständnis und Verhältnisbestimmungen.

Erstgutachter: Prof. Dr. Wolfgang Seitter
Zweitgutachter: Prof. Dr. Benno Hafeneger
Einreichungstermin: 27. Januar 2014
Prüfungstermin: 12. Juni 2014

Theorie und Empirie Lebenslangen Lernens
ISBN 978-3-658-09303-7   ISBN 978-3-658-09304-4 (eBook)
DOI 10.1007/978-3-658-09304-4

Die Deutsche Nationalbibliothek verzeichnet diese Publikation in der Deutschen Nationalbibliografie; detaillierte bibliografische Daten sind im Internet über http://dnb.d-nb.de abrufbar.

Springer VS
© Springer Fachmedien Wiesbaden 2015
Das Werk einschließlich aller seiner Teile ist urheberrechtlich geschützt. Jede Verwertung, die nicht ausdrücklich vom Urheberrechtsgesetz zugelassen ist, bedarf der vorherigen Zustimmung des Verlags. Das gilt insbesondere für Vervielfältigungen, Bearbeitungen, Übersetzungen, Mikroverfilmungen und die Einspeicherung und Verarbeitung in elektronischen Systemen.
Die Wiedergabe von Gebrauchsnamen, Handelsnamen, Warenbezeichnungen usw. in diesem Werk berechtigt auch ohne besondere Kennzeichnung nicht zu der Annahme, dass solche Namen im Sinne der Warenzeichen- und Markenschutz-Gesetzgebung als frei zu betrachten wären und daher von jedermann benutzt werden dürften.
Der Verlag, die Autoren und die Herausgeber gehen davon aus, dass die Angaben und Informationen in diesem Werk zum Zeitpunkt der Veröffentlichung vollständig und korrekt sind. Weder der Verlag noch die Autoren oder die Herausgeber übernehmen, ausdrücklich oder implizit, Gewähr für den Inhalt des Werkes, etwaige Fehler oder Äußerungen.

Gedruckt auf säurefreiem und chlorfrei gebleichtem Papier

Springer Fachmedien Wiesbaden ist Teil der Fachverlagsgruppe Springer Science+Business Media
(www.springer.com)

Geleitwort

In den letzten Jahren ist, nicht zuletzt in der Reihe „Theorie und Empirie des Lebenslangen Lernens", eine Reihe von Arbeiten zu Fragen der öffentlich geförderten Erwachsenenbildung erschienen. Die Aufmerksamkeit hat sich dabei auf Fragen der Organisations- und Personalentwicklung sowie auf den Kreativität suggerierenden Bereich steuernden Managements gerichtet. Die Ebene der Verwaltung dagegen, der schon immer von idealistisch geprägten Erwachsenenbildnern mit Misstrauen begegnet, als bestenfalls notwendig eingeschätzt, auf jeden Fall als aber nicht weiter bemerkenswert vernachlässigt wurde, ist in der Literatur bisher nicht eigens behandelt worden.

Mit der vorliegenden Arbeit von Barbara Dietsche wird Verwaltung nicht nur in den Fokus gerückt, sie wird auch Objekt einer anspruchsvollen, Empirie und Theoriearbeit verbindenden, akribisch vorgehenden, dabei aber geradezu spannenden Analyse. Diese baut auf einer systematisierenden Ermittlung dessen, was aus Sicht der verschiedenen Mitarbeitergruppen als Verwaltungstätigkeit gilt, auf, rekonstruiert dann die Bedeutungen, die diese der Tätigkeit beimessen, um schließlich empirisch fundiert ein Thema in einer bisher nicht erreichten Komplexität darzustellen, das reduziert auf die Spannung zwischen Verwaltung und Pädagogik, die Erwachsenenbildung seit den Anfängen ihrer Institutionalisierung begleitet.

Ihr theoretisches Rüstzeug bezieht die Arbeit im Wesentlichen aus dem Neo-Institutionalismus einerseits und der Rollentheorie andererseits. Damit werden Rollen, Aufgabenverständnis und Spielräume enthaltende Tätigkeiten von Mitarbeitern in Weiterbildungseinrichtungen fokussiert, Bürokratie als institutionalisiertes, nicht allein an bestimmte Mitarbeiter(-Gruppen) gebundenes Rollenelement definiert und ein Blick auf Verwaltung als Verbindungsstelle zur Umwelt von Organisationen ermöglicht. Die Verwendung von Begriffen wie Rollenpartnerschaft und Rollenelement verweist auf ein dynamisches Tätigkeitsverständnis, das die jeweiligen Rollenpartner einbezieht und die Möglichkeit der Verbindung verschiedener Rollen in einer Person oder Berufsgruppe anzeigt. Es kennzeichnet das Niveau der Arbeit, dass Theorievorgaben und -begrifflichkeiten nicht einfach übernommen, sondern kombinatorisch genutzt werden, um empirisch rekonstruierte Phänomene zu benennen und den Blick dafür zu öffnen.

Die empirische Grundlage bieten leitfadengestützte Interviews mit Mitarbeitern der Positionen Leitung, Verwaltungsleitung, Pädagogische Mitarbeiter, Verwaltungsmitarbeiter, Außenstellenleitung und Kursleiter aus unterschiedlichen Einrichtungstypen. Die Kombination zwischen dem aus der Fachliteratur bezogenen und in den Leitfaden eingegangenen Vorwissen und der Aufmerksamkeit für das in den Interviews Geäußerte führt nicht nur zur Offenlegung der Einstellungen der Befragten, sie dient auch zur Erweiterung bzw. Korrektur des Wissens über die Tätigkeiten, die als solche der Verwaltung bezeichnet werden. So erscheint etwa die Tätigkeit des Dokumentierens nicht nur als eine wesentliche Verwaltungstätigkeit von Weiterbildungseinrichtungen, sie wird auch in ihrer Funktion erkennbar, Transferleistungen zu erbringen, Perspektiven ein-, aber auch auszuschließen und Anschlüsse an andere Kontexte zu ermöglichen. Die Arbeit bietet so ein differenziertes Bild der tatsächlichen Arbeiten von Verwaltung in Weiterbildungseinrichtungen, ihrer Einschätzungen durch die unterschiedlichen Berufsgruppen und ihrer vielfältigen Funktionen.

Den Clou bildet ein zusätzliches Kapitel, das das Thema in einen zeithistorischen Kontext stellt und die Entwicklung von den 1950er Jahren bis heute anhand verwaltungspolitischer Leitbilder nachzeichnet – zum einen, um die Untersuchung selbst in dem aktuellen politischen und theoretischen Diskurs zu verorten, zum anderen, um darauf hinzuweisen, dass inzwischen historische Konzepte zumindest in Teilen auch heute noch wirksam sind. Es ist also nicht nur das Plädoyer für die Berücksichtigung eines bisher vernachlässigten, alle Berufsgruppen in Weiterbildungseinrichtungen betreffenden Bereichs und damit auch der einschlägigen Fachliteratur der Arbeit zu entnehmen, sondern auch ein Plädoyer für die Einnahme einer historischen Perspektive, um aktuelle Themen der auf Erwachsenen-/Weiterbildung bezogenen Organisations- und Professionsforschung zu untersuchen.

Sigrid Nolda

Inhaltsverzeichnis

Geleitwort 5
1   Einleitung 11
2   Verwaltungstätigkeiten in Weiterbildungseinrichtungen:
      Begriffe und Vorannahmen zum Gegenstand 15
2.1   Weiterbildungseinrichtungen und ihre Berufspositionen 15
2.1.1 Handlungsebenen der Weiterbildung 16
2.1.2 Träger, Weiterbildungseinrichtungen, Organisation und Institution 17
2.1.3 Berufspositionen in Weiterbildungseinrichtungen 20
2.1.4 Rollenbegriffe 23
2.2   Managen, Organisieren, Verwalten 26
2.2.1 Managen 26
2.2.2 Organisieren 26
2.2.3 Verwalten 27
2.3   Funktionaler Verwaltungsbegriff, öffentliche Aufgaben,
      öffentliche Verwaltung und Bürokratie 27
3   Forschungsstand zu Verwaltung in Weiterbildungseinrichtungen ... 31
3.1   – auf Trägerebene 31
3.2   – auf Einrichtungsebene 32
3.2.1 Integration von makrostrukturellen Widersprüchen in Einrichtungen 33
3.2.2 Verhältnis von Verwaltungsmitarbeitenden und pädagogischen
      Mitarbeitenden 34
3.3   – auf Mitarbeiterebene 37
3.3.1 Verwaltung in der Arbeitssituation von pädagogischen Mitarbeitenden. 37
3.3.2 Verwaltungstätigkeiten 39
4   Forschungsmethode und -prozess 43
4.1   Erhebung 43
4.1.1 Zugang zum Feld 44
4.1.2 Sample von Einrichtungen und Berufspositionen 44
4.1.3 Interviewleitfaden und Interviewführung 46
4.1.4 Aufbereitung der Daten 49
4.2   Auswertung 50

4.2.1	Inhaltsanalyse der Tätigkeiten	50
4.2.2	Auswertungsstrategien für die Analyse der Verwaltungsverständnisse und der Verhältnisbestimmungen	51
5	**Das Verwaltungsverständnis in Weiterbildungseinrichtungen**	**55**
5.1	Assoziationen	56
5.1.1	Abteilung, interne Organisationseinheit	56
5.1.2	Auftraggeber, externe (öffentliche) Organisationseinheit	56
5.1.3	Elektronische Datenverarbeitung	57
5.2	Modi	58
5.2.1	Dokumentieren	59
5.2.2	Kontrollieren	59
5.2.3	Verwaltungstechnisches Vorgehen	60
5.2.4	Planen	60
5.2.5	Organisieren	61
5.2.6	Routinemäßiges Abarbeiten	61
5.3	Bedeutungszuschreibungen	62
5.3.1	Verwaltung schafft Überblick	62
5.3.2	Verwaltung ist Unterstützung	63
5.3.3	Verwaltung sichert infrastrukturelle Basis	63
5.3.4	Verwaltungspositionen stehen im Zentrum	64
5.3.5	Verwaltung hat Macht inne	64
5.3.6	Verwaltung ist viel „Kleinkram"	65
6	**Verwaltungstätigkeiten, Verwaltungsverständnis und Relationskonzeptionen der Berufspositionen**	**67**
6.1	Leitende (L)	67
6.1.1	Die Rollenpartnerschaften der Leitungsposition	68
6.1.2	Die Verwaltungstätigkeiten der Leitenden	74
6.1.3	Das Verwaltungsverständnis der Leitenden	81
6.1.4	Die Relationskonzeptionen der Leitenden	83
6.2	Verwaltungsleitung (VMAL)	87
6.2.1	Die Rollenpartnerschaften der Verwaltungsleiterposition	87
6.2.2	Tätigkeiten der Verwaltungsleitung	91
6.2.3	Das Verwaltungsverständnis der Verwaltungsleiterin	93
6.2.4	Die Relationskonzeptionen der Verwaltungsleitung	94
6.3	Verwaltungsmitarbeitende (VMA)	95
6.3.1	Die Rollenpartnerschaften der Verwaltungsmitarbeitenden	96
6.3.2	Tätigkeiten der Verwaltungsmitarbeitenden	100
6.3.3	Das Verwaltungsverständnis der Verwaltungsmitarbeitenden	104
6.3.4	Die Relationskonzeptionen der Verwaltungsmitarbeitenden	106

6.4	Außenstellenleitung (AUSL)	107
6.4.1	Die Rollenpartnerschaften der Außenstellenleitung	108
6.4.2	Die Verwaltungstätigkeiten der Außenstellenleiterin	111
6.4.3	Das Verwaltungsverständnis der Außenstellenleiterin	113
6.4.4	Relationskonzeptionen der Außenstellenleiterin	114
6.5	Pädagogische Mitarbeitende (HPM)	116
6.5.1	Die Rollenpartnerschaften der pädagogischen Mitarbeitenden	116
6.5.2	Die Verwaltungstätigkeiten der pädagogischen Mitarbeitenden	121
6.5.3	Das Verwaltungsverständnis der pädagogischen Mitarbeitenden	127
6.5.4	Die Relationskonzeptionen der pädagogischen Mitarbeitenden	128
6.6	Kursleitende (KL)	133
6.6.1	Die Rollenpartnerschaften der Kursleitenden	134
6.6.2	Die Verwaltungstätigkeiten der Kursleitenden	139
6.6.3	Das Verwaltungsverständnis der Kursleitenden	142
6.6.4	Die Relationskonzeptionen der Kursleitenden	143
7	**Relationskonzeptionen von Verwaltung und Pädagogik in Weiterbildungseinrichtungen**	**147**
7.1	Verhältnis von Berufspositionen	147
7.1.1	Verwaltungsverständnis und Verhältnisbestimmung	148
7.1.2	Unterschiedliche Schwerpunkte der Thematik in den Berufspositionen	149
7.1.3	Zuschreibung dominanter Rollenelemente	150
7.1.4	Einrichtungsspezifische Ausgestaltung der Relation der Berufspositionen am Beispiel der Reaktion auf Kundenanfragen	152
7.2	Balance von Rollenelementen/Teilrollen	155
7.2.1	Hinweise in der erwachsenpädagogischen Literatur	157
7.2.2	Institution „Bürokratie" definiert eine Teilrolle/ein Rollenelement	158
7.2.3	Situationen und Strategien des Ausbalancierens verschiedener Rollenelemente/Teilrollen	161
7.3	Verwaltung wirkt transferierend an Übergängen	164
7.3.1	Verortung der Übergänge	165
7.3.2	Funktionen von Verwaltung an den Übergängen	167
8	**Weiterbildungseinrichtungen und der Wandel verwaltungspolitischer Leitbilder**	**169**
8.1	„Aktiver Staat" – Weiterbildung als „vierte Säule"	171
8.1.1	Anerkennung von Weiterbildung als öffentliche Aufgabe	172
8.1.2	Weiterbildungsgesetzgebung	172
8.1.3	Rechtsformfrage: Kommunalisierung und damit verbundene Hoffnungen und Vorbehalte	173

8.1.4	Organisationsstrukturelles KGSt-Modell mit Wirkung auf die Zusammenarbeit von Berufspositionen bis heute	175
8.1.5	Rückblick auf die Phase	177
8.2	„Schlanker Staat" – Weiterbildungsmarkt	178
8.2.1	Bildungspolitisch gewollter Markt der Weiterbildung	179
8.2.2	Entwicklung von der Behörde zum Dienstleistungsunternehmen	180
8.2.3	Verschränkte Prozesse und formalstruktureller Aufbau mit Arbeitsgruppen	182
8.3	„Aktivierender Staat" – Weiterbildung in (gesteuerten) Netzwerken	183
8.3.1	Bildungspolitik: Netzwerke von Akteuren – Berichterstattung zur Steuerung	185
8.3.2	Anstieg von Kooperationen und Drittmittelfinanzierung und neue Aufgaben/Aufgabenprofile	187
8.4	Weiterbildung im Spiegel verwaltungspolitischer Leitbilder	188
9	**Resümee**	**191**
10	**Verzeichnisse und Anhang**	**197**
10.1	Abkürzungsverzeichnis	197
10.2	Abbildungs- und Tabellenverzeichnis	198
10.3	Verwendete Literatur	200
10.4	Anhang: Transkriptionsregeln	220

1 Einleitung

„Kleinkram" steht im Zentrum dieser Arbeit. Es geht hier um Verwaltungstätigkeiten, die unausweichlich die Alltagswirklichkeit der Mitarbeitenden[1] in öffentlichen bzw. teilweise öffentlich geförderten Weiterbildungseinrichtungen (WBE) mitprägen. Obwohl Verwaltungstätigkeiten stets präsent sind, werden sie gerne beiseitegeschoben. Damit laufen Praxis und Wissenschaft Gefahr, einen wichtigen Bereich unreflektiert und diffus zu lassen. Klärung und Reflexion von Verwaltung ist jedoch für einen differenzierten Umgang damit – vor allem im Verhältnis zu anderen Perspektiven – notwendig. Die vorliegende Studie möchte hierzu einen Beitrag leisten.

In der Erwachsenenbildungswissenschaft (vgl. im Folgenden auch Kapitel 3 Forschungsstand) wurde unter dem Begriff „Verwaltung" das Verhältnis von Träger und Einrichtungen im Zusammenhang mit der Kommunalisierung von Volkshochschulen (1970er Jahre) thematisiert. Außerdem beschäftigte man sich mit der Zusammenarbeit der Berufspositionen der pädagogischen Mitarbeitenden und der Verwaltungsmitarbeitenden. Sowohl die erwachsenpädagogische Organisations- wie auch Professionsforschung streifte das Thema Verwaltung, wenn es um die handelnde Verarbeitung von (makrostrukturellen) Widersprüchen ging. Vorgelegt wurden außerdem verschiedene Arbeiten, die die Relevanz von Verwaltungstätigkeiten belegten aber selten Genaueres über diese aussagten. Ins Zentrum einer Studie gelangten Verwaltungstätigkeiten in Weiterbildungseinrichtungen dagegen noch nie.[2]

Verwaltungstätigkeiten, bzw. als Verwaltung wahrgenommene Tätigkeiten verschiedener Berufspositionen in Weiterbildungseinrichtungen sind daher Ausgangspunkt für diese Arbeit. Sie werden anhand von drei Fragestellungen systematisierend bearbeitet:

---

1   Es werden sowohl neutrale als auch weibliche und männliche Bezeichnungen in unregelmäßiger Abfolge benutzt. Es sind immer beide Geschlechter gemeint, sofern dies nicht ausdrücklich ausgeschlossen wird.
2   Die Studie befasst sich nicht mit „Verwaltungspädagogik", die auf die Aus-/Weiterbildung im Berufsfeld der Verwaltung zielt (vgl. Gonschorrek 1989; Dieckmann 1980, zweiter Teil). Die Befassung mit organisationsstrukturellen Themen in der Diplomarbeit (vgl. Dietsche 2002b) weckte zunächst mein Interesse an der Gruppe der VerwaltungsmitarbeiterInnen (vgl. Dietsche 2002a und Dietsche 2006).

- „Welche Verwaltungstätigkeiten nennen Mitarbeitende in Weiterbildungseinrichtungen?", um strukturierend-inhaltsanalytisch die Tätigkeiten zu erkunden.
- „Was verstehen Mitarbeitende in Weiterbildungseinrichtungen unter Verwaltung?", um relevante Aspekte des Verwaltungsverständnisses zu erkennen und damit die Konturen des Begriffs für Praxis und Forschung zu schärfen.
- „Wie konzipieren Mitarbeitende die Relation von Verwaltung und Pädagogik in der Beschreibung von Verwaltungstätigkeiten?", um Funktionen und Bedeutungen von Verwaltung in der Arbeitswirklichkeit der Mitarbeitenden für weitere Theorieentwicklung und Professionalisierung greifbarer zu machen.

Im Zentrum der Ergebnisse stehen erstens die Verwaltungstätigkeiten, bzw. die als Verwaltung wahrgenommenen Tätigkeiten. Sie werden für jede Berufsposition anhand des empirischen Materials entfaltet. Aus den Beschreibungen der Verwaltungstätigkeiten heraus wurden zweitens Teilaspekte systematisiert, die das Verwaltungsverständnis prägen. Drittens wurden aus dem empirischen Material drei wesentliche Relationskonzeptionen als Vorstellungen über das Verhältnis von Verwaltung und Pädagogik, ermittelt.

Diese Studie versteht sich als praxisinspirierte, explorierende Grundlagenforschung. Es wurden dafür leitfadengestützte Interviews mit Mitarbeitenden verschiedener Berufspositionen geführt. Kursleitende, Verwaltungsmitarbeitende, pädagogische Mitarbeitende und Leitende (sowie eine Verwaltungs- und eine Außenstellenleitung) in verschiedenen Weiterbildungseinrichtungen, die öffentlich Weiterbildung anbieten, wurden zu ihren Verwaltungstätigkeiten befragt. Die qualitative Auswertung setzt damit auf der Mikro-Ebene der Mitarbeiter an. Sie nutzte „Rollenpartnerschaften" als Zugang, um Verwaltungstätigkeiten in den Kontext der Weiterbildungseinrichtungen zu stellen. Der Blick geht von dort aus auch auf die Meso-Ebene der Weiterbildungseinrichtung und auf die Makro-Ebene des Trägers und des Weiterbildungsfeldes.

Wegen dieser Zielsetzung nähert sich die Studie der Arbeitswirklichkeit in Weiterbildungseinrichtungen von der „administrativen" Seite. „Pädagogische" Aspekte werden entsprechend kurz gehalten. Das Datenmaterial stößt daher auch an seine Grenzen, wenn es z.B. um Fragen des Selbstverständnisses geht. Damit soll jedoch nicht die „Dualität von Pädagogik und Verwaltung" (Ufermann 1989ff, S. 2) im Sinne einer Gegenüberstellung von Perspektiven verstärkt werden. Es geht vielmehr um eine gegenseitige Bezugnahme, die dann professionell werden kann, wenn auch die „Verwaltung" beleuchtet wird.

In den einleitenden Kapiteln (Kapitel 2-4) wird ein strukturierendes Begriffsinstrumentarium zum Thema „Verwaltungstätigkeiten in Weiterbildungseinrichtungen" eingeführt, der Forschungsstand referiert und die Forschungsmethode erklärt. In Kapitel 2 zu Begriffen und Vorannahmen zum Gegenstand werden drei Handlungsebenen (Mikro-Meso-Makro) der Weiterbildung differenziert und Begriffe (Träger, Weiterbildungseinrichtung, Organisation und Institution) definiert. Weiterhin werden vier Berufspositionen und wichtige rollentheoretische Begriffe der Arbeit vorgestellt. Andererseits nimmt sich dieses Begriffskapitel die Verben „managen, organisieren und verwalten" in ihrer sprachlichen Bedeutung vor. Ergänzend werden im zweiten Kapitel relevante Begriffe der Verwaltungswissenschaften wie „öffentliche Aufgaben, öffentliche Verwaltung, Bürokratie" erläutert. In Kapitel 3 wird der eben angedeutete empirische Forschungsstand zu Verwaltung in Weiterbildungseinrichtungen anhand der drei Handlungsebenen dargelegt. Das vierte Kapitel erklärt die Forschungsmethode und den Forschungsprozess mit Erhebung und Auswertung.

Nach dieser Einführung werden die empirischen Ergebnisse in drei Schritten dargestellt (Kapitel 5-7). Zunächst werden in Kapitel 5 berufspositionsübergreifend die Aspekte des Verwaltungsverständnisses in Weiterbildungseinrichtungen erklärt. Anschließend werden im Kapitel 6 die Ergebnisse der einzelnen Berufspositionen entfaltet. Für Leitende (L), Verwaltungsleitung (VMAL[3]), Verwaltungsmitarbeitende (VMA), Außenstellenleitung (AUSL), Pädagogische Mitarbeitende (HPM) und Kursleitende (KL) werden hier jeweils die Rollenpartnerschaften mit ihren Themen aufgeführt, die Verwaltungstätigkeiten dargestellt, das darin ersichtliche Verwaltungsverständnis vorgestellt und die jeweils relevanten Verhältnisbestimmungen anhand von empirischem Material referiert. Darauf folgt die wiederum berufspositionsübergreifende Vertiefung der Relationskonzeptionen in Kapitel 7. Drei Schwerpunkte werden dabei verallgemeinert: Verwaltung und Pädagogik als Relation von Berufspositionen (Kapitel 7.1), als auszubalancierende Elemente einer Rolle (Kapitel 7.2) und als Transferverhältnis an Übergängen (Kapitel 7.3). Abschließend wird in Kapitel 8 die Makro-Ebene des Themas „Verwaltung in Weiterbildungseinrichtungen" angesprochen.

---

3   Die Abkürzung ist aus der Erhebung übernommen und kennzeichnet durch die Anfügung „L" die Leitungsfunktion für Verwaltungsmitarbeitende (VMA).

2 Verwaltungstätigkeiten in Weiterbildungseinrichtungen: Begriffe und Vorannahmen zum Gegenstand

Wenn Mitarbeitende in Weiterbildungseinrichtungen über zu viel Verwaltung klagen, so ist nicht eindeutig, worauf das zielt. Ist es ein Thema der Weiterbildung insgesamt, der Einrichtung, der Position und/oder der Rolle? Diese Arbeit setzt an den konkreten, als Verwaltung wahrgenommenen Tätigkeiten an und berücksichtigt verschiedene Berufspositionen. Diese sind in den Kontext ihrer Einrichtung eingebunden und die Einrichtungen wiederum in Makrostrukturen.

Zunächst gilt es, Begriffe und Vorannahmen zu klären. Im Kapitel 2.1 wird die strukturelle Einbettung von Weiterbildungseinrichtungen und ihren Mitarbeitenden in das Weiterbildungsfeld vorgestellt. Dafür wird ein analytischer Rahmen verwendet, der zwischen Makro-, Meso- und Mikroebene unterscheidet. Auf der Mesoebene der Weiterbildungseinrichtungen geht die Arbeit von vier wesentlichen Berufspositionen aus. Um auf der Mikroebene des Mitarbeiters die Analyse weiterzuführen, werden des Weiteren Begriffe aus der Rollentheorie erklärt. Im Kapitel 2.2 werden die Verben „managen", „organisieren" und „verwalten" auf sprachlicher Bedeutungsebene nebeneinander gestellt und Überlappungen festgestellt. Im Kapitel 2.3 wird der Verwaltungsbegriff definiert, um Transparenz für die Untersuchung zu schaffen. Kurze Erläuterungen zu „öffentlichen Aufgaben", „verwaltungspolitischen Leitbildern" und „öffentlicher Verwaltung" und die Nennung der Merkmale von „Bürokratie" ergänzen das strukturierende Begriffsinstrumentarium dieser Arbeit, weil diese Aspekte für die Interpretation und das Verständnis der Ergebnisse bedeutsam sind.

2.1 Weiterbildungseinrichtungen und ihre Berufspositionen

Weiterbildung[4] als „Fortsetzung oder Wiederaufnahme organisierten Lernen nach Abschluß einer unterschiedlich ausgedehnten ersten Bildungsphase" (Deutscher Bildungsrat 1971, S. 197) kann in unterschiedlichen Formen stattfinden. Für diese Arbeit relevant ist ausschließlich fremdorganisierte, nonformale und formale Weiterbildung, weil es um die Arbeit von Mitarbeitenden

---

4 Weiterbildung und Erwachsenenbildung werden in dieser Arbeit synonym benutzt.

in Weiterbildungseinrichtungen geht. Diese Bildungseinrichtungen, die Weiterbildung als Kerngeschäft betreiben, setzen jedoch nur einen Teil der Weiterbildungsveranstaltungen um.[5] Das Berichtssystem Weiterbildung ermittelte einen Anteil von 17% an besuchten Weiterbildungsveranstaltungen bei solchen Weiterbildungseinrichtungen; der größte Anteil von Weiterbildungsveranstaltungen wird mit 41% jedoch durch Arbeitgeber durchgeführt (vgl. Rosenbladt, Bilger 2008, S. 103). Da in der vorliegenden Studie außerdem auf öffentlich zugängliche Angebote fokussiert wurde, sind die Ergebnisse einer entsprechenden Anbieterforschung aus dem Jahre 2008 relevant. Diese spricht „von einer Größenordnung von etwa 25.000 Weiterbildungsanbietern in Deutschland" (Dietrich, Behrensdorf 2008, S. 24). Von einer Basis von 18.800 Weiterbildungseinrichtungen ausgehend, errechnete eine Studie einen Umfang von 1,05 Mio. Beschäftigten in der Weiterbildungsbranche, wovon 74% als Honorarkräfte/Selbstständige, weitere 10% ehrenamtlich und nur 14% sozialversicherungspflichtig beschäftigt arbeiten (vgl. WSF Wirtschafts- und Sozialforschung 2005, S. 15).

2.1.1 Handlungsebenen der Weiterbildung

Die Begriffe „didaktische Handlungsebenen" (vgl. Flechsig 1989), „institutionelle Staffelung" (Tietgens 1984a, S. 293), „Operationskreise" (Schäffter 1998; Schäffter 2001; Schäffter 2003a) und „Mehrebenensystem" (Schrader 2008a) als Ebenenkonzepte[6] haben dazu geführt, dass die Differenzierung von Handlungsebenen zum Wissensbestand der Erwachsenenbildung gehört. Sie haben systemanalytisch wie empirisch Relevanz (vgl. Schäffter 2001, S. 124; auch Schäffter 2003a, S. 69).

Die vorliegende Arbeit zu „Verwaltung in Weiterbildungseinrichtungen" nutzt diese Differenzierung und definiert drei Ebenen: Mikro, Meso und Makroebene der Weiterbildung. Ebenen helfen Komplexität zu reduzieren und Beobachtungen (auch theoretisch) zugänglich zu machen (vgl. Flechsig 1989, S. 3; auch bei Schemmann 2009, S. 354f). Die inhaltliche Beschreibung ist im Folgenden teils wörtlich an Schäffter (vgl. Schäffter 2001, S. 123ff) und Schrader (vgl. Schrader 2008a) angelehnt, wobei Schrader einen Fokus auf Akteure legt und Schäffter auf Institutionalisierungsprozesse.

---

5   Zu Differenzierungen von Formen und Segmenten sowie zur Anbieterforschung siehe Gnahs 2010b und Dollhausen 2010.
6   Sie haben jeweils einen etwas anderen Bedeutungs-, Entstehungs- und Verwendungshorizont, der hier nicht im Einzelnen ausgeführt wird. Grenzziehungen zwischen den Ebenen bzw. die Anzahl der Ebenen sind teils unterschiedlich. Auch in den Verwaltungswissenschaften wird die Differenzierung von Ebenen genutzt (vgl. etwa Benz 2009; Snellen 2006).

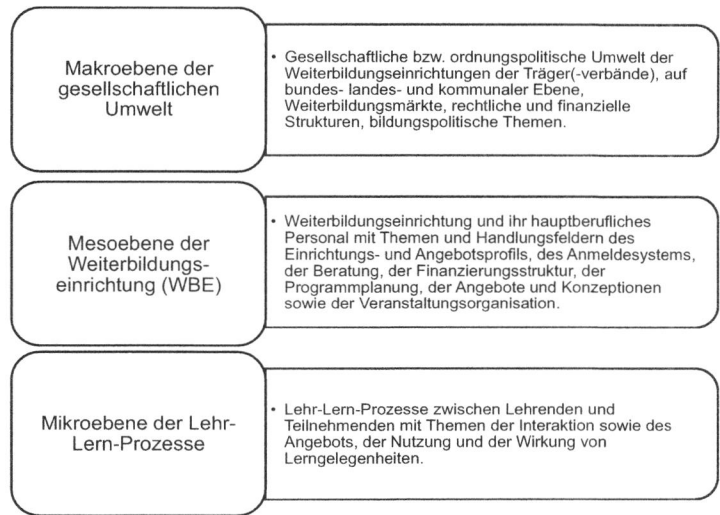

Abbildung 1: Makro-, Meso- und Mikroebene der Weiterbildung

Da diese Arbeit sich auch den handelnden Mitarbeitenden und deren Tätigkeiten eingehend widmet, soll zusätzlich von einer „Mikro-Ebene des Mitarbeiters" gesprochen werden. Diese Lesart ist in der neo-institutionalistischen Theorie aufzufinden (vgl. Meyer, Hammerschmidt 2006) und wurde z.B. bei der Erforschung von Qualitätsmanagement genutzt (vgl. Hartz, Schrader 2009, S. 324f).

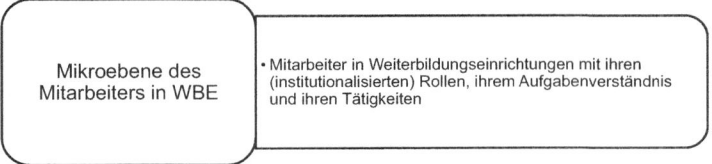

Abbildung 2: Mikro-Ebene des Mitarbeiters in WBE

Damit ist der analytische Rahmen gesetzt, um Forschungsstand und empirische sowie theoretische Ergebnisse zu verorten.

2.1.2 Träger, Weiterbildungseinrichtungen, Organisation und Institution

Vor dem Hintergrund der oben genannten „institutionellen Staffelung" werden „Träger" und „Einrichtung" unterschieden. Dies verdeutlicht eine Differenz zwischen der Planung und Durchführung von Weiterbildungsveranstaltungen durch die örtliche Weiterbildungseinrichtung einerseits und der Entscheidung sowie rechtlichen und finanziellen Verantwortung für die Weiterbildungsveranstaltungen andererseits (vgl. Tietgens 1984a, S. 293; Zeuner, Faulstich 2009, S. 170; Dollhausen 2010, S. 45f). Die Träger der Einrichtungen, so das Verständnis dieses Begriffes, tragen „die rechtliche und tatsächliche Verantwortung für die Weiterbildungseinrichtung (...) [und schaffen, B.D.] somit die Voraussetzung für die Weiterbildungsarbeit" (Gnahs 2001, S. 312; auch Gnahs 2010a). Der Begriff Träger wird hier also nicht primär im Sinne des § 21 SGB III (Drittes Buch Sozialgesetzbuch – Arbeitsförderung)[7] benutzt, der sich auf nicht öffentlich zugängliche Maßnahmen der Arbeitsförderung bezieht, sondern im Sprachgebrauch der Erwachsenenbildungs/Weiterbildungsforschung. Je nach Angebot oder Angebotsprofil einer Weiterbildungseinrichtung können § 21 SGB III und Sprachgebrauch deckungsgleich sein.

Was wird unter einer „Weiterbildungseinrichtung" verstanden? Weiterbildungseinrichtungen im Sinne dieser Arbeit sind betriebsförmige (vgl. Schäffter 1998, S. 39) Organisationen, die explizit (vgl. Kade, Nittel, Seitter 1999, S. 130f) Weiterbildung anbieten (vgl. Dollhausen 2010; auch Faulstich 2010). Eine weitere Einschränkung gilt für die Einrichtungen innerhalb dieser Untersuchung: sie haben ein öffentlich zugängliches Angebot und überwiegend sind sie Körperschaften öffentlichen Rechts. Der Begriff „Weiterbildungseinrichtung" wird in dieser Arbeit deshalb präferiert, weil er den gewählten Zugang zum Gegenstand und den Horizont der empirischen Beobachtungen präziser beschreibt als der allgemeinere Begriff der „Organisation".

In der Erwachsenenbildung/Weiterbildung wird von der „organisationsbezogenen Wende [im Original fett]" (Küchler, Schäffter 1997, S. 43; auch Schäffter 2003a) gesprochen[8], mit der sich auch die erwachsenpädagogische Organisationsforschung entwickelt hat und die sich derzeit etabliert (vgl. Dollhausen, Feld, Seitter 2010b, S. 15). Der Organisationsbegriff ist vielschichtig und wird von unterschiedlichen Fachdisziplinen in Anspruch genommen. Der Begriff kann für diese Arbeit jedoch nicht abschließend definiert werden; es werden aber einige wichtige Vorannahmen artikuliert.

Zunächst erfordert der Organisationsbegriff, ob bzw. wann er eher prozessual oder institutionell (Unterscheidung nach Schreyögg 1999) verstanden wird. Anzutreffen ist in der erwachsenenpädagogischen Organisationsforschung

---

[7] Rechtsnormen werden in dieser Arbeit mit Paragraph und Gesetzesname zitiert. Die Belege wurden inhaltlich am 28.12.2013 anhand des Dienstangebots „Gesetze im Internet" des Bundesministeriums der Justiz und Verbraucherschutz unter der URL http://www.gesetze-im-internet.de zuletzt geprüft.

[8] Vor der auch der Begriff der „Verwaltung" und „Organisation" tendenziell synonym verwendet wurden.

ein z.B. in der Organisationspsychologie und den Wirtschaftswissenschaften gebräuchlicher (institutioneller) Organisationsbegriff (vgl. z.B. Kil 2003, S. 15; Kil 1998, S. 32; Hartz, Schardt 2010, S. 23; Rosenstiel 2000, S. 5f; Schreyögg 1999, S. 9ff). Diese Begriffsverwendung zielt auf das oben dargelegte Verständnis einer Einrichtung. Sofern weiterhin im Rahmen dieser Arbeit von „Organisationsstruktur" oder von „Organisationseinheit" die Rede ist, verweisen diese Begriffe auf organisatorische Differenzierung bzw. Arbeitsteilung und organisatorische Integration bzw. Kooperation in den Einrichtungen (vgl. Schreyögg 1999; Kieser, Walgenbach 2010, S. 71; Schulte-Zurhausen 2010, S. 4).

Anregend für diese Arbeit ist zudem die Auffassung, „dass Organisation als ein Zusammenspiel verschiedener Fachkompetenzen [im Original fett hervorgehoben] zu einer komplexen Verknüpfungsstruktur verstanden wird" (Küchler, Schäffter 1997, S. 60). Offen bleiben soll an dieser Stelle, ob die Autoren dies ausschließlich auf einrichtungsinterne, sich verknüpfende Einheiten (i.e.S. Abteilungen oder Berufspositionen) beziehen. Denn aufgrund Schäffters Rezeption von Weick (Weick 1976) und aufgrund seines Konzepts der „Schlüsselsituation"[9] kann angenommen werden, dass er nicht nur eine strukturfunktionale Ansicht vertritt (vgl. Schäffter 1987, S. 165). Aus systemtheoretischer Sicht auf Organisationen bzw. Weiterbildungseinrichtungen erscheinen Organisationen im Allgemeinen als Ort struktureller Kopplung von Funktionssystemen (vgl. Tacke 2004; Lieckweg 2001). Weiterbildungsorganisationen im Speziellen erscheinen als „multireferentielle Systeme" (Dollhausen 2008, S. 23; vgl. Tacke 2004, S. 23) etwa in den Funktionsbezügen zu Wissenschaft, Politik, Recht oder/und Wirtschaft. Schrader geht in Bezug auf die verschiedenen Ebenen davon aus, dass „Erwartungsstrukturen (…) re-kontextualisiert werden" (Schrader 2008a, S. 45, Hervorhebung im Original). Das bedeutet auch, dass auf den verschiedenen Ebenen des Weiterbildungssystems die Bezüge zu Funktionssystemen (handelnd) interpretiert werden.

Mit den bisherigen Ausführungen wird deutlich, dass der abschließend zu definierende Begriff der „Institution" sich nicht auf die betriebsförmige Einrichtung beziehen kann. Vielmehr wird der Begriff im neo-institutionalistischen Sinne genutzt. „Eine soziale Regel ist dann eine Institution, wenn sie maßgeblich für ein empirisches Phänomen ist, wenn sie in sozialer Hinsicht für einen oder mehrere Akteure verbindlich ist und wenn sie zeitlich von langer Dauer ist." (Senge 2006, S. 44).[10]

---

9   Das Konzept wird im Zusammenhang mit den Ergebnissen in Kapitel 7 aufgegriffen.
10 vgl. auch Senge 2005, S. 120; frühere Rezeption eines sozialwissenschaftlichen Institutionenbegriffs in der Erwachsenenbildung siehe Schäffter 2001, S. 40; aktueller Koch, Schemmann 2009b, S. 7; Schrader 2011, S. 108

2.1.3 Berufspositionen in Weiterbildungseinrichtungen

Da die Arbeit auf die Mitarbeiterebene eingeht, ist über Berufspositionen in Weiterbildungseinrichtungen nachzudenken. Die vorliegende Arbeit geht von vier Berufspositionen aus: den Leitenden (L), den Kursleitenden (KL) bzw. Lehrenden, den hauptamtlich pädagogischen Mitarbeitenden (HPM) und den Verwaltungsmitarbeitenden (VMA). Diese vier Positionen unterscheidet idealtypisch auch das Deutsche Institut für Erwachsenenbildung (DIE) als Berufsbilder[11].

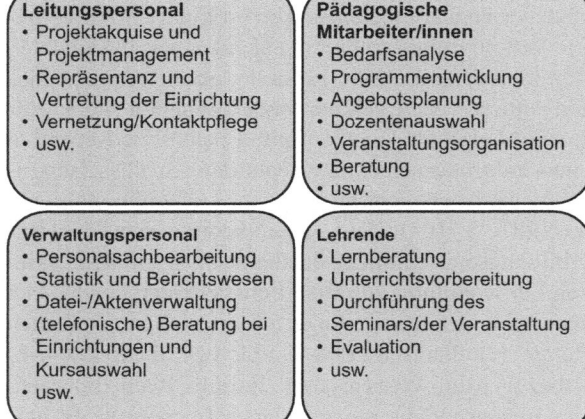

Abbildung 3: Berufsbilder in der Erwachsenenbildung (Mania, Strauch 2010, S. 76)

Der Überblick in dieser Abbildung vermittelt einen ersten Eindruck von den Aufgaben der vier Positionen. Diese Schwerpunktsetzung soll jedoch nicht verkennen, dass es in den einzelnen Einrichtungen auch andere Positionen[12] gibt, da Einrichtungen unterschiedlich strukturiert sind. Auch in der vorliegenden Untersuchung sind zusätzlich eine Verwaltungsleitung (als Vorgesetzte der Verwal-

---

11 Hier wird der Begriff der Position benutzt, weil die Rollenerwartungen darauf gerichtet sind (vgl. 2.1.4).
12 Kil zählt für die VHS auf: „Volkhochschulleitende (...) Abteilungs-/Zweigstellenleitende, Fachbereichsleitende (...) Hauptamtlich Pädagogische Mitarbeitende (...) Verwaltungsleitende (...) Verwaltungsmitarbeitende (...), Hausmeister, Aushilfskräfte (...), Reinigungspersonal Mitarbeitende in „Sondermaßnahmen" (...) WeiterbildungslehrerInnen, Kursleitende" (Kil 1998, S. 24). Ein (humoristisches) „Who-is-Who" siehe Hufer, Landscheidt et al. 1992, S. 280-284.

tungsmitarbeitenden) und eine Außenstellenleitung (hier für die dezentrale, nebenberufliche Veranstaltungsorganisation) vertreten.

Welche Beschäftigungsverhältnisse und welche Anteile können für die Positionen angenommen werden? Gemäß der VHS-Statistik aus dem Arbeitsjahr 2011 (vgl. Huntemann, Reichart 2012), kann bei Leitungs- und Verwaltungspersonal sowie bei pädagogischen Mitarbeiter/innen von einem hauptberuflichen Beschäftigungsverhältnis ausgegangen werden. In Volkshochschulen einiger Bundesländer (Baden-Württemberg, Bayern, Rheinland-Pfalz, Saarland, Schleswig-Holstein) sind auch Leitende an (eher kleineren aber selbstständigen) Volkshochschulen nebenberuflich tätig. Der Anteil an befristeten Beschäftigungsverhältnissen ist – so die VHS-Statistik – bei pädagogischen Mitarbeitenden im Vergleich zu den Verwaltungsmitarbeitenden höher (vgl. Huntemann, Reichart 2012, Tabelle 2). Dass der Anteil der freiberuflich tätigen Lehrenden/Kursleitenden in der Weiterbildungsbranche mit 74% hoch ist, haben die eingangs angeführten Zahlen bereits belegt (vgl. WSF Wirtschafts- und Sozialforschung 2005, S. 15). Hessische Volkhochschulen beispielsweise meldeten für die VHS-Statistik 2011 insgesamt 11.856 Kursleiter/innen (Personen) und 597 hauptberufliche Stellen, die sich auf Leitungen (35 Stellen), pädagogische Mitarbeitende (258 Stellen) und Verwaltungsmitarbeitende (304 Stellen) verteilen (Huntemann, Reichart 2012, Tabellen 2 und 3).

Gemeinsam setzen die Mitarbeitenden die Schlüsselprozesse der Weiterbildungseinrichtungen um: im Zentrum stehen Prozesse der Programmplanung und Kursumsetzung/-durchführung. In Bezug auf die Zusammenarbeit von hauptberuflichem Personal sind zwei organisationsstrukturelle Modelle in der Literatur beschrieben worden: das „KGSt-Modell" und das „Arbeitsgruppen-Modell". Die damit verbundenen, ebenfalls ideal-typischen Organigramme werden hier aufgeführt.

Das KGSt-Modell[13] (vgl. Kommunale Gemeinschaftsstelle für Verwaltungsvereinfachung 1973, S. 26) aus dem Gutachten „Volkshochschule" sieht eine zentrale Verwaltungsabteilung und daneben durch pädagogische Mitarbeitende besetzte, fachthematisch differenzierte Abteilungen vor. Ausgangspunkt für diese Struktur ist der „Verwaltungsgliederungsplan" (vgl. Kommunale Gemeinschaftsstelle für Verwaltungsvereinfachung 1968), der bis heute in der Kommunalverwaltung häufig Bestand hat (vgl. Bogumil, Jann 2009, S. 160).

---

13 KGSt: „Kommunale Gemeinschaftsstelle für Verwaltungsvereinfachung", seit dem Jahr 2005 „Kommunale Gemeinschaftsstelle für Verwaltungsmanagement".

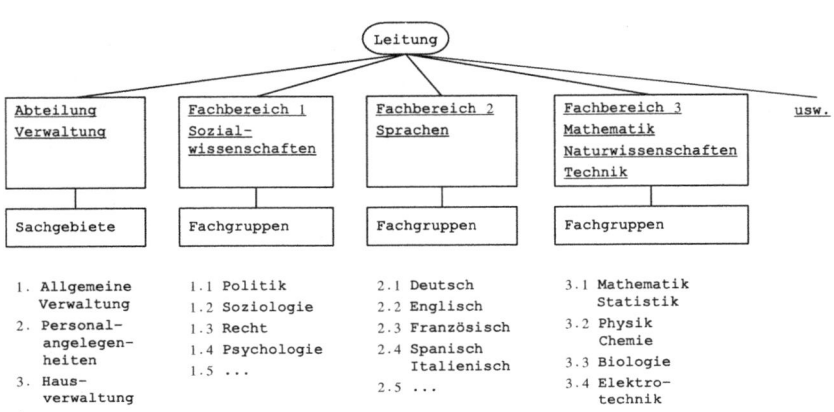

Abbildung 4: KGSt-Modell der Verwaltungsgliederung einer VHS (Kommunale Gemeinschaftsstelle für Verwaltungsvereinfachung 1973, S. 26)

Das Arbeitsgruppen-Modell (vgl. Senzky 1974, S. 67) verknüpft dagegen die Positionen der Verwaltungsmitarbeitenden und pädagogischen Mitarbeitenden zu „Arbeitsgruppen".[14]

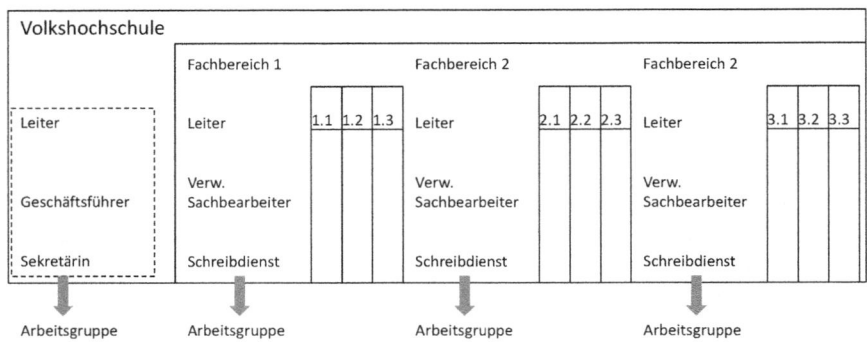

Abbildung 5: Arbeitsgruppenmodell (Senzky 1974, S. 67)

---

14 Senzky möchte die grafische Darstellung idealtypisch verstanden wissen und meint: „Das Prinzip der Gliederung nach Arbeitsgruppen bietet vielfältige Kombinationsmöglichkeiten" (Senzky 1974, S. 68).

Wenn, wie schon erwähnt, Einrichtungen auch jeweils unterschiedlichste Organisationsstrukturen haben, so können die Modelle als Idealtypen die Ergebnisdarstellung und –interpretation greifbarer machen.

2.1.4 Rollenbegriffe

Um die Thematik „Verwaltung in Weiterbildungseinrichtungen" auf der Mikro-Ebene des Mitarbeiters zu analysieren, werden der Begriff der „Rolle" und die damit verbundenen Begriffe „Rollensatz/Rollenpartnerschaft" und „Teilrollen/Rollenelement" herangezogen und hier knapp erklärt. Zur organisationssoziologischen Analyse von Weiterbildungseinrichtungen hatte Büschges 1980 – mit dem Hinweis, dass Rolleninhaber Gestaltungsspielräume haben – vorgeschlagen, den Begriff der Rolle und des Rollensystems zu nutzen (vgl. Büschges 1980, S. 291f). Ein Zugang zur Untersuchung von Weiterbildungseinrichtungen mit Hilfe von Rollenbegriffen hat sich jedoch in der Erwachsenenbildung/Weiterbildung nicht durchgesetzt.[15] In der vorliegenden Untersuchung bereichern sie die Analyse und Interpretation der Daten.[16]

Soziale Rolle ist ein „Grundbegriff der Soziologie" (Miebach 2010, S. 39, auch S. 39-66).

> „Rolle wird dabei verstanden als ein Bündel normativer Erwartungen, die an den Inhaber einer bestimmten sozialen Position gerichtet sind. Die Position (…) wird in erster Linie über den Beruf bzw. die ausgeübte Tätigkeit festgelegt." (Nerdinger, Blickle, Schaper 2008, S. 565; vgl. auch Fischer, Wiswede 2009, S. 517).

Auf den Untersuchungsgegenstand angewendet, geht es darum, mit den vier Berufspositionen verbundene Rollen(-erwartungen) zu analysieren. Dafür wird auch der Rollensatz bzw. die Rollenpartnerschaften genutzt.

---

15 Wiltrud Gieseke übt 1982 explizit Kritik am rollentheoretischen Ansatz bzw. an einem „statischen Rollenbegriff" (Gieseke-Schmelzle 1982, S. 239), weil er für die Analyse der beruflichen Sozialisationsprozesse beim Berufseinstieg nicht genügend Raum gebe (vgl. Gieseke-Schmelzle 1982, S. 239f). Am Rollenbegriff hat sich der Streit um das normative und interpretative Paradigma der Soziologie „entzündet" (Miebach 2010, S. 39, siehe auch S. 24-27). Auch Schäffter kritisierte als Vertreter interpretativer Ansätze in der Organisationsforschung Büschges Beitrag als „Ergänzung des Pädagogischen durch ‚organisations-soziologische Dimensionen'. Dies verstellt den Blick für Erwachsenenbildung *als* Geflecht organisatorischer Prozesse." (Schäffter 1987, S. 168, Hervorhebung im Original).

16 Es besteht dabei nicht der Anspruch, soziologisch wie organisationspsychologisch ausdifferenzierte Konzepte der Rollentheorie vollumfänglich aufzugreifen. Struktur-funktionalistische und interaktionistische Perspektiven (vgl. Fischer, Wiswede 2009, S. 518-522; Miebach 2010, S. 39, S. 48f) werden jedoch berücksichtigt.

Dieses Modell ist ein Schwerpunkt der strukturfunktionalistischen Rollentheorie. Hier geht es um die Beziehungen/Partnerschaften mit anderen Rollen von Bezugspersonen oder Bezugsgruppen einer Position (vgl. Merton 1995, S. 349ff; Miebach 2010, Kapitel 2.1; Esser 2002, Kapitel 7.1). Der Begriff „Rollensatz" wird wie bei Nerdinger benutzt (vgl. Nerdinger, Blickle, Schaper 2008, S. 30), daher wird er hier lediglich[17] dazu genutzt, um in Rollenpartnerschaften etwaige Erwartungen an die Mitarbeitenden in Weiterbildungseinrichtungen zu lokalisieren. Der Rollensatz nennt die Partner, die „Rollenpartnerschaft" enthält in dieser Arbeit auch die Inhalte/Themen, wie sie in der Besprechung von Verwaltungstätigkeiten im Hinblick auf die Bezugspositionen des Rollensatzes genannt werden. Dies ist wichtig, weil die Thematik des Verhältnisses von Verwaltung und Pädagogik auch eine auf der Ebene der Mitarbeitenden untereinander ist.

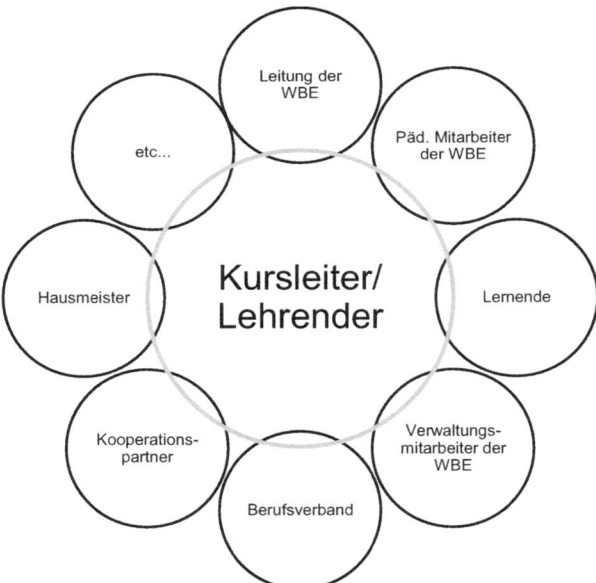

Abbildung 6: Möglicher Rollensatz am Beispiel eines Kursleiters/Lehrenden

Weiterhin wird in dieser Arbeit der Begriff „Teilrolle/Rollenelemente"[18] verwendet, um auszudrücken, dass mit einer Position verschiedene Bündel von Er-

---

17 Diese Auffassung reduziert Mertons Modell des Role-Set auf die Rollenpartnerschaften.
18 Bei Esser „Rollenelemente" (vgl. Esser 2002, S. 149f). Bei Boudon „Teilrollen" (vgl. Boudon 1980, S. 60). Es wird in der Literatur auch von mehreren Rollen gesprochen (vgl. Miebach 2010, S. 44; Nonnenmacher 2007, S. 128; Katz, Kahn 1978, S. 197f).

wartungen einhergehen. Das in der Literatur angeführte Beispiel dazu ist, dass von einem Universitätsprofessor erwartet wird, Lehrer und Forscher zugleich zu sein (vgl. Boudon 1980, S. 60; Esser 2002, S. 150; Katz, Kahn 1978, S. 198). Diese Teilrollen/Rollenelemente können unklar sein und miteinander in Konflikt[19] geraten. Diese Arbeit kommt zum Ergebnis, dass administrative Erwartungen an alle Berufspositionen gestellt werden, das Verhältnis dieser Erwartungen zu anderen (z.B. pädagogischen) aber jeweils gefunden werden muss.

Eine Illustration zum Verhältnis von Verwaltung und Pädagogik aus einem reflektierenden Praxisband stellt treffend eingangs dar, was unter Einbeziehung der Ergebnisse eingehender bearbeitet wird (vgl. Kapitel 7.2).

Abbildung 7: „Zum Verhältnis Pädagogik und Verwaltung" (aus Hufer, Landscheidt et al. 1992, S. 41, 48, Abdruck mit Genehmigung des Karikaturisten Peter Kaczmarek, Leverkusen)

Gerade in der Frage nach dem Verhältnis von – und dem individuellen Umgang mit – Teilrollen-Erwartungen wird die interaktionistische Perspektive relevant. Diese Sicht unterstreicht die Gestaltungsfreiräume für den Rolleninhaber (vgl. Miebach 2010, Kapitel 2.2). Wie die Rolle wahrgenommen oder übernommen wird, ist demnach nicht determiniert (vgl. Turner 1962). Die Freiräume werden im konkreten Rollenhandeln beobachtbar, weshalb die Erforschung alltagsbezo-

---

19 Zur Systematik von Rollenkonflikten (vgl. Nonnenmacher 2007, S. 131ff; Wiswede 1977, S. 117; Fischer, Wiswede 2009, S. 566f).

genen Handeln und Erleben als sinnvoll erachtet wird (vgl. Crozier, Friedberg 1979, S. 294f; zur Rollenanalyse vgl. Miebach 2010, S. 103ff).

2.2 Managen, Organisieren, Verwalten

Weil, wie eben erwähnt, aus interaktionistischer Perspektive das konkrete, alltägliche Tun der Mitarbeitenden in Weiterbildungseinrichtungen im Untersuchungsfokus steht, wendet sich der zweite Teil der begrifflichen Einleitung in diese Arbeit den Tätigkeiten Managen, Organisieren und Verwalten zu. Diese Einführung basiert auf sprachlichen Bedeutungen (den Duden zitierend) und zeigt Unschärfen zwischen den drei Tätigkeiten auf.

2.2.1 Managen

Das Verb *managen* bedeutet nach dem Duden „leiten, zustande bringen, geschickt bewerkstelligen, organisieren" (Wissenschaftlicher Rat der Dudenredaktion 2010, S. 639). Der Wortstamm geht zurück auf das lateinische Wort *manus* ‚Hand'. Das Verb (engl. *to manage*) stammt aus dem Amerikanischen (vgl. Wissenschaftlicher Rat der Dudenredaktion 2013, S. 539). Die Wortgruppe wird, so das etymologische Wörterbuch weiter, in Verbindung mit Leitung benutzt, so dass *managen* nicht nur mit *handhaben* sondern auch mit *leiten* und *führen* zu tun hat. In der Erwachsenen- und Weiterbildung wird der Begriff des Managements „als Klammerbegriff benutzt, um Handeln für die Aufgaben der Leitung, der Programmplanung und des Lehren und Lernens unter dem Organisationsfokus zu bündeln" (Robak 2004, S. 70).[20] Auch Zech geht davon aus, dass Management „Organisieren von Arbeit" (Zech, Ameln 2010, S. 12) bedeutet. Damit besteht eine Bedeutungsüberschneidung zu dem Verb *organisieren*, auch wegen der vorausschauenden Perspektive.

2.2.2 Organisieren

Die für den Verwendungszusammenhang dieser Arbeit relevante Bedeutung von *organisieren* ist „etwas sorgfältig und systematisch vorbereiten" (Wissenschaftlicher Rat der Dudenredaktion 2010, S. 746). Das Wort leitet sich aus dem französischen Wort *organe* ‚Organ' ab, weshalb es auch „zu einem lebensfähigen

---

20 Der Managementbegriff enthalte Bedeutungen des Organisatorischen (vgl. Gieseke, Gorecki 2000, S. 99).

Ganzen zusammenfügen" (Wissenschaftlicher Rat der Dudenredaktion 2013, S. 607) bedeutet. Im Sprachgebrauch geht es neben diesem Bild der Integration oftmals darum, vorbereitend Ressourcen bereitzustellen. Insofern hat das Verb *organisieren* auch eine Nähe zum Verb *disponieren*. Disponieren ist ein Begriff, der in der Erwachsenenbildung/Weiterbildung auf den zeitlichen Ablauf bei der ressourcenorientierten Planung und Umsetzung von Weiterbildungsveranstaltungen gerichtet ist und einen Teilbereich der Aufgaben von pädagogischen Mitarbeitenden (in Volkshochschulen) umschreibt (vgl. Kultusminister Nordrhein-Westfalen 1975, S. 56ff; PAS-DVV 1991b).

2.2.3 Verwalten

Befragt man den Duden, so hat das Verb *verwalten* als Präfixbildung aus dem Verb *walten* die Bedeutung „ordnungsgemäß führen, betreuen, in Ordnung halten" (Wissenschaftlicher Rat der Dudenredaktion 2013, S. 913). Dabei unterstreicht der Wortgebrauch im Mittelhochdeutschen „in Gewalt haben, für etwas sorgen" (Wissenschaftlicher Rat der Dudenredaktion 2013, S. 913) und das Herkunftsverb mit der Bedeutung „stark sein" (Wissenschaftlicher Rat der Dudenredaktion 2013, S. 913) den Aspekt der Macht. Diese Bedeutung steht in Kontrast zur Herkunftsbedeutung des lateinischen Wortes *Administration*. Denn dieses ist verbunden mit dem lateinischen Verb *ministrare* ‚bedienen' (vgl. Wissenschaftlicher Rat der Dudenredaktion 2013, S. 563), und die Ableitung *administrare* erklärt der Duden mit „zur Hand gehen, verrichten, verwalten, leiten" (Wissenschaftlicher Rat der Dudenredaktion 2013, S. 563). Damit ist eine Ambivalenz angedeutet, die auch in den Ergebnissen besprochen wird.

Aus der sprachlichen Erkundung der Verben *managen*, *organisieren* und *verwalten* wird ersichtlich, dass man sich dem Gegenstand Verwaltung explorierend nähern sollte, weil die Bedeutungen sich teilweise überschneiden.

2.3 Funktionaler Verwaltungsbegriff, öffentliche Aufgaben, öffentliche Verwaltung und Bürokratie

Die vorliegende Arbeit nutzt für die Themenstellung auch verwaltungswissenschaftliche Literatur. Deshalb wird zum einen der in der Untersuchung angenommene funktionale Begriff von „Verwaltung" transparent gemacht. Zum anderen ist Weiterbildung als Bildungsbereich zum Teil eine „öffentliche Aufgabe" bzw. sind die Einrichtungen Teil der „öffentlichen Verwaltung", so dass für die Themenstellung „Bürokratie" und „verwaltungspolitische Leitbilder" relevant werden. Notwendige Aspekte dieser Begriffe werden deswegen hier geklärt.

In einschlägigen Begriffsdefinitionen werden Unterscheidungen zwischen einem funktionalen und einem institutionellen Aspekt getroffen sowie zwischen privater und öffentlicher Verwaltung differenziert (vgl. Eichhorn, Friedrich 2003, S. 1107; Mayntz 2008, S. 1442). Diese Arbeit folgt Mayntz in der Auffassung des institutionellen bzw. hier organisationsstrukturellen Aspekts (vgl. Kapitel 2.1.2), wenn mit einer „Verwaltungsabteilung" eine „organisatorische Einheit innerhalb eines größeren sozialen Gebildes" (Mayntz 2008, S. 1442) gemeint ist.

Der funktionale Aspekt wird für diese Arbeit von Eichhorn übernommen, der definiert:

> „Unter Verwaltung im Sinne einer Funktion versteht man Büroarbeit bzw. eine Tätigkeit des Planens, Organisierens und Kontrollierens. Insoweit hat sie instrumentellen Charakter im Dienste anderer Funktionen." (Eichhorn, Friedrich 2003, S. 1107).

Diese Definition wurde auch für die Untersuchung genutzt. Wie oben angesprochen, sehen wir in dieser Definition, dass dem Verwalten ein unterstützender Charakter zugeschrieben wird. Auch eine Begriffsklärung von Renate Mayntz zeigt die Abgrenzung in Bezug auf die Entscheidung/Leitung: „Als ‚Verwaltung' bezeichnet man üblicherweise eine Tätigkeit, die im Rahmen vorgegebener Entscheidungen bestimmte Lebensgebiete ordnet und gestaltet." (Mayntz 2008, S. 1442).[21] Damit enthält auch diese Definition ein hierarisches Element, das umschreibt, dass Verwaltungstätigkeiten nur im Zusammenhang mit anderen Funktionen oder in einem abgegrenzten Entscheidungsrahmen stattfinden. Indem sich der funktionale Aspekt des Verwaltungsbegriffs auf eine Tätigkeit bezieht, ist eine Verwendung in Weiterbildungseinrichtungen möglich, die nicht Teil der öffentlichen Verwaltung sind. Denn in unterschiedlichen Sozialgebilden kommen Tätigkeiten vor, die als „Verwaltungstätigkeiten" umschrieben werden, die hier Untersuchungsgegenstand sind.

Wenn „öffentliche Aufgaben" zunächst diejenigen sein sollen, wofür öffentliche Haushalte Geld bereitstellen, so ist Weiterbildung eine öffentliche Aufgabe, wenn auch (selbstverständlich[22]) fortlaufend über die öffentliche Verantwortung für Weiterbildung diskutiert wird (vgl. z.B. Jäger 2005). Die Bestimmung öffentlicher Aufgaben, der sich die verwaltungswissenschaftliche Literatur eingehend widmet (vgl. Püttner 1989, Teil 2; Mayntz 1985, Kapitel 3; Bogumil, Jann 2009, Kapitel 3.1), kann jedoch nicht nur durch empirische Beobachtung (etwa anhand der Finanzierung) erfolgen, sondern öffentliche Aufgaben werden auch „analy-

---

21 Der genannte Beitrag von Mayntz war zur Zeit der Untersuchungsplanung noch nicht veröffentlicht.
22 Selbstverständlich, weil die Entscheidung über öffentliche Aufgaben politisch ausgehandelt wird (vgl. Püttner 1989, S.34; Mayntz 1985, S. 45; Bogumil, Jann 2009, S. 70).

tisch erklärt oder normativ postuliert" (Schuppert 1980, S. 310; vgl. Mayntz 1985, S. 34; Bogumil, Jann 2009, S. 65). Beispielsweise werden öffentliche Aufgaben vom Grundgesetz abgeleitet (vgl. Bogumil, Jann 2009, S. 65).

Mit der Benennung von Aufgaben gehen Fragestellungen einher, wie die öffentlichen Aufgaben praktisch wahrgenommen werden (sollen) (vgl. Bogumil, Jann 2009, S. 66; Mayntz 1985, S. 58; Püttner 1989, S. 34). Beobachtet wird in der Geschichte der Bundesrepublik ein Wandel „verwaltungspolitischer Leitbilder" (vgl. hierzu Jann 2002) vom „demokratischen Staat" über den „aktiven Staat", „schlanken Staat" bis zum „aktivierenden Staat". Ebenso haben sich seit der Bildungsreform die Auffassungen darüber gewandelt, wie eine öffentliche Aufgabe Weiterbildung durchgeführt und/oder gewährleistet werden soll. Die verwaltungspolitischen Leitbilder sind nicht nur für die Einordnung von Beiträgen der Erwachsenenbildung zum Thema „Verwaltung" hilfreich, sondern haben auch in der Untersuchung Relevanz erhalten. Deswegen wird dies im Kapitel 8 gesondert besprochen.

Einige Weiterbildungseinrichtungen dieser Studie sind außerdem Teil der öffentlichen Verwaltung, weil sie „öffentlich-rechtlich organisiert sind und/oder überwiegend durch in öffentlichen Haushaltsplänen festgelegte Finanzen finanziert werden" (Bogumil, Jann 2009, S. 200). Dieses Verständnis greift für die Weiterbildungseinrichtungen deren Träger beispielsweise eine Gebietskörperschaft ist. Für diese Einrichtungen kann dann generell der Gemeinwohlbezug der öffentlichen Verwaltung gelten (vgl. Snellen 2006, S. 20[23]; auch Mayntz 2008, S. 1442).

Bogumil und Jann halten bezüglich öffentlicher Einrichtungen das Merkmal der „Bürokratie"[24] für „charakteristisch für deren interne Strukturen und Prozesse" (Bogumil, Jann 2009, S. 136, vgl. auch S. 135ff; Mayntz 1985, S. 109ff). Ein verwaltungswissenschaftliches Lehrbuch führt als Merkmale von Max Webers Idealtypus der Bürokratie auf:

1. „Hauptamtliches Personal (Trennung von Amt und Person und von öffentlichen und privaten Mitteln);
2. Einstellung und Beförderung nach Leistung (Professionalisierung);
3. Arbeitsteilung und Spezialisierung;
4. Hierarchische Über- und Unterordnung (Autoritätshierarchie mit Dienstweg);
5. Regelgebundenheit sowie

---

23 Vergleiche auch: „In a democracy, *everybody's* business quite properly takes precedence over *anybody's* business." (Appleby 1961, S. 22, Hervorhebungen im Original).
24 Ein Lehrbuch für soziale Berufe schreibt: „Bürokratie ist die Herrschaftsausübung vom Schreibtisch aus (französisch „bureau"=Amtszimmer, griechisch „kratein"=herrschen)" (Klie, Maier, Meysen 1999, S. 93). Damit wurde „die nicht-legitimierte Herrschaft von Subalternen kritisiert" (Bogumil, Jann 2009, S. 136).

6. Schriftlichkeit, Aktenmäßigkeit." (Bogumil, Jann 2009, S. 137)[25]

Für Weber sei dieser Idealtypus auch programmatisch (vgl. Snellen 2006, S. 44). Diese Ansicht wird auch im genannten Lehrbuch vertreten, wenn die Autoren sagen, dass sowohl im historischen Zusammenhang wie auch heute „Fachlichkeit, Unpersönlichkeit, Berechenbarkeit (...) Errungenschaften sind" (Bogumil, Jann 2009, S. 138). Es ist grundsätzlich für eine Untersuchung der Verwaltungstätigkeiten unter Einbeziehung von Rollenerwartungen möglich, dass sich aus den Merkmalen der Bürokratie Erwartungen an die Mitarbeitenden stellen, die beobachtbar werden.

In diesem ersten Kapitel wurden wichtige Begriffe und Modelle erklärt, die zur Struktur dieser Arbeit beitragen:

- Auf den Handlungsebenen wird der Forschungsstand dargestellt; sie helfen, Ergebnisse zu verorten, und werden für die Interpretation der Ergebnisse aufgegriffen.
- Die vier Berufspositionen sind Ausgangspunkt für das Sample von Interviewpersonen. Daher ist die Ergebnisdarstellung durch Positionen gegliedert (ergänzt um jeweils eine Person auf der Verwaltungsleitungs- und der Außenstellenleitungsposition).
- Der Rollensatz ist ein Teilbereich der Auswertung und Ergebnisdarstellung. Rollentheorie und der neo-institutionalistische Begriff der „Institution" werden für die Interpretation von Ergebnissen aus einer Mikro-Perspektive herangezogen.
- Verwaltungspolitische Leitbilder tragen dazu bei, Ergebnisse aus Literatur und Untersuchung auf einer Makro-Perspektive einzuordnen (vgl. Kapitel 8).

Gegenstand der Arbeit sind Tätigkeiten, die von Mitarbeitenden in Weiterbildungseinrichtungen als „verwalten" wahrgenommen werden. Wie wir gesehen haben, hat diese Tätigkeit schon sprachlich Überschneidungsbereiche zum „organisieren" und zum „managen". Es ist daher eine Aufgabe der Studie, das Verständnis von Verwaltung in Weiterbildungseinrichtungen zu erkunden. Außerdem wird angenommen, dass auf der Ebene der Weiterbildungseinrichtung sowie auf der Ebene der Mitarbeiterrollen verschiedene Erwartungen (darunter administrative Erwartungen) an die Mitarbeitenden gerichtet werden. Daher soll die Untersuchung auch Relationskonzeptionen analysieren. Diese Themenwahl wird durch den derzeitigen Forschungsstand unterstützt.

---

25 Nicht alle Merkmale sind empirisch für alle Organisationen relevant (vgl. Mayntz 1971b, S. 31f).

3 Forschungsstand zu Verwaltung in Weiterbildungseinrichtungen

Nur wenige Beiträge thematisieren ausdrücklich „Verwaltung in Weiterbildungseinrichtungen". Der Verwaltungsbegriff lässt jedoch viele Verweisungen zu, so dass Ergebnisse zu angrenzenden Themenstellungen mit den hiesigen Forschungsfragen in Verbindung gebracht werden können.

Für die Auswahl der im Folgenden aufgeführten empirischen Arbeiten war wichtig, dass Verwaltung erkennbar thematisiert wurde. Auch für Fragestellungen und methodische Herangehensweisen sollten sie relevant sein. Strukturiert wird die Darstellung der relevanten, empirischen Forschung der Erwachsenenbildung anhand der Handlungsebenen der Weiterbildung. Unterschieden werden hier die Makro-Ebene des Trägers, die Meso-Ebene der Einrichtungen mit dem Verhältnis der Positionen zueinander und die Mikro-Ebene der Mitarbeiter. Auch die Ergebnisse zu Verwaltungstätigkeiten werden hier dargestellt. Aufgrund der Forschungslage wird die Einbeziehung verschiedener Berufspositionen als gewinnbringende Herangehensweise eingeschätzt, die Klärung des Verwaltungsverständnisses als Desiderat identifiziert, und es werden Verwaltungstätigkeiten als Ausgangspunkt für die vorliegende empirischen Untersuchung bestätigt.

3.1 – auf Trägerebene

Im historischen Kontext der Kommunalisierung von Volkshochschulen (vgl. dazu auch Kapitel 8.1), im Zuge der Bildungsreform, untersuchte Frymark organisationspraktische Unterschiede von Volkshochschulen in kommunaler Trägerschaft im Vergleich mit Volkshochschulen deren Träger ein eingetragener Verein ist (vgl. Frymark 1983, S. 99). Die Ausgangshypothese seiner Dissertation und der verwendete Verwaltungsbegriff beziehen sich also auf die Ebene der Trägerschaft. Frymark hat hier eine der wenigen explizit mit Verwaltung befassten Arbeiten der Erwachsenenbildung/Weiterbildung vorgelegt. Er befragte im Jahr 1980 mit einer standardisierten Befragung und Dokumentenanalyse alle (damals 850) „von der DVV-Statistik 1978 erfaßten Volkshochschulen der Bundesrepublik Deutschland einschließlich Westberlin" (Frymark 1983, S. 115). In der Erhebung interessierten u.a. Unterschiede in den Partizipationsmöglichkeiten, der

Bürgernähe, der (bürokratischen) Regelungsdichte und den Arbeitsabläufen (vgl. Frymark 1983, Abschnitte 2.1.1 und 2.1.2). Frymark sieht im Ergebnis bestätigt[26], dass die unterschiedliche Trägerschaft Auswirkungen auf Organisationsstrukturen und Arbeitsbedingungen hat (vgl. Frymark 1983, S. 183), und dass Partizipation und Bürgernähe „nahezu gleichermaßen unausreichend realisiert" (Frymark 1983, S. 184) sind.

Frymarks Arbeit steht im Zusammenhang mit der damals breiten Diskussion um die Rechtsform und die Trägerschaft von Volkshochschulen (vgl. PAS-DVV 1968a). Als Ausgangspunkt ist der Strukturplan für das Bildungswesen (vgl. Deutscher Bildungsrat 1971) und die sich entwickelnde Weiterbildungsgesetzgebung anzunehmen, da sich die Frage stellte, wie denn die Etablierung der „vierten Säule" Weiterbildung rechtlich und organisatorisch zu vollziehen sei. In einigen Bundesländern wurden Vereins-Volkshochschulen in kommunale Behördenstrukturen eingegliedert. Dies wurde – auch von Frymark – mit einer „Gefahr der verwalteten Volkshochschule" in Verbindung gebracht.[27] Für die vorliegende Arbeit von Bedeutung sind so auch weniger die konkreten Ergebnisse von Frymarks Studie, als die offensichtliche Kontextgebundenheit der Thematik „Verwaltung in Weiterbildungseinrichtungen".

3.2 – auf Einrichtungsebene

Aktuelle empirische Forschungsarbeiten im sich etablierenden und produktiven Bereich der erwachsenpädagogischen Organisationsforschung (vgl. Dollhausen, Feld, Seitter 2010b, S. 15) bzw. Arbeiten, die sich auf die Ebene der Weiterbildungseinrichtung beziehen, streifen eher den Themenbereich „Verwaltung", als dass sie ihn ins Zentrum rücken. Aufgrund der Annahme, dass Verwaltung eine Thematik ist, die Ebenen-übergreifend betrachtet werden muss[28], werden hier zunächst zwei Arbeiten referiert, welche die Bearbeitung von makrostrukturell angelegten Widersprüchen auf der Einrichtungsebene zum Thema machen.

---

26 Tietgens meint, dass „die Unterschiede [der Interaktionsstrukturen, B.D.] nicht ohne weiteres auf den Typ des Trägers, Kommune oder Verein, festgelegt werden" (Tietgens 1984a, S. 298) können.
27 Mit dieser Formel sind auch Fragen der Organisationspraxis („Verbürokratisierung") und Grenzen freier Lehrplangestaltung („relative Autonomie") gemeint. Dazu siehe auch Kapitel 8.1.
28 Eine Unterscheidung zwischen einrichtungsinterner Verwaltung und trägerbezogener Verwaltung hat auch Frymark thematisiert (vgl. Frymark 1985, S. 38).

Danach werden Beiträge zur Thematik der Zusammenarbeit von HPM und VMA aufgegriffen. Dieses Thema gilt als „Dauerbrenner". Insofern ist es interessant, welche Aussagen in Forschungsarbeiten dazu getroffen werden.

3.2.1 Integration von makrostrukturellen Widersprüchen in Einrichtungen

In Schröers Arbeit zu Veränderungsprozessen in Evangelischen Erwachsenenbildungseinrichtungen sind es Zielkonflikte zwischen Theologie, Pädagogik und Betriebswirtschaft, die in Veränderungsprozessen ausbalanciert werden müssen (vgl. Schröer 2004, S. 59). Aus dem systematischen Vergleich von tatsächlichen Veränderungsprozessen arbeitet der Autor sechs Arbeitsbereiche für Organisationsentwicklungsprozesse heraus: Programm, Verwaltung, Personal, Marketing, Raumkonzeption, Strategie/Planung (Schröer 2004, S. 317f). Die Fragen, die im Bereich Verwaltung zu klären sind, haben nach Schröer u.a. mit Controlling, Finanzierung, Service und Abläufen zu tun. Schröer stellt die sechs Arbeitsbereiche in ein integratives Modell.

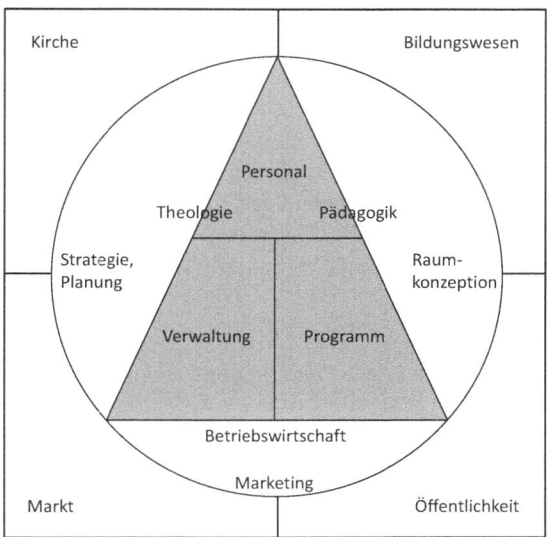

Abbildung 8: Modell eines integrativen Change Management (Schröer 2004, S. 320)

Den Rahmen für das Modell setzen vier gesellschaftliche Felder: Kirche, Bildungswesen, Markt und Öffentlichkeit. Darin liegt das Spannungsfeld der analytischen Perspektiven: Theologie, Pädagogik, Betriebswirtschaft. Die in Veränderungsprozessen zu bearbeitenden Bereiche platziert das Modell dazwischen. Dieses Ergebnis kann aufgegriffen werden, weil es zeigt, dass „Verwaltung" ein relevanter Bereich organisationaler Veränderungsprozesse ist und dass verschiedene Zielsetzungen integriert werden müssen.

Dollhausen fragte in einer 2008 vorgelegten Untersuchung, auf welche Weise Weiterbildungseinrichtungen pädagogische Ansprüche und wirtschaftliche Erwartungen in ihrer Angebotsplanung in Zusammenhang bringen (vgl. Dollhausen 2008). Sie geht von Weiterbildungsorganisationen als „multireferentielle Systeme" (Dollhausen 2008, S. 23) etwa in den Funktionsbezügen zu Wissenschaft, Politik, Recht oder/und Wirtschaft aus. Diese Funktionsbezüge werden in der Programmplanung erkennbar, wobei die Autorin annimmt, dass der Funktionsbezug Bildung nicht per se Vorrangstellung erhält (vgl. Dollhausen 2008, S. 23). Die Studie rekonstruiert aus Interviews mit Leitenden und pädagogischen Mitarbeitenden Planungskulturen und beschreibt die Spannungsfelder der Einrichtungen. Die Autorin kommt zum Ergebnis, dass im Programmplanungshandeln in Weiterbildungseinrichtungen die Wirkmacht der verschiedenen Ansprüche – unter dem Einfluss der Organisationskultur – produktiv und eigenständig verarbeitet wird (vgl. Dollhausen 2008, S. 117ff). In den Ergebnissen wird in Details aber auch erkennbar, dass manche Befragte (Leitende und HPM) sich an einer „Verwaltungsmentalität" (Dollhausen 2008, S. 72) oder der „Rationalitäten von öffentlicher Verwaltung" (Dollhausen 2008, S. 93) abarbeiten.

Es kann festgestellt werden, dass der Verwaltungsbegriff nur teilweise näher bestimmt wird. Darüber hinaus sind Beschreibungen und die theoretische Durchdringung der auf Einrichtungsebene[29] zu bearbeitenden Widersprüche dieser beiden Beiträge relevanter für die vorliegende Arbeit, als die wenigen konkreten Hinweise auf Verwaltung.

3.2.2 Verhältnis von Verwaltungsmitarbeitenden und pädagogischen Mitarbeitenden

Das KGSt-Modell des organisationalen Aufbaus von Volkshochschulen (vgl. Kommunale Gemeinschaftsstelle für Verwaltungsvereinfachung 1973, vgl. Kapitel 2.1.3) hat – so die Rückschau auf die Praxis – eine „Dualität von Pädagogik und Verwaltung" (Ufermann 2001, S. 2) auf Mitarbeiterebene begründet (vgl. auch Ehses, Zech 1999, S. 38, S. 40). In diesem Zusammenhang bedeutet

---

29 Bei Ayers auch auf Mitarbeiterebene (vgl. Ayers 2009). Diese Arbeit wird jedoch wegen der geringen Übertragbarkeit von amerikanischen auf deutsche Verhältnisse nicht näher erläutert.

„Verwaltung" die Berufsposition der Verwaltungsmitarbeitenden. Zwar hatte das KGSt-Gutachten kaum eine Aussage zu Kooperation und Koordination zwischen den Mitarbeitergruppen getroffen, die Schwierigkeiten bei der oben bereits thematisierte Kommunalisierung betrafen jedoch auch die Zusammenarbeit von Verwaltungsmitarbeitenden und pädagogischen Mitarbeitenden (vgl. Siebert 1979, S. 108).

Das Thema Kooperation griff eine Interviewstudie der Pädagogischen Arbeitsstelle des Deutschen Volkshochschulverbandes (PAS-DVV) mit Mitarbeitenden beider Berufspositionen im Rahmen eines Projekts zur „Berufseinführung von VHS-Mitarbeitern" zu Beginn der 1980er Jahre auf (vgl. PAS-DVV 1983)[30]. Diese Studie fragt nach den „kommunikativen, organisatorischen und formalen Schwierigkeiten in der Zusammenarbeit zwischen Pädagogik und Verwaltung" (PAS-DVV 1983, S. 46). Sie griff neben Fragen zu objektiven Bedingungen des Arbeitsplatzes auch subjektive Selbst- und Fremdeinschätzungen auf (vgl. PAS-DVV 1983, S. 47f).

Als Ergebnis wird deutlich gemacht, dass „beide Aufgabenbereiche oft ineinandergreifen und somit eine gegenseitige Abhängigkeit entsteht" (PAS-DVV 1983, S. 48, im Original mit Hervorhebungen). Knappe Zeit und fehlende Information führen daher zu Problemen in der Zusammenarbeit (vgl. PAS-DVV 1983, S. 49). Doch auch „vorgefasste Deutungsmuster" (PAS-DVV 1983, S. 49) werden als Ursache für Schwierigkeiten in der Zusammenarbeit angeführt. In der PAS-DVV Interviewstudie wurden die folgenden typischen Urteile herausgearbeitet:

Verwaltungsmitarbeiter über pädagogische Mitarbeiter:	Pädagogische Mitarbeiter über Verwaltungsmitarbeiter:
- Erwachsenenbildungsaufgaben werden absolut gesetzt - Arbeitsleistung im Verwaltungsbereich bekommt zu wenig Anerkennung - Hintergründe pädagogischer Entscheidungen bleiben unbekannt	- Verwaltungsbereich sei unflexibel für die Umsetzung pädagogischer Ziele - die Gründe dafür werden den HPM nicht deutlich

Tabelle 1: Urteile von HPM und VMA gegenüber der anderen Berufsposition (nach PAS-DVV 1983, S. 49, teilweise wörtlich zitiert)

Solche Schematisierungen scheinen in der Praxis noch lange später aktuell zu sein, wenn z.B. Hannelore Bastian von „zwei innerbetrieblichen Subkulturen" (Bastian 2002, S. 254) oder Klaus Meisel vom „tradierten habituellen Konflikt

---

30 Der Bericht speziell zu diesem Teilvorhaben ist nicht mehr verfügbar, weshalb die Ergebnisse aus dem Abschlussbericht entnommen werden. Weitere Quellen: Tietgens 1984b und PAS-DVV 1985, Textziffer 20.007.

zwischen Verwaltungs- und pädagogischem Personal" (Meisel 2008, S. 238) schreiben. Der Konflikt zwischen den Verwaltungsmitarbeitenden und pädagogischen Mitarbeitenden wurde auch von vier befragten Experten in der Dissertation von Kil genannt (vgl. Kil 1998, S. 74). Im Zentrum der organisationspsychologischen Studie stehen die Arbeitsbedingungen und Motivierungspotenziale aller Berufspositionen in Volkshochschulen (in Nordrhein-Westfalen). Die Ergebnisse dokumentieren u.a. einen deutlichen Unterschied der Motivierungspotenziale zwischen „ranghöheren" (Kil 1998, S. 138) Verwaltungsleitenden und Verwaltungsmitarbeitenden. Verwaltungsmitarbeitende haben darüber hinaus besonders wenige Entfaltungs- und Lernmöglichkeiten (vgl. Kil 1998, S. 144). Umgekehrt ist der Arbeitsplatz eines „einfachen" HPM mit einem besseren Motivierungspotenzial verbunden als der Arbeitsplatz einer Fachbereichsleitung in einer höheren Hierarchiestufe (vgl. Kil 1998, S. 140). Die Studie lässt anhand der Auswertung des Job Diagnostic Survey Vergleiche zwischen den Arbeitsbedingungen der Berufspositionen zu.

Dies wird in einem zweiten Schritt durch die Auswertung von Belastungsfaktoren in fokussierten Interviews vertieft (vgl. Kil 1998, S. 210-213). In einer Tabelle listet Kil die Nennungen zu den 21 aufgefundenen Faktoren für jede Mitarbeitergruppe gesondert auf (vgl. für den folgenden Absatz Kil 1998, S. 221), so dass positionsspezifische Belastungsfaktoren erkennbar werden. Diese Tabelle zitierend sind z.B. für HPM die Zwänge der Bildungsverwaltung, der Mangel an Rückmeldung oder auch das Nicht-Einlösen hoher Ideale belastend. Auch Rollenunklarheit wird als Belastungsfaktor gesehen, der damit zu tun hat, dass die Zuordnung von Tätigkeiten als „falsch" wahrgenommen wird (vgl. Kil 1998, S. 214f und S. 221; vgl. auch Nuissl 1996, S. 27). Bei Leitenden, bei Verwaltungsmitarbeitenden und HPM wird in Kils Ergebnissen (vgl. Tabelle Kil 1998, S. 221) die Störung von Handlungsepisoden als Belastungsfaktor sichtbar. Verwaltungsmitarbeitende nennen in den fokussierten Interviews außerdem den Mangel an Wertschätzung und zudem Monotonie sowie Probleme mit neuen Technologien. Kursleiter werden nach diesen Ergebnissen durch den Teilnehmerkontakt belastet, durch unzureichende Ressourcen behindert und handeln unter Ungewissheit.

Diese Studie legt damit nicht nur differenzierte Hinweise auf organisationspsychologische Arbeitsbedingungen in Volkshochschulen zu Beginn der 1990er Jahre vor, sondern zeigt auch auf, wie ertragreich es ist, mehrere Berufspositionen einzubeziehen.

3.3 – auf Mitarbeiterebene

Während hier interpersonale Verhältnisse in Weiterbildungseinrichtungen im Zentrum standen, widmet sich der nächste Abschnitt den Ergebnissen zum Thema Verwaltung auf Mitarbeiterebene mit zwei Schwerpunkten: der intrapersonalen Thematik von Verwaltung und den Verwaltungstätigkeiten.[31]

3.3.1 Verwaltung in der Arbeitssituation von pädagogischen Mitarbeitenden

Ebenso gefestigt wie das Inter-Personen-Verhältnis ist in der Literatur Verwaltung (im Sinne einer Anforderung des Arbeitsplatzes) bzw. „das Organisatorische" als Schwierigkeit der eigenen Arbeitssituation von pädagogischen Mitarbeitenden. Auch diese Thematik war bereits Ende der 1970er Jahre aufgegriffen worden. Es geht hier zum einen um die Frage, wie verschiedene Anforderungen in Einklang gebracht werden. Zum anderen bezieht sie sich auf das wahrgenommene (zeitliche) Gewicht der Verwaltungsanforderungen am Arbeitsplatz. Schlutz schreibt dazu: „die Klage, man käme wegen der Übermenge von Verwaltungs- und Organisationsarbeit nicht zum ‚Eigentlichen', [wurde, B.D.] ein stehender Topos auch der Erwachsenenbildungsarbeit" (Schlutz 1997, S. 3; vgl. auch Gieseke 1989, S. 228ff).

In empirischen Studien wird Verwaltungstätigkeit von pädagogischen Mitarbeitenden weiterhin als belastend und/oder zu dominant bewertet (vgl. Kil 1998, S. 221; Gieseke, Robak 2000, S. 109f). So fragte auch die Untersuchung in Familienbildungseinrichtungen von Schiersmann, Thiel, Fuchs und Pfitzenmaier danach, für was die Leitenden und HPM mehr Zeit und für was sie weniger Zeit wünschen (vgl. Schiersmann, Thiel et al. 1998). Hier die zwei jeweils am häufigsten genannten Bereiche (mit gerundetem prozentualem Anteil der Nennungen):

	Leitende wünschen sich…	HPM wünschen sich…
mehr Zeit für:	1. Organisationsentwicklung (35%) 2. Planung und Leitung von Kursen (25%)	3. Entwicklung einzelner Kurskonzepte (44%) 4. Fortbildung von Kursleitenden (19%)
weniger Zeit für:	5. Veranstaltungsverwaltung (55%) 6. Beschaffung und Verwaltung von Finanzmitteln (31%)	7. Veranstaltungsverwaltung (78%) 8. Planung und Leitung von Kursen (11%)

Tabelle 2: Veränderungswünsche. Auszug aus Tabelle 4/X in Schiersmann, Thiel et al. 1998, S. 486

---

31 Die Unterscheidung von inter- und intrapersonaler Perspektive auf die Thematik verdanke ich Ortfried Schäffter aus einem persönlichen Gespräch.

Zu einem ähnlichen Ergebnis kommt auch die Studie des Projekts KomWeit[32] für die hauptamtlich-pädagogischen Mitarbeiter (vgl. Sammelband Hippel, Tippelt 2009, Laufzeit war 2007-2009): Die Befragten stimmten der Aussage „Das ‚pädagogische Arbeiten' kommt aufgrund des gestiegenen Verwaltungsaufwands beim Weiterbildungspersonal häufig zu kurz" überwiegend zu (vgl. Hippel, Fuchs 2009, S. 83f).

Verändert hat sich jedoch, dass die administrativ-organisatorischen und pädagogischen Anforderungen zunehmend „zusammengedacht" (vgl. Gieseke, Gorecki 2000, S. 100) werden. Giesekes Studie zum Habitus von Erwachsenenbildnern Anfang der 1980er Jahre[33] kam noch zum Ergebnis, dass Erwachsenenbildner pädagogische und administrativer/organisatorische Arbeit gegenüberstellen (vgl. Gieseke 1989, S. 228; Gieseke, Gorecki 2000, S. 99). Gieseke beobachtete in den Sozialisationsverläufen auch, dass manche HPM bei Eintritt in die Einrichtung die pädagogisch-fachlichen Erwartungen geringer bewerten als die organisatorischen Erwartungen (vgl. Gieseke 1999, S. 705f; Gieseke 1989, S. 239-246).

Im Rahmen einer Studie zur Berufseinführung 1997/1998[34] wurde hingegen deutlich, dass pädagogische Mitarbeitende Organisatorisches und Pädagogisches verbinden (vgl. Gieseke, Gorecki 2000, S. 100). In Giesekes neuerer Studie wurde durch eine mehrstufig ausgewertete Feldbeobachtung von drei HPM im Vergleich zu damals „eine stärkere makrodidaktische Betrachtungsperspektive auf die Programmplanung" (Gieseke, Gorecki 2000, S. 100) gesehen. Die Verknüpfung von Organisatorischem und Pädagogischem findet in den verschiedenen, miteinander verbundenen Zwischenschritten, als „sukzessives Planungshandeln" (Gieseke, Gorecki 2000, S. 95, als Kapitelüberschrift) statt. Dieses Aufeinanderfolgen verschiedener Schritte gibt es in der Entwicklung von Konzepten, z.B. über die Mitarbeit in Arbeitskreisen bis zu konkreten Absprachen

---

32 Mit Experteninterviews und problemzentrierten Interviews, Gruppendiskussionen und Delphi-Fragebögen wurden für die Mesoebene der organisatorisch-pädagogischen Mitarbeitenden (OPM) und die hauptamtlich pädagogischen Mitarbeitenden (HPM) sowie für die Mikroebene der Kursleitenden Kompetenzanforderungen, Tätigkeitsfelder sowie Fortbildungsbedarfe und Fortbildungsinteressen erarbeitet (vgl. Fuchs, Schwickerath et al. 2009, S. 22-29). Ein Teilbereich beschäftigt sich mit organisatorisch-pädagogischen Mitarbeitern bzw. Verwaltungsmitarbeitern mit pädagogischen Aufgaben als Schnittstelle zwischen Verwaltungspersonal und pädagogischen Mitarbeitenden, weil sie „neben den verwaltenden Tätigkeiten auch pädagogische Aufgaben" (Hippel, Fuchs 2009, S. 75, vgl. S. 75-80) haben.

33 Zweimalige Interviewbefragung von 61 HPM während ihres Berufseinstiegs. Die Befragungen standen wohl im Zusammenhang mit den Berufseinführungsseminaren für HPM der PAS-DVV (vgl. Gieseke 1989, Vorwort H.D. Raapke).

34 Begleituntersuchung zu einem Berufseinführungsprojekt (Laufzeit 1997-2000) in der konfessionellen Erwachsenenbildung (vgl. Gieseke 2000 und Bergold, Gieske et al. 2000). Hier werden vor allem die Ergebnisse der Arbeitsplatzanalysen referiert (vgl. Gieseke, Gorecki 2000).

zu einem Angebot oder in Kommunikationsabfolgen mit Kooperationspartnern – wie Fäden, die immer wieder aufgegriffen, locker gelassen, weitergesponnen werden. In diesen Formen werde „eine Verschmelzung organisatorischer und pädagogischer Prämissen selbstverständlicher" (Gieseke, Gorecki 2000, S. 100). Diesen Eindruck gewinnen auch Hippel und Fuchs (vgl. Hippel, Fuchs 2009, S. 83).

Ähnlich gestaltet sich das Managementhandeln von Leitenden, das Robak untersuchte. Diese Studie beobachtete unter anderem, dass Leitende die Anforderungen von Verwaltung und Pädagogik (vgl. Robak 2004, S. 216f) oder die Begriffslogik von Finanzen und Pädagogik (vgl. Robak 2004, S. 236f) verknüpfen, überbrücken und in interne Prozesse und Strukturen umwandeln.

Die handelnde Verarbeitung und das Ins-Verhältnis-Setzen von Anforderungen zeigen sich somit nicht nur auf Einrichtungsebene (vgl. Dollhausen 2008), sondern auch auf Mitarbeiterebene. Um dies weiter zu ergründen ist kontextgebundenes Datenmaterial hilfreich.

3.3.2 Verwaltungstätigkeiten

Während zuvor Verwaltung als Berufsposition und als Anforderung an den Arbeitsplatz thematisiert wurde, geht es nun um Verwaltung als Teilbereich von Tätigkeiten in Weiterbildungseinrichtungen.

Forschungsaktivitäten und Datenmaterial zu Tätigkeiten in Weiterbildungseinrichtungen (WBE) sind begrenzt (vgl. Mania, Strauch 2010, S. 75; Kraft, Seitter, Kollewe 2009, S. 20; Iller 2010, S. 114). Der Zugang zu solchen Informationen findet vor allem über die Einrichtungen statt (vgl. Mania, Strauch 2010, S. 75; Schiersmann, Thiel et al. 1998; Gruber, Kraft, Harteis 2005). Die Auswertung einer Bevölkerungsbefragung von Iller ist somit eine Ausnahme (vgl. Iller 2010). Bildungsbereichsübergreifend spielt außerdem die Befragung von Absolventen eine Rolle (vgl. Fuchs 2003).

Verwaltungstätigkeiten sind ein Teil der Arbeitswirklichkeit von Mitarbeitenden in Weiterbildungseinrichtungen. Die Auswertung von Iller kam zwar zum Ergebnis, dass diejenigen Erwerbstätigen, „die als Hauptberuf eine pädagogische Tätigkeit angaben" (Iller 2010, S. 117) und deren „Fachbezeichnung eine Tätigkeit in der Weiterbildung nahe legt" (Iller 2010, S. 117), schwerpunktmäßig Informationen sammeln und beraten (vgl. Iller 2010, S. 119). Für diese Befragten sei die lehrende Aufgabe kein Schwerpunkt (vgl. Iller 2010, S. 119), die administrativen und Management-Aufgaben sogar „peripher" (Iller 2010, S. 120). Sicherlich wirkt auf diese Ergebnisse das erste Auswahlkriterium „pädagogische Tätigkeit", denn die Befragung von Absolventen von Diplom- und Magisterstudiengängen wies für Pädagogen in nicht-pädagogischen Arbeitsbereichen indessen einen ausgesprochen hohen Anteil an Verwaltung aus (vgl. Grunert, Krüger 2004, S. 316). Aber auch in den Berufsbildern für die vier Mitarbeitergruppen, die der DIE-Trendbericht 2010 vorlegte, wird Verwaltung nur bei den Verwaltungsmitarbeitenden genannt (vgl. Mania, Strauch 2010, S. 76). Bemerkenswert ist an dieser Stelle, dass für Verwaltungsmitarbeitende seit Ende der 1990er Jahre hingegen ein Wandel in Richtung „pädagogischer" Tätigkeiten gesehen wird (vgl. zu Anmeldung/Beratung als Teil des Marketings Schöll 1996, S. 62-64; daraufhin Dietsche 2002a und Dietsche 2006; auch Mania, Strauch 2010, S. 76; Meisel 2009, S. 434). Diese Beobachtung konnte im Projekt KomWeit bestätigt werden (vgl. Hippel 2010; Hippel, Fuchs 2009). In diesem Projekt wurden auch die Tätigkeitsfelder von organisatorisch-pädagogischen Mitarbeitenden und die mit Tätigkeiten verbundene Zeitverwendung und Wichtigkeit erfragt.

Illustriert wird regelmäßig die Relevanz von Verwaltung für Leitende und pädagogische Mitarbeitende und zwar anhand von Rangfolgen (vgl. Schiersmann, Thiel et al. 1998, S. 140 und S. 170), Einschätzungen zur Zeitverwendung und Bedeutung (vgl. Hippel, Fuchs 2009) oder Anteil an den Tätigkeiten insgesamt (vgl. Gruber, Kraft, Harteis 2005; Gieseke, Robak 2000, S. 109). Bei Kursleitenden taucht der Verwaltungsanteil an Tätigkeiten jedoch gar nicht (vgl. Hippel, Fuchs 2009) bzw. weniger (vgl. Schiersmann, Thiel et al. 1998, S. 208) auf.

Meistens wird in den genannten Studien Verwaltung als Tätigkeitsbereich nicht in einzelne Tätigkeiten aufgegliedert. Um dies zu vertiefen, können ältere Quellen herangezogen werden. Es handelt sich um „Tätigkeitskataloge" wie sie z.B. im Handbuch Volkshochschule aufgenommen wurden, die offensichtlich mit dem KGSt-Gutachten korrespondieren (vgl. Kommunale Gemeinschaftsstelle für Verwaltungsvereinfachung 1973, S. 27).[35] Diesen – vor allem auf HPM bezogenen – Auflistungen wird einerseits Stabilität zugesprochen, andererseits werden Veränderungen angenommen bzw. diskutiert (vgl. z.B. Kraft, Seitter, Kollewe 2009, S. 21; Hartig 2008, Kapitel 2.1; Kade, Nittel, Seitter 1999, S. 133ff; Ufermann 1987, S. 179f).

Eine Übersicht über die Aufgabenfelder und Tätigkeiten der Erwachsenen- und Weiterbildner/innen, hat in neuerer Zeit Kraft vorgelegt (s. Abbildung 9).

---

35 Basierend u.a. auf Tietgens 1972 (vgl. Kommunale Gemeinschaftsstelle für Verwaltungsvereinfachung, FN 31) wurden Tätigkeiten aufgenommen in: Kommunale Gemeinschaftsstelle für Verwaltungsvereinfachung 1973. Tätigkeitsauflistungen sind darüber hinaus in weitere Materialien der PAS-DVV eingearbeitet worden (vgl. z.B. Godde 1976). Außerdem Hinweise auf Verwaltungstätigkeiten in PAS-DVV 1968ff: u.a. Textziffern 16.000 (PAS-DVV 1971), 16.100 (PAS-DVV 1968b), 21.170 (PAS-DVV 1968c), 21.176 (PAS-DVV 1978), 21.200 (PAS-DVV 1994), 22.002 (PAS-DVV 1991b), 22.200 (PAS-DVV 1972a), 23.200 (PAS-DVV 1972b), 23.260 (PAS-DVV 1986), 24.000 (PAS-DVV 1972c), die für ein erstes Kategoriengerüst der Auswertung (vgl. Kapitel 4.2.1) herangezogen wurden, weil sie dennoch für den Verwaltungsbereich differenzierter waren.

– auf Mitarbeiterebene

Während hier nicht direkt erkennbar wird, welche Anteile und welche Schwerpunkte bei den verschiedenen Berufspositionen liegen, ordnet Kraft in einem späteren Beitrag den Bereich Verwaltung den Verwaltungsmitarbeitenden zu und ergänzt um die „Unterstützung in der Öffentlichkeitsarbeit [sowie, B.D.] (telefonische Beratung) bei Einschreibung und Kursauswahl" (Kraft 2009, S. 413).

Programmplanung	Lehre
• Bedarfserhebung • Bedarfsanalyse • Zielgruppenanalyse • Programmentwicklung • Angebotsplanung • Programmkonzeption/Angebotserstellung • Kommunikation mit Leitung • Auswahl geeigneter Dozent/inn/en • Koordination und Kommunikation mit Dozent/inn/en • Veranstaltungsorganisation • Projektorganisation • Information und Service nach innen und außen • Ressourcensicherung	• Unterrichtsvorbereitung • Erstellung von Materialien • Didaktische Planung • Planung Medieneinsatz • Durchführung der Lehre • Moderation • Visualisierung • Lernberatung • Lernerfolgskontrolle • Transfersicherung im Training/Kurs • Gruppenprozesse erkennen • Evaluation • Selbstevaluation
Beratung	**Öffentlichkeitsarbeit**
• Lernereinstufung • Lerntypenanalyse • Lerncoaching • Weiterbildungsberatung	• Marketing • Präsentation • Fundraising • Presse- und Funk-/Fernseharbeit
Leitung und Management	**Verwaltung**
• Organisation und Leitung einer Einrichtung • Zielformulierung für die Organisation • Qualitätsentwicklung/-sicherung • Finanz-/Ressourcenbeschaffung • Koordination unterschiedlicher Arbeits- und Funktionsbereiche • Steuerung • Controlling • Personalentwicklung/-führung/-einsatz • Fortbildungsplanung für das Personal • Marketing • Repräsentanz und Vertretung der Einrichtung	• Personalsachbearbeitung • Statistik und Berichtswesen, Auswertungen • Datei-/Aktenverwaltung • Organisation und Verwaltung von angegliederten Betrieben und Einrichtungen • Infrastruktur-Management • Informationsbeschaffung • Interne Dienstleistungen • Planung/Organisation von Sonderveranstaltungen

Abbildung 9: Aufgabenfelder und Tätigkeiten (Kraft 2006, S. 27f)

Zusammenfassend lässt sich festhalten, dass die Befassung mit Verwaltungstätigkeiten einerseits auf Tätigkeitsprofile hin ausgelegt ist. Dabei werden aber

Aufgaben und Tätigkeiten allgemein oder Positionen differenzierend betrachtet (was außerdem zu Zuschreibungen führt). Es wechselt auch welche Positionen einbezogen werden. Wir sehen andererseits in mehreren Quellen unterschiedliche Aussagen über „Verwaltungsanteile". Das dahinter liegende Verständnis von Verwaltung wird jedoch nicht erklärt und ist somit als Desiderat einzuschätzen.

Die Entscheidung der Studie, Verwaltungstätigkeiten verschiedener Berufspositionen in Weiterbildungseinrichtungen als Ausgangspunkt zu nehmen, ist aus dem vorliegenden Forschungsstand begründet. Von möglichst konkretisierenden Erläuterungen der Befragten wird erwartet, dass sie zur Klärung des Verwaltungsverständnisses ebenso beitragen wie zur Analyse inter- und intrapersonaler Verhältnisbestimmungen.

4 Forschungsmethode und -prozess

Dem Thema „Verwaltung in Weiterbildungseinrichtungen" näherte sich die Untersuchung explorierend. Daher berücksichtigte die Studie zunächst verschiedene Berufspositionen mit der Folge, dass in der Auswertung deren Rollensätze in Weiterbildungseinrichtungen beachtet wurden. Weiterhin standen im Zentrum die Verwaltungstätigkeiten: zum einen strukturierend-inhaltsanalytisch und zum anderen interessierten die in den Schilderungen von Verwaltungstätigkeiten immanenten Konzeptionierungen der Relation von Verwaltung und Pädagogik.

Der Gegenstand wurde anhand von drei hauptsächlichen Fragestellungen bearbeitet, wobei die zweite und dritte Frage erst im Auswertungsprozess Priorität erhielten:

- Welche Verwaltungstätigkeiten nennen Mitarbeitende in Weiterbildungseinrichtungen?
- Was verstehen Mitarbeitende in Weiterbildungseinrichtungen unter Verwaltung?
- Wie konzipieren sie die Relation von Verwaltung und Pädagogik in der Beschreibung von Verwaltungstätigkeiten?

In diesem Kapitel wird die Untersuchungsmethodik der Studie vorgestellt: zum einen wird erklärt, wie die Erhebung geplant, begründet und durchgeführt wurde und zum anderen, wie die Auswertung den genannten Fragestellungen im Material nachging.

4.1 Erhebung

Die Erhebung erfolgte mit qualitativen leitfadengestützten Interviews mit Mitarbeitenden verschiedener Berufspositionen in verschiedenen Weiterbildungseinrichtungen. Es folgen nun erstens Informationen über den Zugang zum Feld, zweitens die Beschreibung des Samples von Weiterbildungseinrichtungen und Berufspositionen, drittens Erläuterungen zum Leitfaden und zur Interviewführung und viertens Angaben zur Aufbereitung der Daten.

4.1.1 Zugang zum Feld

Mit Telefonaten, E-Mails und Briefen an die Leitenden von Weiterbildungseinrichtungen wurde im ersten Halbjahr 2007 um die Möglichkeit von Interviews mit Mitarbeitenden der genannten Berufspositionen gebeten. Erste Interviewtermine wurden dann mit von den Einrichtungen benannten Personen vereinbart. In zwei Einrichtungen wurden die Interviews mit Kursleitenden danach geführt, weil Befragte erst nach ihrem eigenen Interview den Kontakt zu Kursleitenden herstellten. Im Interview mit der Leitungsperson der beruflichen Weiterbildungseinrichtung (9L2) wurde offensichtlich, dass die Erhebung in einer anderen beruflichen Weiterbildungseinrichtung fortgeführt werden musste. Die zentral arbeitende Familienbildungseinrichtung ermöglichte kein Interview mit einer Leitungsperson, weshalb das Interview mit dieser Position in einer anderen, dezentral arbeitenden Familienbildungseinrichtung geführt wurde (20L4). Die Erhebung der zwanzig Interviews fand zwischen dem ersten und dritten Quartal 2007 statt[36]. Dabei wurden überwiegend Besprechungs- und Seminarräume oder vorhandene Einzelbüros der Befragten genutzt. Das Interview mit einer Verwaltungsmitarbeiterin der privaten beruflichen Weiterbildungseinrichtung (18VMA5) wurde jedoch im Sekretariat der Einrichtung während des laufenden Betriebes und in Anwesenheit der Kollegin geführt.

4.1.2 Sample von Einrichtungen und Berufspositionen

Das Sample enthielt eine Kreisvolkshochschule mit Außenstellen, eine städtische Volkshochschule, zwei Einrichtungen kirchlicher Familien- und Erwachsenenbildung sowie zwei privatwirtschaftliche Anbieter beruflicher Weiterbildung. Alle Einrichtungen bieten öffentliche Weiterbildungsangebote an und werden teilweise mit öffentlichen Mitteln finanziert[37]. Befragt wurden in den Einrichtungen vier Personen der oberen oder mittleren Leitungsebene (L), vier Verwaltungsmitarbeiterinnen (VMA), sechs hauptamtliche, pädagogische Mitarbeiter (HPM) und vier freiberufliche Kursleitende (KL). In der Volkshochschule mit Außenstellen kamen eine Außenstellenleiterin (AUSL) sowie eine Verwaltungsleitung (VMAL) als relevante Positionen hinzu. Die zwanzig Interviewten sind

---

36 Ein Probeinterview mit einem Verwaltungsmitarbeiter einer städtischen Volkshochschule, das Mitte 2006 stattfand, wurde nicht in die Auswertung mit einbezogen. Aufgrund des Probeinterviews wurden organisationsstrukturelle Fragen nur noch als klärende Nachfragen aber nicht mehr als eigenen Frageblock gestellt.

37 Eine detaillierte Information über die Finanzierungsstruktur wurde nicht erhoben.

zu 20% Männer und 80% Frauen[38], ihr Durchschnittsalter beträgt 50 Jahre (Minimum 27 Jahre, Maximum 65 Jahre).

Die Auswahl der Weiterbildungseinrichtungen erfolgte vergleichbar zu anderen Studien über grobe Charakteristika wie „große Einrichtung – kleine Einrichtung, dezentrales – zentrales Angebot, kommunale – freie/private Trägerschaft" (vgl. Fuchs, Schwickerath et al. 2009, S. 23; vgl. zur Trägerstruktur auch Gnahs 2001, S. 312). Hingegen spielten Einrichtungsprofile (vgl. Herbrechter, Schemmann 2010; Pehl 2005) oder eine Gewichtung aufgrund von Anbieterstrukturen (vgl. Dietrich, Behrensdorf 2008) keine Rolle. Mit den oben genannten Charakteristika wurde die für eine Exploration gewünschte Varianz im Rahmen der öffentlich angebotenen und teilweise öffentlich finanzierten Weiterbildung als ausreichend angesehen.[39]

Wie im Kapitel 3 deutlich wurde, gibt es nur wenige Studien, die verschiedene Berufspositionen berücksichtigen. Während Kil nach meinem Kenntnisstand bislang die differenzierteste Herangehensweise wählte (vgl. Kil 1998, S. 24), werden die hier berücksichtigten Berufspositionen mittlerweile vom Deutschen Institut für Erwachsenenbildung als wesentliche Positionen skizziert (vgl. Mania, Strauch 2010, S. 76). Für die Fragestellung der Studie sind verschiedene Berufspositionen nicht nur der Vollständigkeit halber relevant. Unterschiede zwischen den Positionen wurden als Erkenntnis gewinnend eingeschätzt. Der Vergleich zwischen den Ergebnissen der Berufspositionen zum Verwaltungsverständnis oder der Sichtweisen auf die Relation von Verwaltung und Pädagogik soll also die Beantwortung der Fragestellungen befördern.

Insgesamt nutzt die vorliegende Studie, wie das Sample zeigt, den für die Erwachsenbildungsforschung bis etwa 2005 gängigen Feldzugang. Mittlerweile vorhandene Daten über Anbieterstrukturen ermöglichen theoretisches Sampling, um andere Weiterbildungsbereiche zu berücksichtigen. Es ist von weiteren Forschungen zu erhoffen, dass sie auch ein theoretisches Sampling auf der Basis von Berufs- oder Tätigkeitsprofilen zulassen.

---

38 Männer sind also unterrepräsentiert, selbst wenn der Frauenanteil hauptberuflichen Personals in Volkshochschulen 2011 hoch ist (47,1% bei den Leitungen, 65,2% bei den pädagogischen Mitarbeitenden, 80,5% bei Verwaltungsmitarbeitenden und 66,9% bei den Kursleitenden) (vgl. Huntemann, Reichart, S. 61).

39 Die Befragten HPM und eine Kursleiterin einer privaten, beruflichen Weiterbildungseinrichtung arbeiteten hauptsächlich für nicht öffentlich zugängliche Angebote. Die Interviews wurden wegen der möglichen, in der Ergebnisdarstellung zu kennzeichnenden Kontrastierung trotzdem in die Auswertung einbezogen.

Die folgende Tabelle zeigt eine Matrix aus Positionen und Weiterbildungseinrichtungen. Sie führt alle interviewten Personen und Weiterbildungseinrichtungen anonymisiert auf.[40]

	Kreisvolks-hochschule mit Außenstellen	Städtische Volkshochschule	Konfessionelle Erwachsenenbildung/ Familienbildung	Private, berufliche Weiterbildungseinrichtung
Leitung (L)	Frau 6L1	Herr 13L3	Frau 20L4	Herr 9L2
Verwaltungsleitung (VMAL)	Frau 11VMAL	-	-	-
Verwaltungsmitarbeitende (VMA)	Frau 10VMA4	Frau 7VMA3	Frau 2VMA2	Frau 18VMA5
Pädagogische Mitarbeitende (HPM)	Frau 5HPM3	Frau 8HPM4, Frau 1HPM1	Frau 3HPM2	Herr 16HPM5, Frau 17HPM6
Außenstellenleitung (AUSL)	Frau 15AUSL	-	-	-
Kursleitende (KL)	Herr 12KL2	Frau 14KL3	Frau 4KL1	Frau 19KL4

Tabelle 3: Sample, Positionen und Einrichtungen der Interviewpartner

4.1.3 Interviewleitfaden und Interviewführung

Im Zentrum der leitfadengestützten Interviews mit Kursleitenden, Pädagogischen Mitarbeitenden, Verwaltungsmitarbeitenden und Leitenden in Weiterbildungseinrichtungen standen die Verwaltungstätigkeiten der Befragten. Der Interviewleitfaden gliederte sich in drei Bereiche. Nach einer kurzen Vorstellung des Dissertationsprojekts und der Zusicherung von Anonymität wurden die Interviewpartner erstens zu ihrer beruflichen Position und den damit verbundenen Aufgaben befragt. Dann forderte die Interviewerin zweitens die Befragten auf,

---

40 Weil die Interviews in MAXQDA diese Bezeichnungen haben, wurde sie beibehalten, auch wenn es unübersichtlich erscheint. Zur Erläuterung: Die vorangestellte Zahl ist eine Ordnungszahl zur Dateiverwaltung, dann folgen das Positionskürzel und zuletzt eine Zahl, mit der die Anzahl der Interviews pro Position festgehalten wurde. Belege die auf das Interviewmaterial verweisen werden mit dieser Bezeichnung und der Absatznummer angegeben. Zwischen der MAXQDA-Datei und der Schreibweise im vorliegenden Text gibt es orthographische Unterschiede die nicht kenntlich gemacht wurden. (z.B. bereit zu stellen → bereitzustellen). Unterstreichungen geben Betonungen an (vgl. Transkriptionsregeln 10.4).

einzelne Verwaltungstätigkeiten zu nennen und zu erläutern. Der Leitfaden enthielt drittens die Aufforderung, positiv und negativ herausragende (kritische) Ereignisse mit Verwaltungstätigkeiten im Hinblick auf Bildungsveranstaltungen zu schildern. Dieser letzte Block schloss mit einer Möglichkeit ab, weitere Themen einzubringen. Der Entwurf des Interviewleitfadens wird in den nachfolgenden Ausführungen begründet und kritisch betrachtet.

Die Konzeption des Leitfadens zielte im ersten Teil auf die Generierung von Informationen über die Position und Aufgaben der Befragten im Zusammenhang mit den organisationsstrukturellen Gegebenheiten der Weiterbildungseinrichtung. In Organisationsdiagnosen wird dieser Bereich seit einiger Zeit als wichtig erachtet (vgl. z.B. Büssing 1995, S. 451). In dieser Studie kam hinzu, dass das Gefüge der Mitarbeitenden zueinander durch die Einbeziehung der verschiedenen Berufspositionen für eine strukturfunktionalistische Sicht auf Rollensätze hilfreich war. Position und Aufgaben wurden zwar als Einstieg in das Interview genutzt, die Interviewerin fragte zum Verständnis der organisationsstrukturellen Einbettung von Tätigkeiten im Laufe des Interviews häufig weitere derartige Informationen nach. Manchmal tendierten schon die Interviewten bei den Aufgabenbeschreibungen in Richtung Verwaltungstätigkeiten (vgl. z.B. 17HPM6).

Das Ziel der Erhebung, Beschreibungen von Verwaltungstätigkeiten zu sammeln, liegt in der identifizierten Forschungslücke begründet (vgl. Kapitel 3.3.2). Daher kann der zweite Teil des Interviewleitfadens als Kern der Erhebung betrachtet werden. In der Regel notierte sich die Interviewerin Stichpunkte, um später zu einzelnen Verwaltungstätigkeiten nachzufragen. Die große Bedeutung folgt aus der Annahme, dass anhand von konkreten Verwaltungstätigkeiten ergiebige Information zur Exploration des Themas „Verwaltung in Weiterbildungseinrichtungen" auf einer individuellen Ebene generiert werden kann.

Dieser Sammlung vorgelagert war eine Definition von Verwaltungstätigkeiten im funktionalen Sinne[41] (vgl. Eichhorn, Friedrich 2003, S. 1107), die den Interviewten angeboten wurde, um ein für *alle Berufsgruppen* offenes Verständnis von Verwaltung zu ermöglichen. Denn weniger die Auseinandersetzung mit öffentlicher Verwaltung sondern die individuelle Tätigkeitsstruktur sollte in den Blick kommen. Die Verwendung dieser Definition war jedoch auch mit Nachteilen behaftet. So kann kritisch angemerkt werden, dass die Lokalisierung von Verwaltungstätigkeit im Büro sowie die Unterstellung eines dienenden Verhältnisses möglicherweise begrenzend wirkten und dass die Interviewführung ge-

---

41 „Unter Verwaltung im Sinne einer Funktion versteht man Büroarbeit bzw. eine Tätigkeit des Planens, Organisierens und Kontrollierens. Insoweit hat sie instrumentellen Charakter im Dienste anderer Funktionen." (Eichhorn, Friedrich 2003, S. 1107).

schlossener wurde.⁴² Zudem sind die in der Definition genannten Herangehensweisen in den Ergebnissen zum Verwaltungsverständnis erkennbar und stellten damit auch deduktive Auswertungskategorien dar.

Der dritte Interviewteil wurde in Anlehnung an die Critical Incident Technique (CIT) (vgl. Flanagan 1954) konzipiert, die im empirisch-qualitativen Kontext etabliert ist (vgl. Woolsey 1986) und auch für eine explorierende Herangehensweise als geeignet angesehen wird (vgl. Woolsey 1986, S. 245 und S. 252; vgl. Kain 2004, S. 78). Meinen Recherchen nach, sind die Studie zu Widersprüchen in Community Colleges (vgl. Ayers 2009,) sowie eine ältere Studie zu gutem Verwaltungshandeln in Community Colleges (vgl. Oaklief 1976) zwei Anwendungsbeispiele der CIT mit vergleichbarem thematischem Fokus.

In der vorliegenden Studie wurde diese Interviewtechnik⁴³ angewendet, um die situative Dichte der Beschreibungen von Verwaltungstätigkeiten zu erhöhen und individuelle Interpretationen und Erklärungen der Geschehnisse explizieren zu lassen. Diese Kontextgebundenheit der Erzählungen ist ein besonderer Vorteil der Interviewtechnik (vgl. Chell 1998, S. 55). Unentschieden sind Autoren in dem Punkt, wie klar der Bezug auf ein Ziel des Handelns in der Formulierung der Interviewfragen ausgelegt sein soll. Während Woolsey dies betont (vgl. Woolsey 1986, S. 244), legt Kain weniger Wert darauf, wenn verschiedene Ziele in Relation zueinander stehen können (vgl. Kain 2004, S. 73). Der Interviewleitfaden sah eine solche Zielorientierung von Verwaltungstätigkeiten für das Gelingen von Bildungsveranstaltungen vor, was in der Interviewführung für Interviewte und Interviewerin in einigen Fällen blockierend wirkte (vgl. z.B. 3HPM2, 112; 9L2, 156).

Insgesamt wurde der qualitativen Erhebung somit ein eigens dafür konzipierter Leitfaden zugrunde gelegt. Im Zentrum standen die Verwaltungstätigkeiten der Befragten. Zunächst richtete sich der Forschungsprozess eher auf Fragen

---

42 So kam es im Interview mit 14KL3 (Deutsch ist für sie eine Zweitsprache) zu geschlossenen Fragen. Nachdem die Interviewerin die Definition vorstellt, reagiert die Kursleitende auf das Wort „planend" und erläutert die Arbeitsteilung der VMA und HPM im Programmplanungsprozess. Die Interviewerin lenkt die Kurs-leiterin auf ihre eigenen Kurse und fragt, was sie in diesem Zusammenhang „planen und organisieren" (vgl. 14KL3, 165) müsse. „Eigentlich nichts", (14KL3, 166) antwortet die Befragte, sie übernehme einen Auftrag oder auch nicht, sie müsse vor allem ihre privaten Termine damit abgleichen. Die Interviewerin hakt noch einmal nach und fragt geschlossen, ob sie ihren eigenen Kurs dann noch plane oder es „sonst noch irgendwie Schreibarbeit mit der Volkshochschule" (14KL3, 171) gebe. Die Kursleiterin fragt zurück, was die Interviewerin meine. Diese greift auf die im Verlauf des Interviews von der Kursleiterin genannte Rechnungsstellung zurück und fragt, ob es Vergleichbares zu tun gebe. Die Kursleiterin nennt hernach den Kursbericht. Die Interviewerin bittet sie, diesen näher zu erläutern. Ab diesem Punkt wurden Verwaltungstätigkeiten wie geplant gesammelt.

43 Die Technik scheint mit dem Ansatz des „episodischen Interviews" vergleichbar (vgl. Friebertshäuser 2003, S. 388).

nach Inhalten und der Form dieser Tätigkeiten. Insofern sind Nachfragen oder unterstützende Eingrenzungen wie z.b. durch die Formulierung „Welche Verwaltungstätigkeiten kommen heute auf Sie zu?" erfolgt. Im weiteren Auswertungsprozess orientierte sich das Interesse der Forscherin jedoch auf die in den Interviews transportierten Verwaltungsverständnisse und die Relationskonstruktionen in den Beschreibungen von Verwaltungstätigkeiten. Insofern wären rückblickend weitere Fragen im Leitfaden möglich gewesen: z.b. die offene Frage „Was verstehen Sie unter Verwaltung in Weiterbildungseinrichtungen?" oder „Wie sehen Sie das Verhältnis von Verwaltung und Pädagogik?" und „Wie verhalten sich die Anforderungen von Ökonomie, Verwaltung und Pädagogik Ihrer Meinung nach zueinander?" Weitere Erhebungen waren aus Ressourcengründen nicht möglich, und solche Fragen hätten sich vom situierten Ansatz der Studie entfernt.

4.1.4 Aufbereitung der Daten

Die 20 Interviews wurden mit einer digitalen Aufnahmesoftware aufgenommen. Sie dauerten im Durchschnitt eine Stunde. Das kürzeste Interview endete nach 27 Minuten, das längste Interview dauerte 1:37 Stunden. Somit liegen 20:14 Stunden Interviewmaterial vor. Zu den Interviews wurden jeweils einige Notizen zur Gesprächssituation erstellt und knapp die Sozialdaten (Geburtsjahrgang, Schulausbildung, Berufsausbildung, Jahr des qualifizierenden Berufsabschlusses) des Interviewten erfragt. Außerdem erhielt ich von den Befragten in der Regel ein aktuelles Programmheft oder Angebotsflyer aber auch Informationen über die Seminarverwaltungssoftware und Prozessabläufe, die als Dokumente bei der Auswertung der Interviews auch herangezogen wurden. Die Interviews wurden teils von mir teils von einem Schreibbüro nach einem einfachen Transkriptionssystem (vgl. Anhang 10.4) transkribiert. In einem weiteren Schritt wurden die Interviews anonymisiert und mit den Notizen zur Gesprächssituation und den Sozialdaten in die Software für qualitative Datenanalyse MAXQDA 2007 eingespielt. Zur Auswertung wurden Sets von Positionen und Einrichtungstypen gemäß der Matrix gebildet.[44]

---

44 Die beiden „Schnittstellenpositionen" (Verwaltungsleitung und Außenstellenleitung) mussten dabei zunächst zugeordnet werden: Die Außenstellenleiterin dem Set der Verwaltungsmitarbeitenden, die Verwaltungsleiterin dem Set der Leitenden. Zur Kontrastierung wurden diese beiden Fälle in der Auswertung auch mit der zweiten möglichen Zuordnung berücksichtigt: Das Interview der Außenstellenleiterin wurde je nach Fragestellung auch gemeinsam mit den pädagogischen Mitarbeitenden aktiviert; das Interview der Verwaltungsleiterin auch mit den Verwaltungsmitarbeitenden.

4.2 Auswertung

Die Auswertung, bei der mit der Software für qualitative Datenanalyse MAXQDA 2007 gearbeitet wurde, lässt sich in zwei Schwerpunkten beschreiben. Zum einen wurden strukturierend mit einer zunächst deduktiven Herangehensweise die Tätigkeitsinhalte ausgewertet. Zum anderen wurden Verwaltungsverständnisse und Relationskonzeptionen inhaltsanalytisch deduktiv und induktiv ermittelt. Dementsprechend werden beide Herangehensweisen im Folgenden getrennt erläutert. Im Kategoriensystem sind darüber hinaus „funktionale Kategorien" hinterlegt, die weitere Analyseebenen zu den beiden Schwerpunkten mit der strukturierenden und visualisierenden Unterstützung von MAXQDA ermöglichten.

Im ersten Auswertungsschritt in MAXQDA wurden Fallbeschreibungen/Abstracts erstellt, die als Memos festgehalten wurden. Danach erfolgte die Codierung der Interviews in MAXQDA nach textstrukturellen Kategorien, die weitgehend die Struktur des Leitfadens repräsentieren: Eingangsfrage, Werdegang, Aufgaben, Verwaltungstätigkeiten, positive kritische Ereignisse, negative kritische Ereignisse sowie Suche nach kritischen Ereignissen.

4.2.1 Inhaltsanalyse der Tätigkeiten

Aus den Fallbeschreibungen und ausgehend von älteren Quellen[45], die Informationen über Tätigkeitsbereiche von Mitarbeitenden in Weiterbildungseinrichtungen enthalten, wurde im Mai 2008 ein erstes Kategoriengerüst für die inhaltlich-strukturierende Analyse bezüglich der Tätigkeiten an das Material herangetragen (vgl. Mayring 2003, S. 89). Damit wurden zunächst die Tätigkeiten codiert, die außerhalb der kritischen Ereignisse genannt wurden. Außerdem wurde im ersten Schritt keine Zuordnung von Tätigkeiten zu „Verwaltung" oder „Pädagogik" vorgenommen. Das Kategoriensystem differenzierte sich im Laufe dieses Auswertungsgangs schnell aus. Der erste Durchgang aller Interviews endete in einem Kategoriensystem mit 119 Tätigkeitskategorien.

In einer späteren Phase, nach der Codierung zu den Themen Verwaltungsverständnis einerseits und Konzeptionierung der Relation von Verwaltung und Pädagogik andererseits, wurden nochmals diese Tätigkeitskategorien (die bis dahin auf 179 verschiedene Kategorien angewachsen waren) auf 10 Oberkategorien mit insgesamt 105 Unterkategorien reduziert/zusammengefasst. Außerdem wurde noch eine Kategorie eingeführt, welche die Sicht der Befragten auf die zwei dominanten Prozesse der Kursdurchführung und der Programmplanung differenzierte. In einem weiteren Materialdurchgang wurden die Textteile der

---

45 vgl. Fußnote 35 in Kapitel 3.3.2.

kritischen Ereignisse codiert. Außerdem wurde mittels Gewichtsfilter differenziert zwischen Tätigkeiten, die von den Befragten selbst ausgeführt wurden bzw. in Tätigkeiten, auf die nur verwiesen wurde. Leider konnte die Software MAXQDA Gewichtsfilter nicht in die Visualisierung sondern nur in die Retrieval-Funktion einbeziehen. Nach der Analyse der Verwaltungsverständnisse (siehe 4.2.2) wurde es in diesem Schritt also auch möglich, die individuelle Zuordnung von Tätigkeiten als „Benannte Verwaltungstätigkeiten", „Benannte pädagogische/inhaltliche Tätigkeit" und „Mischtätigkeit/Mischprozess/unklare Zuordnung" kenntlich zu machen. Wenn also die Interviewpartner explizit eine Tätigkeit beispielsweise der Verwaltung zuordneten, wurde dies unter Berücksichtigung des weiten Kontexts der Textstelle dementsprechend codiert.

Die Ergebnisdarstellung der Tätigkeiten im Auswertungsteil variiert zwischen den Berufspositionen: Bei Leitenden werden die Mischungsverhältnisse betont, bei Verwaltungsmitarbeitenden und der Verwaltungsleiterin handelt es sich um eine sammelnde Zusammenstellung der Tätigkeiten (wobei auf den Kundenkontakt besonders Wert gelegt wird), bei den hauptamtlich-pädagogischen Mitarbeitenden und den Kursleitenden erfolgt die Darstellung der eben beschriebenen Struktur von „benannten Verwaltungstätigkeiten" und „Mischtätigkeiten" mit einem Schwerpunkt auf die Seminarvorbereitung der Kursleitenden.

4.2.2 Auswertungsstrategien für die Analyse der Verwaltungsverständnisse und der Verhältnisbestimmungen

Als erster Schritt der Auswertung, vor der Arbeit mit MAXQDA, waren zwei Interviews – mit einer Verwaltungsmitarbeiterin und einer pädagogischen Mitarbeiterin – in die Interpretationswerkstatt am Fachbereich Erziehungswissenschaften der Philipps-Universität Marburg eingebracht worden, um die Forschungsfrage zu präzisieren. Die oben genannte Forschungsfrage: „Wie konzipieren die Befragten die Relation von Verwaltung und Pädagogik in der Beschreibung von Verwaltungstätigkeiten?" war ein Ergebnis. Außerdem wurde offensichtlich, dass die Verwaltungsverständnisse der Befragten aus dem Material heraus geklärt werden sollten. Wie oben beschrieben widmete sich die Auswertung dennoch zunächst den Tätigkeitsinhalten.

Am Anfang der Auswertung des Materials im Hinblick auf die darin enthaltenen Verständnisse von Verwaltung und Relationskonzeptionen stand das intensive und wiederholte Lesen der Interviews (vgl. Schmidt 2003, S. 548; Schmidt 2005, S. 450; für die Critical Incident Technique vgl. dazu Stitt-Gohdes, Lambrecht et al. 2000).

Daran schlossen sich Durchgänge mit folgenden Kategorien an, die eingeführt wurden, um der Komplexität durch Verweisungen von Positionen und Rollenpartnern untereinander gerecht zu werden. Sie werden hier „funktionale" Kategorien genannt, weil sie einerseits Retrievals und Visualisierungen in MAXQDA ermöglichen. Sie sind andererseits eher der strukturfunktionalen Analyse von Rollensätzen und Rollenpartnerschaften zuzuordnen.

Kontaktpartner	Textstellen die sich beziehen auf A) Interne Kontaktpartner, d.h. die anderen Berufspositionen sowie z.b. Praktikanten oder Personal-/Betriebsrat. B) Externe Kontaktpartner wie z.b. Kommunalverwaltungen, Qualitätstestierer, Verband, Kooperierende Bildungseinrichtungen und Betriebe.
Beziehungsqualität	Textstellen mit Hinweisen auf kollegiale und fürsorgende Beziehung sowie diffuse/spezifische Sozialbeziehung und pädagogisches Arbeitsbündnis (vgl. Oevermann 1999)[46].
Vermittelnde Position	Textstellen zu vermittelnden Positionen zwischen Handlungsebenen, Innen-Außen der Weiterbildungseinrichtung, zwischen Logiken, zwischen Abteilungen und räumlicher Aufteilung.
Sicht auf die eigene Position und Sicht auf andere Positionen	Die eigene bzw. die anderen Berufspositionen charakterisierende Textstellen.
Erwartungen	Textstellen, die Erwartungen an sich oder an Andere sowie die Erwartungen von Anderen an den/die Befragte/n enthalten.

Tabelle 4: Funktionale Kategorien der Auswertung

Dann erfolgte der Auswertungsprozess zur induktiven Kategorienbildung anhand der „zusammenfassenden Inhaltsanalyse" nach Mayring (vgl. Mayring 2003, S. 59f; vgl. auch Kuckartz 2010, S. 92-97). Alle Aussagen zum Verwaltungsverständnis, zu Verwaltungstätigkeiten und zur Relation von Verwaltung und Pädagogik wurden sequenziell erstens paraphrasiert, zweitens generalisiert und drittens reduziert und anschließend am Material rücküberprüft. Damit standen nun Ergebnisse mehrerer Auswertungsschritte (nämlich aus der Interpretationswerkstatt, aus den Fallbeschreibungen, aus dem genauen Lesen, den „funktionalen Kategorien" und der zusammenfassenden Inhaltsanalyse) für das Kategoriensystem zur Verfügung. Mit diesem neuen Kategoriensystem für den Themenbereich Verwaltungsverständnisse/Relationskonzeptionen wurde das Material bearbeitet.

Zuletzt wurden mit kontrastierend-vergleichenden Retrievals und Visualisierungen (vgl. Flick 2005, S.254; Kuckartz 2010, Kapitel 9, 10, 11) die Daten weiter analysiert. Dabei wurden die Kategorien des Verwaltungsverständnisses und die Kategorien zur Relation von Verwaltung und Pädagogik sowohl gebündelt als auch zusammengefasst bzw. mit Subkategorien strukturiert. Das Ergebnis aus diesen Schritten lässt sich am Beispiel der Kategorien zum Verwaltungsverständnis gut zeigen.

---

46 Ohne auf Oevermanns theoretische Abgrenzungen genauer einzugehen.

Auswertung

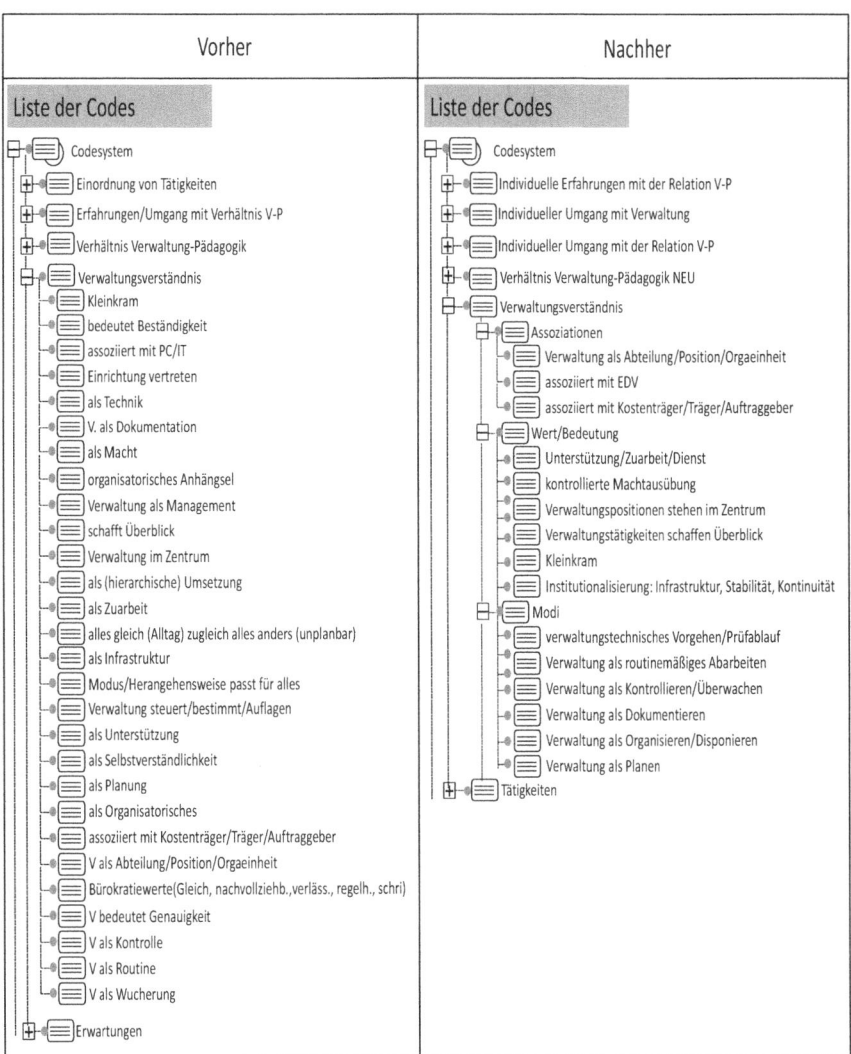

Abbildung 10: Prozess der Bündelung der Kategorien des Verwaltungsverständnisses

Der Auswertungsprozess sollte die Verbindungen zwischen den Tätigkeitsinhalten, den Rollensätzen und der Interaktion von Berufspositionen, den Verwaltungsverständnissen und der Relationskonzeptionen nutzen und darstellbar machen.

Im Ganzen entwickelte sich ein Kategoriensystem mit 17 Oberkategorien und insgesamt 263 Kategorien auf vier Ebenen[47]. Davon entfallen 112 Kategorien auf die Tätigkeiten, deren Einordnung und auf die Sicht auf zentrale Prozesse. Die eben genannten „funktionalen Kategorien"[48] enthalten 72 Kategorien. Das Verwaltungsverständnis wurde in insgesamt 19 Kategorien ausdifferenziert. 59 Kategorien enthalten die Textstellen zu Relationskonzeption und auch zum Umgang mit der Relation und mit Verwaltung selbst. In einer Oberkategorie wurden außerdem zur Reflexion der Erhebung Textstellen zu Interviewproblemen und Besonderheiten gesammelt. Die MAXQDA-Datei steht den Gutachtern dieser Dissertation zur Verfügung.

Die Verschriftlichung der Ergebnisse erfolgte im ersten Schritt positionsspezifisch, wobei die Auswertungen zum Verständnis von Verwaltung sowie Sicht und Umgang mit der Relation Verwaltung-Pädagogik einbezogen wurden. Nach weiterer Textproduktion insbesondere für die Kapitel zwei, drei und acht wurden in einem zweiten Schritt positionsspezifische und positionsübergreifende Ergebnisse im Manuskript stärker heraus gearbeitet.

Anmerkungen zur Qualität und Forschungsethik[49]

Die Auswahl der Einrichtungen dieser Studie und Mitarbeitenden sollte zwar auch private berufliche Weiterbildungseinrichtungen umfassen, die ein öffentliches Angebot haben. Der Zugang zum Feld stellte sich jedoch in diesem Bereich als schwierig heraus, so dass nun die befragten pädagogischen Mitarbeitenden und die Kursleiterin dieser Einrichtungen überwiegend in nichtöffentlichen Angeboten der aktiven Arbeitsmarktförderung arbeiten. Die Interviews wurden dennoch in den gesamten Auswertungsprozess aufgenommen. Dabei wurden Differenzen zu öffentlichen Angeboten bzw. die Eigenheiten der Arbeitsmarktförderung deutlich, was in der Ergebnisdarstellung gekennzeichnet werden muss, was aber auch eigenen Erkenntniswert hat.

Der forschungsethische Aspekt der Freiwilligkeit der Interviewpartner wurde beachtet. Die Zusicherung der Anonymität der Personen und Weiterbildungseinrichtungen bedeutet, dass in den Interviews und in der Darstellung der Ergebnisse Hinweise auf Personen, Verbände, Regionen und Orte (auch Veranstaltungsorte), besondere Angebote sowie Softwares anonymisiert wurden.[50] Die Forschungsethik steht hier über Detailreichtum und teilweise auch Lesbarkeit.

---

47 Bei der nun folgenden Auflistung werden alle Ebenen gleichwertig mitgezählt.
48 Inkl. Textstrukturkategorien und Kommunikationsformen.
49 Vgl. Grunenberg 2001.
50 Zur weitgehenden Anonymisierung vgl. Möller 2002, S. 85. Das Geschlecht wurde in der vorliegenden Arbeit nicht anonymisiert.

5 Das Verwaltungsverständnis in Weiterbildungseinrichtungen

Ein Schwerpunkt der vorliegenden Studie war, aus dem Material herauszuarbeiten, was Mitarbeitende in Weiterbildungseinrichtungen unter Verwaltung verstehen. Dies wurde über alle Positionen mit den oben genannten Schritten untersucht. Die Inhaltsanalyse führte damit im Ergebnis zu verschiedenen Betrachtungswinkeln, den drei Hauptkategorien Assoziationen, Modi und Bedeutungszuschreibungen. Diese drei Kategorien mit ihren Unterkategorien bilden die Facetten, die das Verwaltungsverständnis der Mitarbeitenden in unterschiedlicher Gewichtung ausmachen. Die Kategorien sollen hier zunächst allgemein dargestellt werden, werden, bevor in Kapitel 6 Schwerpunkte in den einzelnen Berufspositionen beleuchtet werden.

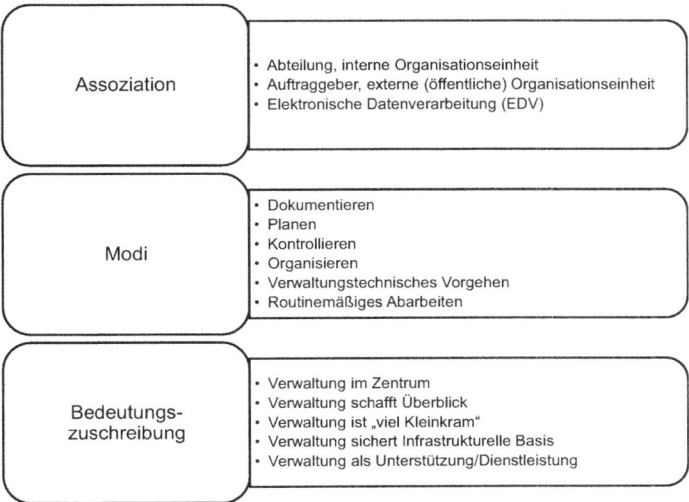

Abbildung 11: Teilaspekte des Verwaltungsverständnisses

5.1 Assoziationen

Die Bezeichnung „Assoziationen" verdeutlicht, dass gedankliche Verknüpfungen und spontane Reaktionen der Interviewten die Kategorie bilden. Es sind damit auch gefestigte Begriffsverwendungen. Es werden erstens eine Abteilung, also eine interne organisatorische Einheit, zweitens öffentliche Auftraggeber als externe, organisatorische Einheiten oder drittens das/die System/e der elektronischen Datenverarbeitung (EDV) mit Verwaltung gemeint. Damit stehen diese Kategorien für den institutionellen Aspekt des Verwaltungsverständnisses (vgl. Kapitel 2.3), wobei die Unterkategorie „EDV" in der verwendeten Überblicksliteratur nicht zum Tragen kam, hier also neu dazukommt.

5.1.1 Abteilung, interne Organisationseinheit

Die Unterkategorie „Abteilung" kommt in allen Interviews außer in den privaten beruflichen Weiterbildungseinrichtungen vor. Verwaltung wird hier verstanden als Organisationseinheit der Weiterbildungseinrichtung oder bezeichnet die Mitglieder der Berufsposition der Verwaltungsmitarbeitenden zusammengenommen. Die sprachliche Verwendung ist hier sehr homogen. Eine typische Aussage ist: „Das macht unsere Verwaltung." (5HPM3, 86)[51]. Der gleichartige und häufige Gebrauch zeigt die Dominanz dieses Verständnisses, das eng mit der Konzeption des Verhältnisses von Verwaltung und Pädagogik als Verhältnis zwischen Berufspositionen zusammenhängt (vgl. ausführlich Kapitel 7.1.).

5.1.2 Auftraggeber, externe (öffentliche) Organisationseinheit

Mit „Verwaltung" werden zum einen externe öffentlichen Auftraggeber oder zum anderen Rechtsträger der Weiterbildungseinrichtung auf der Makroebene der Weiterbildungseinrichtung verbunden. Ersteres ist bei den pädagogischen Mitarbeitenden und bei der Kursleiterin der privaten beruflichen Weiterbildung der Fall[52], letzteres bei zwei verantwortlich Leitenden und der Verwaltungsleiterin[53]. Sprachlich sind hier die Aussagen differenzierter, indem die Organisationseinheiten der öffentlichen Verwaltung explizit genannt werden: z.B. „Kreisverwaltung" (z.B. 11VMAL, 110; 6L1, 34), „Stadtverwaltung" (z.B. 3HPM2,

---

51 Vgl. auch 12KL2, 86; 6L1, 46, 66, 160, 162; 10VMA4, 332; 11VMAL, 75; 7VMA3, 38; 13L3, 38, 44, 102; 8HPM4, 28, 110, 170, 254; 14KL3, 262, 162; 2VMA2, 57, 91; 3HPM2, 24, 30, 50, 64, 158, 150.
52 Vgl. 19KL4, 117-119, 158, 166-168; 17HPM6, 83, 91-93; 16HPM5, 52, 191.
53 Vgl. 6L1, 26, 34, 92; 20L4, 72; 11VMAL, 61, 110.

32), „Arbeitsamt" (z.B. 16HPM5, 191). Codiert wurden hier auch Textstellen zu Verwaltungstätigkeiten, in denen auf solche externen Organisationseinheiten der öffentlichen Verwaltung verwiesen wurde. Eine solche Textstelle ist beispielsweise: „Auftraggeber, Arbeitsagentur (...) wollen ihr eigenes Berichtswesen" (17HPM6, 91). Das Gewicht dieses institutionellen Verständnisses ist in den Daten – wie im Interviewleitfaden beabsichtigt – gering. Hervorzuheben ist dennoch, dass anscheinend konkrete Arbeitsbezüge bzw. das Rollenset ein solches Verständnis mit sich bringen. Die Daten sprechen dafür, dass also Mitarbeitende, die diesen Organisationseinheiten gegenüber Rechenschaft ablegen müssen, eher diese Facette in ihr Verwaltungsverständnis einbringen.

5.1.3 Elektronische Datenverarbeitung

Während die ersten beiden Unterkategorien in Verbindung mit der Literatur zum Verwaltungsbegriff nicht überraschend sind, ist die dritte Unterkategorie „Elektronische Datenverarbeitung (EDV)" eine Facette, die unerwartet deutlich das Verwaltungsverständnis prägt. In der Sammlung von Verwaltungstätigkeiten wurden erstens viele Tätigkeiten genannt, bei denen in eine Kursverwaltungssoftware Daten eingegeben werden müssen oder Vorgänge darin abgebildet werden. Insofern zeigen die Ergebnisse, dass „Verwaltung" mit EDV in Verbindung gebracht wird. Gerade auch die spontanen Reaktionen machen zweitens diese gedankliche Verbindung deutlich. So expliziert eine Leiterin: „Ja, die ersten Sachen, die mir einfallen (...) EDV-Probleme." (20L4, 124). Eine hauptamtliche pädagogische Mitarbeiterin geht drittens auf die Einführung der elektronischen Datenverarbeitung im Interview ein und beschreibt das Anwachsen von „Verwaltungstätigkeit" als ein Ergebnis dessen:

> „Der große Umschwung von, oder das große Mehr an Verwaltungsanteil kam mit dem Computer und zwar für uns ganz deutlich irgendwie, also Anfang der 90er, wo ich, was ich beschrieben habe, wo ich noch bei der <andere Einrichtung> war, da wurde mit der Computerisierung ganz viel auf deinen Tisch gebracht und damit auch die Verantwortung und die Zuständigkeit zu dir gebracht. Weil du hattest das dann schneller gemacht, als du das dann kommuniziert hast in den Verwaltungen." (3HPM2, 68)

Der Teilaspekt „EDV" steht überdies in Zusammenhang mit der Festanstellung bei der Weiterbildungseinrichtung. Er kommt nicht vor bei Kursleitenden, und die nebenberufliche Außenstellenleiterin nutzt diese Facette als Teil des Verwaltungsverständnisses in Kontrast zu ihrer eigenen Position. Auch hier ist wieder eine Nähe zwischen Verwaltungsverständnis und Arbeitsalltag gegeben.

5.2 Modi

Während die bisher vorgestellte Kategorie für das institutionelle Verständnis von Verwaltung steht, wechselt nun die Betrachtung zum funktionalen Verständnis von Verwaltung. Es handelt sich dabei um sechs Tätigkeitskategorien im Sinne von Modi, die als verwaltende Handlungsweisen wahrgenommen werden können. Die Unterkategorien Planen, Organisieren und Kontrollieren sind durch die angebotene Definition im Interviewleitfaden angelegt gewesen. Hinzu kamen in der Inhaltsanalyse Dokumentieren, verwaltungstechnisches Vorgehen und routinemäßiges Abarbeiten. Manche dieser Teilaspekte sind in ihrer Tragweite für das Verständnis von Verwaltung der Mitarbeitenden in Weiterbildungseinrichtungen diskutabel. Es gibt hier zwischen den einzelnen Interviewpartnern Unterschiede. Über alle Berufspositionen hinweg lassen sich jedoch Dokumentieren und Kontrollieren als wesentliche Teilaspekte für das Verwaltungsverständnis festhalten. In den Interviews finden sich darüber hinaus Hinweise auf eine Dynamik der Teilaspekte untereinander, die an Management-Kreisläufe erinnern. Folgende Darstellung soll für diese Dynamik angenommen werden: Planen, Organisieren, Kontrollieren bilden einen Kreis, der von einem Kreis aus routinemäßigem Abarbeiten, verwaltungstechnischem Vorgehen und Dokumentieren zwischen Organisieren und Kontrollieren ergänzt bzw. erweitert wird.

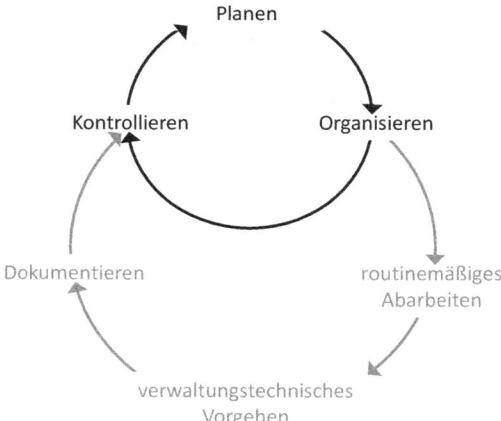

Abbildung 12: Mit Verwaltung verbundene Modi im dynamischen Zusammenhang

5.2.1 Dokumentieren

Dokumentieren ist die Herangehensweise, die am stärksten und häufig explizit mit Verwaltung in Verbindung gebracht wird. So überschneiden sich benannte Verwaltungstätigkeiten am häufigsten mit dem Modus Dokumentation. Es geht bei diesem Teilaspekt um Informationen im EDV-System und in Akten, um Verträge, Bescheinigungen, Anwesenheits- und Teilnehmerlisten, Anträge, Anmeldekarten, Evaluationsberichte etc. Häufig dienen Dokumentationen der überindividuellen Nachvollziehbarkeit (z.b. bei Abrechnungsbelegen bei 7VMA3 oder 20L4). Außerdem werden Sachverhalte überblicksartig dargestellt, um Steuerungsinformation zu generieren (z.b. Raumauslastung bei 13L3 oder auch Statistiken).

Solche überindividuell nachvollziehbare Dokumentationen werden intern und extern verwendet. Wesentliche interne Prozesse der Programmplanung und Kursumsetzung benötigen schriftliche Informationen. Es entsteht jedoch der Eindruck, dass pädagogische Mitarbeitende externe Verwendungszwecke von Dokumentationen betonen z.B. bei Beauftragungen/Projekten (vor allem 16HPM5, 17HPM3) oder bei Präventionskursen, also Angebote zur Gesundheitsförderung nach § 20 SGB V (Fünftes Buch Sozialgesetzbuch – Gesetzliche Krankenversicherung). So nennt 3HPM2 im Zusammenhang mit dem Anwachsen von Verwaltungstätigkeiten den „Bereich der Gesundheitsförderung auch mit Kooperation nach außen und Krankenkassen (…) was auch wieder Auswirkungen auf Bescheinigungen hat (…) was alles verwaltungsrelevant wird" (3HPM2, 16).

5.2.2 Kontrollieren

Auch Kontrollieren bildet bei fast allen Interviewten eine Facette des Verwaltungsverständnisses. Formulierungen die hier verwendet werden sind außer *kontrollieren* z.B. *gucken, darauf achten, im Auge haben, Unstimmigkeiten klären, überwachen, gut heißen, abzeichnen* oder *überprüfen*. Vor allem Leitungspersonen sind aufgrund ihrer Verantwortung immer wieder als Prüfinstanz gefordert.

Die eben angeführten Präventionskurse, sind ein Beispiel des Zusammenhangs von Dokumentation und Kontrolle, das in den Daten anzutreffen ist. Die u.a. in diesem Bereich tätige Kursleiterin beschreibt den Zusammenhang so:

> „Wir bekommen so Teilnehmerlisten, dann die müssen unterschreiben, dass die da waren. Wenn die waren weniger als 80%, dann dürfen die keine Teilnahmebescheinigung bekommen." (14KL3, 414).

Zuerst wird also im Verlauf des Kurses die Teilnahme dokumentiert. Am Ende des Kurses wird die Teilnahme bewertet, um den Regeln entsprechend eine Bescheinigung auszustellen. Solche formalisierten Kontrollen werden auch in anderen Zusammenhängen in den Daten genannt. So werden Anträge auf die Voraussetzungen hin geprüft (z.b. auch interne Formulare vgl. 13L3, 124; 8HPM4, 82) und Verfahrensschritte in Standardprozessen (z.b. bei der Kursumsetzung die Prüfung der Mindestteilnehmerzahl) eingehalten. Hier eröffnet sich ein weiterer Modus, der in der Studie als verwaltungstechnisches Vorgehen erarbeitet wurde.

5.2.3 Verwaltungstechnisches Vorgehen

„Verwaltung ist für mich so eher der, sagen wir mal, etwas sehr technisierte (…) Bereich" (13L3, 148). Diese Textstelle steht stellvertretend für einen Teilaspekt des Verwaltungsverständnisses, der mit dem Attribut „verwaltungstechnisch" umschrieben wird. Dahinter stehen festgelegte Verfahrensschritte, die befolgt werden und die als verwaltend wahrgenommen werden. Das können Anträge, Abrechnungen, Gebührenbefreiungen o.ä. sein, und manchmal stehen EDV-gestützte Verfahren dahinter. Genannt wird dieser Modus explizit durch Leitende (vgl. 6L1; 20L4; 13L3; 11VMAL) aber auch von einer Verwaltungsmitarbeitenden (vgl. 10VMA4).

Eine für die Relationskonzeption wichtige Feststellung aus diesen Textstellen ist, dass mit verwaltungstechnischem Vorgehen Inhalte abgekoppelt werden. Das bedeutet, dass die Verfahren bei wechselnden Teilnehmenden und Weiterbildungsangeboten gleich bleiben, was für den vorliegenden Kontext Weiterbildung ein nicht unerheblicher Sachverhalt ist.

5.2.4 Planen

Dieser Modus ist nur bedingt ein Teilaspekt für das Verwaltungsverständnis, wenn er auch im Interviewleitfaden enthalten war. In den Interviews sind nur bei Leitenden und Kursleitenden Hinweise auf Planen als Teil des Verwaltungsverständnisses zu finden. Planen wird von Leitenden zum Teil als Modus administrativen Handelns verstanden, indem sie im Zusammenhang mit Verwaltungstätigkeiten von Prozessen und Ressourcenallokationen im Zeitverlauf sprechen. Im Einzelnen werden Termine anvisiert, Personal und Räume oder Zwischenergebnisse wie z.B. der Programmheftentwurf eingeplant. Insbesondere 13L3 verweist auf „verschiedenste Dienstpläne" (13L3, 108). Kursleitende sprechen von Planen im Zusammenhang mit Seminarvorbereitung (vgl. 19KL4; 4KL1).

Es handelt sich hierbei jedoch um didaktisch begründete Planung von Seminarinhalten, wie auch die genauere Besprechung dieses Tätigkeitsbereich von Kursleitenden zeigen wird (vgl. Kapitel 6.6.2).

In den Interviews ist außerdem in der städtischen VHS aber auch in der Kreis-VHS eine Zuordnung von Planung zur Berufsposition der pädagogischen Mitarbeitenden deutlich geworden. Dies steht im Zusammenhang mit der Programmplanung. Das zeigt, dass Herangehensweisen mit Berufspositionen verknüpft werden. Man könnte sagen: „Verwaltung ist was die Verwaltung macht". Dies wird auch in den nächsten beiden Modi sichtbar.

5.2.5 Organisieren

Organisieren als Teilaspekt des Verwaltungsverständnisses bezieht sich, so lassen die Daten (der öffentlichen Weiterbildungseinrichtungen) vermuten, auf die Berufsposition der Verwaltungsmitarbeitenden. Die Textstellen zum Modus des Organisierens als Facette des Verwaltungsverständnisses aus den Interviews verschiedener Berufspositionen verweisen immer wieder auf Verwaltungsmitarbeitende. Die Zuschreibung dieses Modus zur Berufsposition drückt eine Verwaltungsmitarbeiterin deutlich aus: „wer macht die organisatorische Arbeit? Natürlich die Verwaltungskräfte." (7VMA3, 184; vgl. auch 7VMA3, 38). Dies entspringt den Tätigkeiten der Kursumsetzung, wenn Ressourcen für Angebote bereit zu stellen sind. An diese Tätigkeiten knüpfen auch die Hinweise der Kursleitenden und der pädagogischen Mitarbeitenden zu diesem Teilaspekt an. Sichtbar wird, dass Kursleitende und HPM von Verwaltungsmitarbeitenden erwarten, Dinge zu organisieren. Entsprechende Aufgaben delegieren Kursleitende und HPM teilweise an Verwaltungsmitarbeitende. Leitende nehmen gerade wegen des Delegierens das Organisieren als Teilaspekt ihres Verwaltungsverständnisses auf. So sagt 6L1: „Es geht [in der Verwaltungstätigkeit als Bürotätigkeit, B.D.] eigentlich darum, die Arbeit zu organisieren." (6L1, 74)[54].

5.2.6 Routinemäßiges Abarbeiten

Die Daten weisen darauf hin, dass der Teilaspekt des routinemäßigen Abarbeitens wiederum bei allen Berufspositionen zum Verwaltungsverständnis beiträgt. In der Auswertung der Tätigkeiten fiel auf, dass viele Verwaltungstätigkeiten repetitiv sind: von der regelmäßigen Aktivierung beginnender Kurse (vgl. 8HPM4; 7VMA3; 2VMA2) über die Bearbeitung von Anwesenheitslisten (vgl.

---

54 Dies würde Zech als „Management" verstehen (vgl. Zech, Ameln 2010, S. 12).

16HPM5; 15AUSL; 19KL4; 10VMA4) bis hin zur Post (vgl. 11VMAL; 9L2; 6L1). Dieses Ergebnis kann auch daher rühren, dass teilweise schon in der Interviewführung nach dem „Alltag" gefragt wurde. Im Auswertungsprozess wurde vor allem auf die sprachliche Verwendung von folgenden Wörtern geachtet: *oft, viel, standardisiert, jeden Tag, abarbeiten, durchziehen, normalerweise, immer so, Tagesgeschäft, wiederkehrend, Regelfall, automatisch.* Sichtbar wird die Verbindung zum Verwaltungsverständnis in den vorliegenden Interviews zu Verwaltungstätigkeiten dennoch darin, dass es deutliche Überschneidungen dieses Modus mit benannten Verwaltungstätigkeiten gibt, auch wenn Wiederholung gerade auch für pädagogisch konnotierte Tätigkeiten gelten könnte (Wiederholung zur Übung).

Gemeint ist mit diesem Teilaspekt ein Modus, der für die wiederkehrende Bearbeitung von Standardaufgaben steht. Die Aufgaben werden teilweise als nichts Besonderes erachtet, weshalb einerseits der Eindruck entsteht, dass dafür auch wenig Engagement aufgebracht wird bzw. werden muss. Drei Aussagen können dies untermauern: 9L2 sagt, er mache nicht „groß Gedanken" (9L2, 80) darum. 13L3 sagt, „Alltagsroutine (…) [bringt, B.D.] nicht den großen Schub" (13L3, 152). Und 6L1 meint: „dass man sich so ein bisschen zurücknehmen kann" (6L1, 102). Andererseits legt die Verwaltungsleitung (11VMAL) besonderen Wert darauf. Sie habe sich die tägliche Sichtung aller Post der Volkshochschule vorbehalten, weil das wichtig sei (vgl. 11VMAL, 108, 112, 114). Die Analyse der Tätigkeiten der Verwaltungsmitarbeitenden weist zudem darauf hin, dass der Arbeitsplatz dieser Berufsposition gerade bei den Tätigkeiten der Kursumsetzung mit dem Modus des routinemäßigen Abarbeitens einhergeht.

5.3 Bedeutungszuschreibungen

Als dritte Kategorie wurden Bedeutungszuschreibungen induktiv aus den Daten herausgearbeitet. Es geht darum, welche Bedeutungen von den Befragten den Verwaltungstätigkeiten bzw. den Verwaltungspositionen zugemessen werden. Diese Betrachtungsperspektive ergänzt das Verwaltungsverständnis mit Teilaspekten zu Sinn und Stellenwert von Verwaltung. Die sechs Teilaspekte transportieren auf diese Weise weitere interpretative Ergebnisse zum Verwaltungsverständnis in Weiterbildungseinrichtungen.

5.3.1 *Verwaltung schafft Überblick*

Am häufigsten im Material anzutreffen ist die Bedeutung, Überblick zu schaffen. Durch die Aufbereitung von Information in Listen und Tabellen, Überblicksdarstellungen, Auswertungen, Akten, Materialsammlungen, Prozessbeschreibungen oder ähnliches, was in den Daten in der Regel als Verwaltungstätigkeit eingestuft wurde, wird Information zugänglich und bewertbar gemacht. Es werden durch Verwaltungstätigkeiten Entscheidungsgrundlagen erstellt, die für Anschlusstätigkeiten zur Verfügung stehen (vgl. z.B. 13L3, 132; 2VMA2, 21). Es ist zu vermuten, dass dies Handlungssicherheit verschafft (vgl. z.B.15AUSL, 26; 3HPM2, 150; 8HPM4, 92ff). Außerdem können Leistungen und Vorgänge durch Überblicksdarstellungen für Dritte abgebildet werden (vgl. z.B. 10VMA4, 74; 6L1, 78).

5.3.2 Verwaltung ist Unterstützung

Verwaltungstätigkeiten werden als unterstützende Tätigkeiten wahrgenommen. Die vorgelegte Definition im Interviewleitfaden unterstellte eine „dienende Funktion" bereits. Die Unterstützung bezieht sich bei den Interviewten nicht nur auf die Tätigkeiten der Position der Verwaltungsmitarbeitenden, sondern auch auf Verwaltungstätigkeiten verschiedener Positionen. Insofern zeigt sich, dass Hilfeleistung ein Teilaspekt des Verwaltungsverständnisses ist. Es lassen sich positionsübergreifend Beispiele im Material als Beleg dafür heranziehen: So stellt eine Leitende alle Verwaltungstätigkeit/Bürotätigkeit unter „das Ziel, die VHS voran zu treiben" (6L1, 78). Die Verwaltungsleiterin hilft pädagogischen Mitarbeitenden z.B. wenn sie Vordrucke erstellt (vgl. 11VMAL, 27), und Honorarmitarbeiter unterstützen Hauptamtliche bei ihren Aufgaben (vgl. z.B. 19KL4, 27). Eine mit Qualitätsmanagement beauftragte pädagogische Mitarbeiterin sagt: „ich mach nur die Zuarbeit (…) insofern ist das schon administrativ, eigentlich ausschließlich administrativ" (1HPM1, 57).

Dass von der Berufsposition der Verwaltungsmitarbeitenden Zuarbeit erwartet wird, drücken nicht zuletzt diese Befragten selbst aus. Zudem zeigen dies ihre Tätigkeiten bzw. die Tätigkeiten im Prozesszusammenhang. Die Bewertung der Verwaltung als Unterstützung reicht indessen bei den Verwaltungsmitarbeitenden von einer Darstellung, dass die Arbeit nicht sichtbar sei (vgl. 10VMA4, 346) über eine geringe Relevanz (vgl. 18VMA5, 182) bis hin zu einer existenziellen Bedeutung: „also ohne die Verwaltung geht's nicht" (2VMA2, 91).

5.3.3 Verwaltung sichert infrastrukturelle Basis

Die Inhaltanalyse legt weiterhin nahe, dass Verwaltung mit der Sicherung der infrastrukturellen Basis der Weiterbildungseinrichtung verbunden wird. So erläutert eine Leitende im Rahmen ihrer Verwaltungstätigkeiten die Aufgabe „Infrastruktur (…) so bereitzustellen, dass sowohl die pädagogische Arbeit sinnvoll laufen kann als auch die Verwaltungsarbeit sinnvoll laufen kann" (20L4, 82).

Ein anderer Leiter spricht von „banaler Organisationsstruktur" (9L2, 64). Es geht hier um dingliche wie prozessuale Voraussetzungen für das Funktionieren einer Weiterbildungseinrichtung. So sprechen die Interviewten z.b. von Konten, Arbeitsmaterialien, Postfächern, Datensicherung, PC-Ausstattung oder Büromöbeln. Die etymologische Erklärung für die Bedeutung des Wortes *banal* weist darauf hin, dass etwas „gemeinnützig" ist (Wissenschaftlicher Rat der Dudenredaktion 1997, S. 60). Demgemäß sind die Auswirkungen, wenn etwas nicht funktioniert (z.b. die in den kritischen Ereignissen geschilderten Computerprobleme) für die gesamte Einrichtung erheblich. Ein Anzeichen für den Kontinuität stiftenden Sinn von Verwaltung ist überdies die deutlich häufigere unbefristete Beschäftigung von Verwaltungsmitarbeitenden (für Volkshochschulen vgl. Huntemann, Reichart 2012, Tabelle 2), wobei dies in der privaten beruflichen Weiterbildungseinrichtung bei befristeten öffentlichen Aufträgen noch eklatanter zu sein scheint (vgl. 18VMA5, 192).

5.3.4 Verwaltungspositionen stehen im Zentrum

Den letzten Teilaspekt weiterführend, machen einige Interviewaussagen auch deutlich, dass Verwaltungspositionen im Zentrum stehen. Dieser Eindruck war bereits in Vorarbeiten entstanden (vgl. Dietsche 2002b). Wie dort in grafischen Darstellungen der Verwaltungsbereich stets im Zentrum dargestellt wurde, so sprechen einige Befragte im vorliegenden Material von diesem Bild. Informationen und Prozesse werden durch die Position der Verwaltungsmitarbeitenden zusammengeführt (vgl. 18VMA5; 10VMA4; 2VMA2; 7VMA3), was die Verwaltungsleiterin expliziert: Sie sieht ihre Position als „Zusammenführung zwischen dem Verwaltungsbereich und dem pädagogischen Bereich" (11VMAL, 19). Auch ein Kursleiter deutet an, dass im Büro „alle Fäden" (4KL1, 88) zusammen laufen (vgl. auch 12KL2, 206).

5.3.5 Verwaltung hat Macht inne

Dieser Teilaspekt wird im Zusammenhang mit dem kontrollierenden und dokumentierenden Modus als Beitrag zum Verwaltungsverständnis ersichtlich. In den Ausführungen zu Verwaltungstätigkeiten wird an manchen Stellen darauf hingewiesen, dass mit Verwaltungstätigkeiten Sanktionen bei Regelverstößen verbunden sein können. So verweisen die Befragten der privaten, beruflichen Weiterbildungseinrichtung (indirekt) auf die Regeln im Dritten Buch Sozialgesetzbuch (z.B. Meldepflicht nach § 309 SGB III), andere auf die Regeln im Zusammenhang mit den oben bereits erwähnten Präventionskursen (vgl. 14KL3), auf zuwendungsrechtliche Auflagen (vgl. 3HPM2) oder auf die Teilnahmebedingungen und die Möglichkeit des Gebühreneinzugs (vgl. 15AUSL).

5.3.6 Verwaltung ist viel „Kleinkram"

Die Unterkategorie steht dafür, dass Befragte mit Verwaltungstätigkeiten viele einzelne, kleine Angelegenheiten verbinden und diese abwertend beurteilen. Dieser Teilaspekt entstand aus einem In-Vivo-Code (vgl. Kuckartz 2010, S. 75) der Inhaltsanalyse. Befragte verwendeten also genau diese Formulierung im Zusammenhang mit Verwaltungstätigkeiten (vgl. 13L3, 130; 11VMAL, 108 und 177). Sie sprechen auch von „Briefkrimskrams" (3HPM2, 58), „Bürokram" (19KL4, 27), „Verwaltungskram" (19KL4, 170) oder nur von „Kram" (16HPM5, 213; 17HPM6, 231). Als „Kram" bilden Verwaltungstätigkeiten einen unüberschaubaren Komplex, so dass die Interviewten Schwierigkeiten damit zu haben scheinen, die einzelnen Dinge zu benennen. So sagt eine pädagogische Mitarbeiterin: „ich hab einfach immer das Gefühl, es ist ganz viel Verwaltungstätigkeit, und jetzt fällt mir gar nicht so viel ein" (8HPM4, 106; vgl. auch 7VMA3, 82, 110; 13L3, 108, 126, 130). Die Abwertung kommt zum Ausdruck, wenn „große, eigentliche Arbeiten" (vgl. 11VMAL, 132; 13L3, 130) dem „Kram" gegenüber gestellt werden. Dabei dient nach Robak „täglicher Kleinkram" (Robak 2004, S. 342), worüber Leitende klagen, dem flexiblen Management von Binnenstrukturen (vgl. Robak 2004, S. 340 und 342). Das kann für die beiden Leitenden hier plausibel sein.[55]

---

55 Das Wort „Kleinkram" wird auch in älteren Beiträgen benutzt (vgl. Gieseke, Tietgens, Venth 1979, S. 19; Hufer 1984, S. 254; Gieseke 1989, S. 230).

6 Verwaltungstätigkeiten, Verwaltungsverständnis und Relationskonzeptionen der Berufspositionen

Während die Darstellung des Verwaltungsverständnisses von Mitarbeitenden in Weiterbildungseinrichtungen positionsübergreifend „vor die Klammer" gesetzt wurde, werden im nächsten Kapitel die Ergebnisse zu den drei Forschungsfragen positionsspezifisch präsentiert. Hintereinander werden für Leitende, Verwaltungsleitung, Verwaltungsmitarbeitende, Außenstellenleitung, pädagogische Mitarbeitende und Kursleitende die Befunde des Materials unter Verwendung von Interviewzitaten und -belegstellen[56] ausgebreitet.

Die positionsspezifischen Unterkapitel folgen jeweils der gleichen Gliederung. Zunächst werden kurz die Interviewpersonen mit einigen Angaben vorgestellt und deren Position mit Themen im relevanten Rollensatz beziehungsweise Themen der Rollenpartnerschaften skizziert. Darauffolgend wird auf der Grundlage der strukturierend-inhaltsanalytischen Auswertung dargestellt, welche (Verwaltungs-) Tätigkeiten von dieser Berufsposition ausgeführt werden. Danach werden spezifische Aspekte des Verwaltungsverständnisses aufgegriffen und abschließend erläutert, welche Relationskonzeptionen für die Berufsposition erkennbar waren.

6.1 Leitende (L)

Die befragten Leitenden im Alter zwischen 45 und 55 Jahren arbeiten zwischen knapp einem und fünf Jahren in Leitungsfunktion. Zwei der vier befragten Leitenden sind auf der mittleren Führungsebene angesiedelt (9L2 und 13L3), die anderen beiden (20L4 und 6L1) vertreten verantwortlich die Einrichtung. Drei Befragte sind langjährige (>12 Jahre) Mitarbeiter der Einrichtung, wobei bei zweien der erste Arbeitszusammenhang auf Honorarbasis bestand. Hinzu kommt bei allen, dass sie in der Funktion als pädagogischer Mitarbeiter für bestimmte Fachthemen zuständig sind.

---

56 Hervorhebungen ergeben sich ggf. aus den Transkriptionsregeln (vgl. Anhang 10.4).

Der Ausbildungshintergrund der befragten Leitenden ist unterschiedlich: Ihre Studienabschlüsse sind kultur- und sprachwissenschaftlich, naturwissenschaftlich und wirtschaftswissenschaftlich. Nur eine Leitungsperson hat ein explizit pädagogisches Studium absolviert.

6L1	9L2	13L3	20L4
Kreis-VHS	Priv. berufl. WBE	Städt. VHS	Konfessionelle Familienbildung

Tabelle 5: Die befragten Leitenden (L)

6.1.1 Die Rollenpartnerschaften der Leitungsposition

Die Position der verantwortlich Leitenden ist charakterisiert durch engen Kontakt zum Träger der Weiterbildungseinrichtung auf der Makro-Ebene. Gleichzeitig ist bei allen Leitenden ein weitgehend indirekter Kontakt zu Teilnehmenden und Kursleitenden auf der Mikro-Ebene zu beobachten. Das wird dadurch ersichtlich, dass die verantwortlich Leitenden darstellen, wie sie zwischen Träger und Einrichtung auf der Meso-Ebene operieren. Auf der Meso-Ebene der Weiterbildungseinrichtung und ihrer Mitarbeitenden wird die Rollenpartnerschaft zu Verwaltungsmitarbeitenden unterschiedlich thematisiert während in Bezug auf die pädagogischen Mitarbeitenden eine gemeinsame Entwicklungsperspektive auf Angebote und Einrichtung erkennbar ist. Teilnehmende und Kursleitende thematisieren Leitende jedoch hauptsächlich als Gruppe, nicht als Einzelkontakt.

Im Folgenden werden die Ergebnisse zu den wichtigsten Rollenpartnerschaften und auf Makro-, Meso- und Mikroebene und darin enthaltene Schwerpunktthemen im Einzelnen vorgestellt; die Abbildung zeigt dies im Überblick (vgl. Abbildung 13).

Leitende (L) 69

Abbildung 13: Themen in Rollenpartnerschaften der Leitungsposition

Leitende und Träger/Trägergremien/Trägerabteilungen

Die Leitungskräfte 6L1 und 20L4 erklären ihre Verbindung zu den jeweiligen Trägern zu Beginn der Beschreibung ihrer Funktion und Aufgaben (vgl. 6L1, 26ff; 20L4, 10ff). Sie sprechen von mehreren Gremien und zentralen Personen der regionalen Körperschaften des öffentlichen Rechts, hier also des Landkreises und der Dekanate. Die Leitenden 13L3 und 9L2 hingegen, die beide auf der mittleren Führungseben arbeiten, thematisieren den Träger weniger.

Die Aufgabe der verantwortlich Leitenden in dieser Rollenpartnerschaft richtet sich auf die Klärung von Auftrag und Ressourcen wie Geld, Personal und EDV-Ausstattung (vgl. 20L4, 110; 6L1, 138ff). Daraus ergibt sich ein Handlungsrahmen für die Weiterbildungseinrichtung. Die Befragten schildern einen Abstimmungs- und Verhandlungs- aber auch einen Transferprozess. Damit werden aus dieser Schnittstelle zum Träger Informationen in die Einrichtung transferiert, um Kernprozesse der Programmplanung an den Handlungsrahmen anschließen zu können.

An der Schnittstelle zum Träger gehe es darum, „die Informationen, die auf der großen kommunalen Ebene eigentlich geliefert werden, wieder hier rein zu transportieren in die eigene Organisation, das ist eine Transferleistung, ja. Hochverdichtete Kommunikation mitunter." (6L1, 28). Die Anschlussfrage sei: „was ist dann mit den Finanzen, mit den Ressourcen, mit den Trägern, inhaltlich fürs nächste Jahr überhaupt dann sinnvoll zu planen?" (20L4, 110). Die Ergebnisse deuten darauf hin, dass sich im Alltag diese Rollenpartnerschaft unter anderem in Korrespondenz und Dokumentation (vgl. 20L4, 72; 6L1, 138) aber auch in der Struktur der „Konferenzordnung" (6L1, 76) sowie in akut zu lösenden Problemen (z.B. der Abrechnung, vgl. 20L4, 62ff) zeigt.

Leitende und Kooperationspartner

Das Material zeigt weiterhin auf der Makro-Ebene Rollenpartnerschaften mit verschiedenen Kooperationspartnern. Die Leitenden nennen ihre verbandlichen Organisationen und damit verbundene Arbeitsgruppen (vgl. 20L4, 26ff; 13L3, 72; 6L1, 38). Hier wird für die Leitenden auch persönlicher Austausch möglich. Aufgezählt werden zudem regionale Gremien der Bildungsarbeit (vgl. 20L4, 26ff) oder in der Region tätige Unternehmen (vgl. 9L2, 90ff). 13L3 führt für Projekte außerdem unterschiedlichste städtische Partner wie Museen, Bildungseinrichtungen oder Migrantenorganisationen (vgl. 13L3, 88, 186) an.[57]

Die Kooperationspartnerschaften stellen sich zwar als vielgestaltig dar. Dennoch sind zwei Aspekte für die Funktion der Leitenden in den Rollenpartnerschaften markant: Erstens sind Leitende wegen der strategischen Verortung der Einrichtung in Gremien aktiv – dies würde 20L4 „nicht delegieren" (20L4, 26). Zweitens werden hier Ideen entwickelt und Angebote initiiert.

Die Vorgehensweise scheint ähnlich strukturiert wie in der oben geschilderten Rollenpartnerschaft mit dem eigenen Träger. So stellt sich 13L3 ebenfalls als Bindeglied dar, das „übergeordnete Themen (…) praktisch rückvermitteln muss, um hier irgendwas umzusetzen" (13L3, 72). Er führt eine Sequenz zur konkreten Umsetzung näher aus. Darin wird deutlich, dass er für Projekte einen ersten Kontakt herstellt, die Rahmenbedingungen abklärt und danach die weitere Bearbeitung eines kooperativen Angebots an pädagogische Mitarbeitende delegiert (vgl. 13L3, 88ff; aus der Perspektive der Mitarbeiterin vgl. 8HPM4, 228).

Manche Kooperationspartnerschaften werden – teilweise aus persönlichen Gründen – positiv bewertet: So betont 6L1 den „kollegialen Austausch, ein sehr kollegialer Support" (6L1, 38) unter den VHS-Leitenden des Bundeslandes. 20L4 bezeichnet die Landesarbeitsgemeinschaft als „fruchtbarste[s] Gremium"

---

57 Als Kooperationspartner kommen für 20L4 weiterhin Dienstleister wie Druckereien, Internetadministratoren (vgl. 20L4, 144) hinzu. Es entsteht damit der Eindruck, dass diese Leiterin ein breiteres Spektrum abdeckt, als z.B. die Leitende 6L1, die sich Kooperationsverantwortlichkeiten mit der Verwaltungsleitung 11VMAL teilen kann (vgl. 6.2.2).

(20L4, 28) und 9L2 redet von „Spaß" (9L2, 52) an der Entwicklung von Ideen mit Kooperationspartnern.

Leitende und pädagogische Mitarbeiter

Die Ergebnisse weisen darauf hin, dass die Rollenpartnerschaft mit den pädagogischen Mitarbeitenden auf der Meso-Ebene von drei Aspekten getragen ist: der Entwicklungsperspektive auf Angebote und Einrichtung, der Vorgesetztenrolle und daran anschließend die Zusammenführung der Arbeitsbereiche von pädagogischen Mitarbeitenden und Verwaltungsmitarbeitenden. Dabei ist zu berücksichtigen, dass alle befragten Leitenden zudem in der Funktion einer pädagogischen Mitarbeiterin tätig sind.[58]

Leitende führen mit pädagogischen Mitarbeitenden Gespräche zur strategischen Ausrichtung und zur Entwicklung eines Leitbildes und des Programms (vgl. 6L1, 102; 13L3, 44, 64, 66; 20L4, 34; 114; 9L2, 84). Die oben bereits erwähnte Anbahnung von Kooperationen, deren konkrete Ausgestaltung an pädagogische Mitarbeitende übergeben wird, ist ebenfalls ein Ausdruck dafür (vgl. 13L3, 64, 88; 9L2, 132). Leitende weisen dabei auf das gewachsene inhaltliche Fachwissen der HPM hin (vgl. 13L3, 162; 9L2, 84; 20L4, 34). Es entsteht dadurch der Eindruck, dass die Leitenden die HPM als Experten wahrnehmen und beide Positionen hier eine gemeinsame Entwicklungsperspektive auf Bildungsangebote und auf die Einrichtung im Weiterbildungsfeld einnehmen.

Leitende sind allerdings gleichzeitig Vorgesetzte gegenüber ihren pädagogischen Mitarbeitenden. Sie achten z.B. auf Öffentlichkeitsarbeit (vgl. 20L4, 40; 13L3, 58-60) oder auf die finanzielle Kalkulation von Kursen (vgl. 20L4, 46, 52; 13L3, 84; 9L2, 132). In den Interviews werden ferner Personalthemen im engeren Sinne und darin enthaltene Entscheidungssituationen angesprochen (vgl. 6L1, 26, 110ff; 9L2, 116; 20L4, 92; 13L3, 94, 154)[59].

Die beiden eben erläuterten Aspekte finden ihre Entsprechung in den Interviews mit den pädagogischen Mitarbeitenden (vgl. Kapitel 6.5.1). Zusätzlich wirken die Leitenden als Vorgesetzte außerdem auf die Zusammenführung der Arbeitsbereiche von pädagogischen Mitarbeitenden und Verwaltungsmitarbeitenden hin. Sie sprechen von der „Steuerung des Teams" (20L4, 26; vgl. 9L2, 54, 84) oder von der Vorbereitung von (und der Arbeit in) gemeinsamen Gesamtsitzungen (vgl. 6L1, 58; 13L3, 66), und sie gehen auch explizit auf die Kommunikation zwischen den Abteilungen ein:

---

58 9L2 benennt dies nicht explizit so, aber aus den Hinweisen auf Planungsgespräche mit Kursleitenden wird diese Funktion erkennbar (vgl. 9L2, 130).
59 Teilweise wird hier eine zentrale Personalabteilung zu Rate gezogen (vgl. 6L1, 132; 13L3, 160).

"Ja, das ist notwendig da dran [an der internen Kommunikation, B.D.] zu arbeiten, denn sonst läuft was auseinander. <I: Hm, hm.> Das kriegt relativ schnell Zentrifugalkräfte." (20L4, 164; vgl. auch 20L4, 166; 6L1, 46ff)

Leitende und Verwaltungsmitarbeitende

Zu den Verwaltungsmitarbeitenden selbst sind die Ergebnisse zur Rollenpartnerschaft jedoch divers. Die Unterschiedlichkeit der Rollenpartnerschaften von Leitenden zu VMA auf der Meso-Ebene mag daran liegen, dass die Organisationsstrukturen und -prozesse unterschiedlich sind.

13L3 und 20L4, die jeweils direkte Vorgesetzte für VMA sind, gehen auf konkrete Arbeitskontakte und die Vorgesetztenfunktion ein. Indessen argumentiert 6L1 auf der Ebene eines Leitbildes. Völlig unkommentiert bleibt die Nennung der Position bei 9L2 (vgl. 9L2, 150). Die folgenden Abschnitte zeigen die unterschiedlichen Aussagen je befragter Leitungsperson auf.

In dieser Einrichtung von 13L3 arbeiten bestimmte Verwaltungsmitarbeitende mit bestimmten pädagogischen Mitarbeitenden nach dem „Arbeitsgruppenmodell" (vgl. Kapitel 2.1.3) zusammen. Das bedeutet, dass 13L3 zwar Vorgesetzter für beide Positionen ist, die HPM und VMA sich jedoch im Einzelnen selbst abstimmen. Regelmäßig leitet er die Sitzung der VMA, in der es meistens um „technische Dinge (...) mit dem Computerprogramm" (13L3, 68) gehe. In Personalangelegenheiten führt er Einzelgespräche (vgl. 13L3, 156, 166).

20L4 in der Weiterbildungseinrichtung mit wenigen Mitarbeitenden ist Vorgesetzte für drei pädagogische Mitarbeitende und eine einzige Verwaltungsmitarbeitende von der sie auch Informationen für das Controlling bekommt (vgl. 20L4, 40). Als Vorgesetzte steuert sie den Einsatz der VMA in den verschiedenen Prozessen z.B. der Öffentlichkeitsarbeit oder der Programmplanung (vgl. 20L4, 40), kontrolliert Arbeitsergebnisse (vgl. 20L4, 34) und hilft bei der Klärung von Problemen mit Dritten (vgl. 20L4, 64).

Die Leitende 6L1 formuliert verschiedene Erwartungen an VMA in Volkshochschulen allgemein. Sie argumentiert also eher im Sinne eines Leitbildes. Nicht sie, sondern 11VMAL ist direkte Vorgesetzte der Verwaltungsmitarbeitenden in ihrer Einrichtung. Die Anforderungen an Verwaltungsmitarbeitende bestehen ihrer Meinung nach darin, dass sie ihr Verwaltungswissen einsetzen (vgl. 6L1, 162) und flexibel sein müssen (vgl. 6L1, 164), sich für Inhalte interessieren (vgl. 6L1, 164) und sehr kundenorientiert sein sollen, vor allem wenn sie Kunden beraten (vgl. 6L1, 160). Damit hätten die Verwaltungsmitarbeitenden in Volkshochschulen ein „besonderes Profil (...) ganz anders als in der klassischen Verwaltung" (6L1, 160). So ausführlich bespricht keine andere befragte Leitungsperson ihre Erwartungen an Verwaltungsmitarbeitende.

Ein weiterer Befund der Interviews ist jedoch, dass 13L3 und 20L4 gleichermaßen die Aussage treffen, dass die Tätigkeiten der Verwaltungsmitarbeitenden von Themen/Inhalten „losgelöst" (20L4, 90) und eher „austauschbar" (13L3, 162) seien.

Leitende und Kursleitende

Drei Themen prägen die Aussagen der Befragten zur Rollenpartnerschaft mit Kursleitenden: Kommunikationsstrukturen zwischen Einrichtung und Kursleitenden, Honorarkosten und Auswahl von Kursleitenden. Mit diesen Themen sind also einerseits die Prozessorganisation und andererseits das formale Verhältnis zwischen den Kursleitenden und der Weiterbildungseinrichtung angesprochen.

Im vorliegenden Interviewmaterial sprechen die Befragten über Kursleitende als Gesamtheit, verweisen jedoch auch auf direkte, individuelle Kontakte und Gespräche (vgl. 20L4, 70; 6L1, 78; 9L2, 76-78). Die Funktionen der Befragten als Leitende und pädagogische Mitarbeitende sind in den Interviews außerdem nicht eindeutig abzugrenzen. Im Gegensatz zu den Leitenden haben die Kursleitenden ihrerseits die Rollenpartnerschaft mit Leitenden kaum erwähnt (vgl. Kapitel 6.6.1).

Wenn die Kommunikationsstrukturen zwischen den Mitarbeitenden der Weiterbildungseinrichtung genannt werden, geht es um die Weitergabe von notwendigen Informationen zwischen festangestellten Mitarbeitenden und freiberuflichen Kursleitenden bei der Kursumsetzung und in der Programmplanung (vgl. 6L1, 60ff; 20L4, 166, 72). Die Thematik der Kosten führt 13L3 im Zusammenhang mit der Veränderung der Honorarordnung (vgl. 13L3, 66, 136) auf. 6L1 expliziert hingegen die Teilrolle der Kursleitenden als „selbstständige Unternehmen" (6L1, 160), mit denen Aufträge verhandelt werden. Leitende sind sowohl indirekt als Zeichnungsbefugte (vgl. 8HPM4, 102) als auch im direkten Kontakt daran beteiligt, fachlich-inhaltlich qualifizierte Kursleiter auszuwählen (vgl. z.B. 9L2, 84).

Leitende und Teilnehmende

Im Normalfall haben Leitende einen indirekten Kontakt zu Teilnehmenden.[60] Dennoch haben sie Teilnehmende auf der Mikro-Ebene des Lehren und Lernens stets im Blick. Ihre Überlegungen betreffen drei Fragestellungen: die Kurs-

---

60 Ausnahmen bei persönlichen Anliegen und Beschwerden (vgl. 6L1, 78, 58; 13L3, 176ff) und bei 9L2 in der Funktion als Lehrkraft (vgl. 9L2, 156).

umsetzung, den Teilnehmerkontakt an sich und die strategische Orientierung an Teilnehmerbedürfnissen.

Erstens stehen die Aussagen unter der Fragestellung: „Welche Aspekte der Kursumsetzung haben mit Teilnehmenden zu tun?" Aus der zentralen Struktur heraus – dass Weiterbildungseinrichtungen die Bedingungen für einen hier öffentlich zugänglichen Lehr-Lern-Prozess ermöglichen – stellt sich z.b. die Frage der Mindestteilnehmerzahl (vgl. 9L2, 178; 20L4, 168 und 13L3, 202), der zufriedenstellenden Raumqualität (vgl. 13L3, 177ff, insb. 198) oder der Verwendung von Teilnehmerdaten als Kundendaten (vgl. 20L4, 138).

9L2 und 6L1 gehen zweitens implizit auf die Frage ein, wie man als Leitung Kontakt zu Teilnehmenden hält. Bei 6L1 ist im weiten Kontext des Interviews „Kundenorientierung" ein Leitmotiv. Sie möchte „offen (…) sein" (6L1, 52) und plant in ihrer eigenen Arbeitsorganisation Anfragen von außen ein (vgl. 6L1, 98). Herr 9L2 unterstreicht seinen Willen, Kontakt zu Teilnehmenden zu bewahren, indem er selbst Seminare abhält (vgl. 9L2, 170).

Drittens lassen sich die Aussagen Leitender unter der Frage fassen: „Wie integriere ich Teilnehmende in strategische Überlegungen?" Ein Befragter arbeitet derzeit an den Fragen, welche Räume, wo für welche Angebote sinnvoll und notwendig sind, und welche Bedürfnisse Teilnehmende im Hinblick auf Räumlichkeiten bzw. Wohnortnähe haben (vgl. 13L3, 190). Weniger konkret stellt 6L1 einen Gegensatz von zwei Blickwinkeln auf: „reaktiv (…) auf Kundenbedürfnisse" (6L1, 102) tätig zu sein vs. „konzeptionell nach vorne zu denken" (6L1, 102). 9L2 strukturiert schließlich Angebote nach Zielgruppen-Überlegungen (vgl. 9L2, 16, 22).

6.1.2 Die Verwaltungstätigkeiten der Leitenden

Die Ergebnisse der inhaltsanalytischen Auswertung der Interviews im Hinblick auf Verwaltungstätigkeiten der Leitenden stehen im Zusammenhang mit der oben dargestellten Position der Leitenden.[61] So verweisen Leitende einerseits auf Tätigkeiten anderer, die sie jedoch verantworten und daher kontrollieren. Andererseits sind z.B. Tätigkeiten der Gremienarbeit Folge ihrer Schnittstellenposition.

Wie Leitende die Relation von Verwaltungsperspektive und pädagogischer Perspektive in der Aufzählung von Tätigkeiten gewichten, wird hier gleich in die diagonal aufgebaute Darstellung aufgenommen. Ein Lesebeispiel: wenn

---

61 Zu berücksichtigen war auch, dass die Interviewten in ihren Darstellungen unterschiedlich stark zwischen der HPM- und Leitungsfunktion abgrenzten.

Tätigkeiten eher der pädagogischen Perspektive zugeordnet werden, sind sie in der Grafik eher linksbündig unten angeordnet – wenn sie eher dem Verwaltungsbereich zugeordnet werden, sind sie rechtsbündig oben aufgelistet. Gegliedert sind die Ergebnisse nach den Feldern: Programmplanung, Kursumsetzung, Gremienarbeit, Personal, Finanzen, Infrastruktur und Dokumentation.

– in Prozessen der Programmplanung

Es werden in Bezug auf die Programmplanung (vgl. Abbildung 14) nur folgende „reine" Verwaltungstätigkeiten in Leitungsfunktion genannt: die Termine des Programmplanungsprozesses zu überwachen und den „technischen Hintergrund" (20L4, 100) sicher zu stellen. Ansonsten deuten die Ergebnisse darauf hin, dass Tätigkeiten der Leitenden im Programmplanungsprozess einen gemischten wenn nicht pädagogischen Charakter haben.

Das beruht möglicherweise darauf, dass im Programmplanungsprozess die befragten Leitenden zwischen der Funktion als Leitende und als pädagogische Mitarbeitende hin und her wechseln. Außerdem finden die oben genannten Gespräche zur Entwicklung von Angeboten und Einrichtung häufig im Programmplanungsprozess statt.

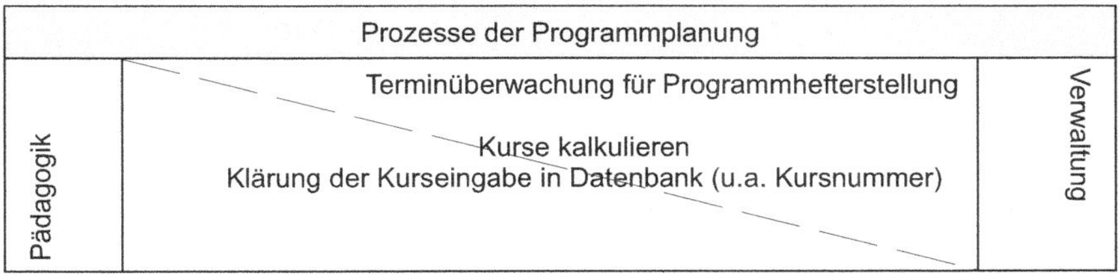

	Prozesse der Programmplanung	
Pädagogik	Terminüberwachung für Programmhefterstellung Kurse kalkulieren Klärung der Kurseingabe in Datenbank (u.a. Kursnummer)	Verwaltung

Abbildung 14: Verwaltungstätigkeiten von Leitenden in Programmplanungsprozessen

Die Terminüberwachung für die Programmplanungserstellung (vgl. 20L4, 96ff; 9L2, 58) ist in der Kreis-VHS vollständig bei der Verwaltungsleiterin angesiedelt (vgl. Kapitel 6.2.2).

Die Kurskalkulation wird von drei Leitenden genannt (vgl. 13L3, 84-87; 9L2, 132; 20L2, 90). Die Wertung als Mischtätigkeit wird deutlich in dieser Aussage von 20L4:

> „Selbst das Kalkulieren von Honoraren <I: Ja.> und Kursgebühren <I: Ja.> kann ich ja nicht losgelöst von meiner inhaltlichen Tätigkeit sehen." (20L4, 90).

Dagegen geht nur 13L3 auf die Klärung von Fragen bei der Eingabe von Kursen in die Datenbank ein. In seiner (städtischen) VHS geben Verwaltungsmitarbeitende die Kurse ein, welche die HPM geplant haben. Auch er artikuliert ein Mischungsverhältnis, denn bei diesen Fragestellungen „gibt's oft technische Fragen zu klären, aber auch oft sind die verquickt mit inhaltlichen Sachen, oder wie man Sachen anordnet und welche Überschriften was bekommt" (13L3, 66).

– in Prozessen der Kursumsetzung

Es sind eher ungeplante, punktuell auftretende Fragestellungen, die Leitende bei der Kursumsetzung als Verwaltungstätigkeiten bezeichnen (vgl. Abbildung 15): das Aussprechen von Gebührenbefreiungen (vgl. 6L1, 52f), klärendes Intervenieren bei Beschwerden (vgl. 13L3, 192) oder bei Problemen der Buchhaltung (vgl. 20L4, 62ff).

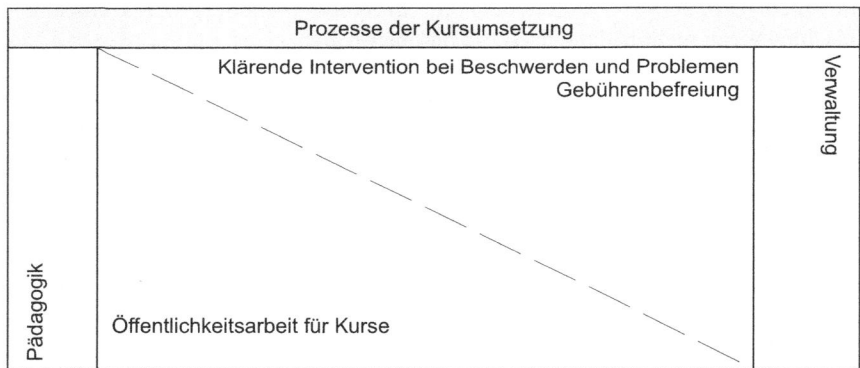

Abbildung 15: Verwaltungstätigkeiten der Leitenden bei Kursumsetzungsprozessen

Leitende sind manchmal involviert, wenn ein Seminarangebot kurz vor Beginn noch einmal mit Pressemitteilungen/Flyern etc. beworben werden soll. Sie wägen mit pädagogischen Mitarbeitenden und/oder Verwaltungsmitarbeitenden eine solche Aktion ab oder genehmigen sie. Öffentlichkeitsarbeit sehen Leitende wohl eher als „inhaltlich" an (vgl. 13L3, 58-60; 20L4, 40; 6L1, 74ff).

– im Zusammenhang mit Gremienarbeit

Auf die Frage nach Verwaltungstätigkeiten haben Leitende die Vor- und Nachbereitung von Sitzungen genannt (vgl. 6L1, 58-60; 13L3, 80, 150; 9L2, 82). In dieser allgemeinen Beschreibung sind das jedoch eher Mischtätigkeiten, die differenzierter gesehen werden können. Daher weist diese Grafik Unterpunkte in ihrer Gewichtung aus.

Leitende (L) 77

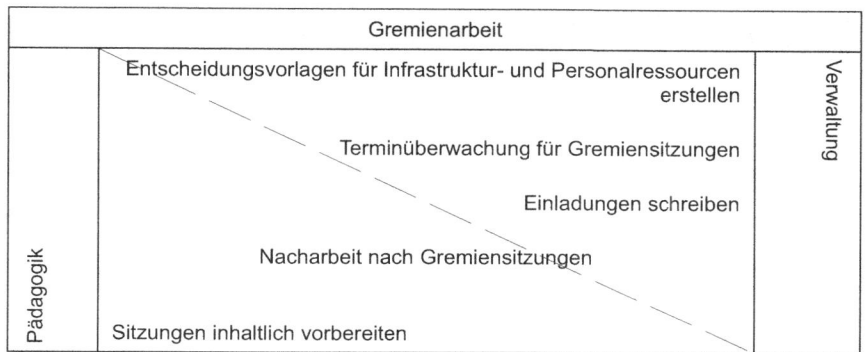

Abbildung 16: Verwaltungstätigkeiten von Leitenden im Zusammenhang mit Gremien

Die Leitenden konkretisieren als Verwaltungstätigkeiten:
- Termine für Gremiensitzungen zu überwachen und Einladungen zu schreiben (vgl. 6L1, 58).
- Entscheidungsvorlagen zu erstellen (vgl. 20L4, 82ff).
- Formalisierte und routinemäßige, z.T. schriftliche Berichterstattung in der Auseinandersetzung mit dem Träger um personale und infrastrukturelle Voraussetzungen (vgl. 6L1, 140).

Ein Befragter trifft eine zeitliche Unterscheidung: Die inhaltliche Vorbereitung eines Workshops sei keine Verwaltungstätigkeit (vgl. 13L3, 150). Hingegen gehören „Folgen, die bewerkstelligt oder (...) delegiert werden müssen" (vgl. 13L3, 80), eher zu seiner administrativen Bürotätigkeit. Dies korrespondiert mit der Unterscheidung von Planen vs. Organisieren, die alle Befragten dieser Einrichtung treffen.

– im Zusammenhang mit Personal

Die Ergebnisse der Auswertung von Tätigkeiten der Leitenden im Zusammenhang mit Personal zeigen die Spannweite der Gewichtungen (vgl. Abbildung 17). Die Dienstaufsicht wird als Verwaltungstätigkeit eingeordnet. Die Steuerung des Personaleinsatzes wird zwischen den Perspektiven Verwaltung und Pädagogik genannt. Einige weitere Themen wie Mitarbeitergespräche, Fortbildungsplanung, Personalrekrutierung gehören für die Befragten eher zur inhaltlich-pädagogischen Perspektive.

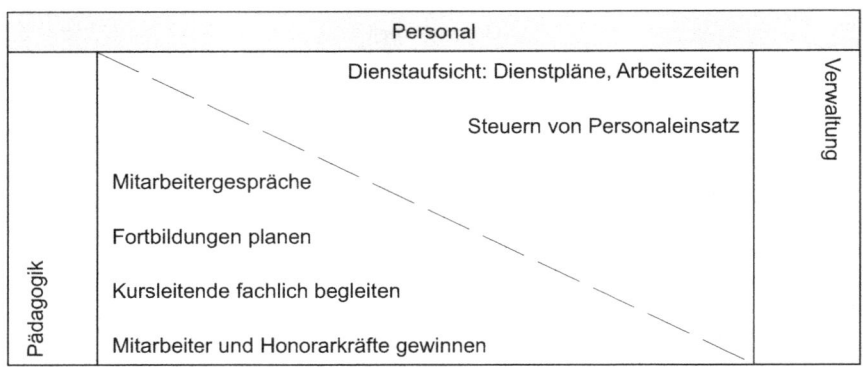

Abbildung 17: Verwaltungstätigkeiten von Leitenden im Zusammenhang mit Personal

Bei den vielen Textstellen zur Dienstaufsicht nennen die Befragten unter anderem auch das Führen von Dienst- und Urlaubsplänen sowie Arbeitszeitkonten (vgl. 13L3, 44, 108-114, 124, 172; 6L1, 26, 52, 110, 130; 20L4, 36).

Bei der Steuerung des Personaleinsatzes mischen sich die Perspektiven. Es geht grundsätzlich darum, wie Rollen und Aufgaben verteilt werden (vgl. 9L2, 68; 13L3, 44, 154, 66). Es kommt nun darauf an, welchen Akzent die Befragten auf die Thematik legen. 13L3 betont den Verwaltungsaspekt, weil mit der Thematik eine „Rechnerei" (13L3, 156) mit Kapazitäten und Aufgabenvolumina verbunden sei. Ähnliche Überlegungen thematisieren Leitende hingegen im Zusammenhang mit der pädagogisch-fachlichen/inhaltlichen Entwicklung der Einrichtung in Besprechungen mit pädagogischen Mitarbeitenden (20L4, 34, 92; 13L3, 44, 66, 154; 9L2, 66-68).

Diesen Schwerpunkt haben auch die weiteren Tätigkeiten im Zusammenhang mit Personal. Mitarbeitergespräche mit der damit verbundenen Fortbildungsplanung (vgl. 6L1, 26; 9L2, 84; 13L3, 44, 162) sowie der ganze Komplex der Gewinnung von Mitarbeitern/Mitarbeiterinnen (vgl. 9L2, 84) und Honorarkräften (20L4, 70, vgl. auch 9L2, 84) und Kursleiterbegleitung (vgl. 13L3, 66; 20L4, 114; 9L2, 76-78) werden als „pädagogisch" gesehen. Das drückt z.B. 20L4 ganz klar aus:

„Gespräche führen mit Kursleiterinnen, potenziellen Kursleiterinnen (...) ist aber keine Verwaltungsarbeit, <Kichern>, ganz sicher nicht." (20L4, 70; vgl. auch 9L2, 84)

– im Zusammenhang mit Finanzen

Die Leitenden sind je nach Finanzierungsquellen und Organisationsstruktur unterschiedlich mit Finanzthemen befasst. So greifen die Familienbildungsstätte und die private beruflichen WBE auf Projektfinanzierung zurück, die beiden Volkshochschulen in diesen Interviews nicht. Weil in der Kreis-VHS die Finanzthematik organisationsstrukturell bei 11VMAL angesiedelt ist, spricht 6L1 keine Tätigkeiten in diesem Bereich an. Trotz der unterschiedlichen Ausgangssituationen kann man auch in diesem Bereich die Spannbreite der Gewichtung zwischen Verwaltung und Pädagogik sehen (vgl. Abbildung 18).

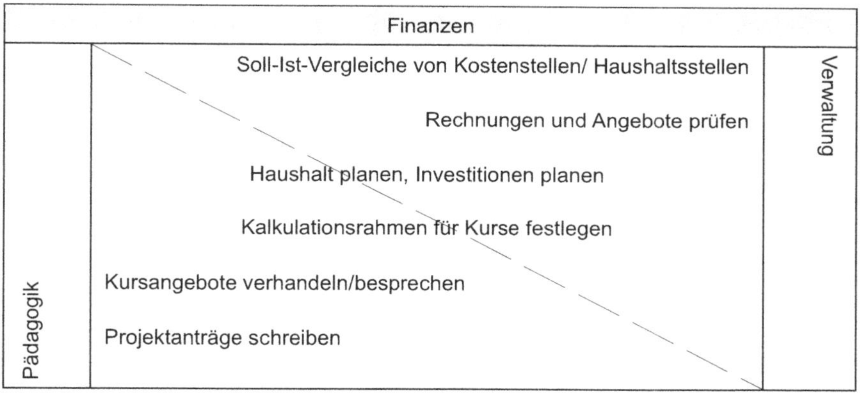

Finanzen	
Soll-Ist-Vergleiche von Kostenstellen/ Haushaltsstellen	Verwaltung
Rechnungen und Angebote prüfen	
Haushalt planen, Investitionen planen	
Kalkulationsrahmen für Kurse festlegen	
Kursangebote verhandeln/besprechen	
Projektanträge schreiben	
Pädagogik	

Abbildung 18: Verwaltungstätigkeiten von Leitenden im Zusammenhang mit Finanzen

Es gibt zwei Tätigkeitsbereiche, die der Verwaltung zugerechnet werden: das Prüfen von Rechnungen auf rechnerische und sachliche Richtigkeit und die fortlaufende Kontrolle von Kostenstellen/Haushaltsstellen (vgl. 13L3, 56, 82, 124; 9L2, 44, 102; 20L4, 88-90).

Doch bereits die Tätigkeiten, den Haushalt zu planen und Kurse zu kalkulieren, werden ambivalent bewertet. Einerseits gehen die Verhandlungen über die finanziellen Ressourcen wohl mit einer inhaltlichen Debatte einher (vgl. 20L4, 12, 26, 110; 13L3, 82ff). Und Entscheidungen über Honorare und Gebühren, die Auswirkungen auf die Budgets haben, sind, so lässt sich schließen, inhaltlich begründet (vgl. 20L4, 46; 13L3, 186; 9L2, 132-136). Andererseits sagt 20L4:

> „das Einholen von Angeboten, das Auswerten, <I: Hm, hm.> das Auf-den-Weg-Bringen einer Entscheidung, <I: Hm, hm.> das gehört zu meinen Verwaltungstätigkeiten" (20L4, 78).

An anderer Stelle rechnet diese Befragte die konzeptionelle Arbeit, die mit Finanzthemen zusammenhängt, stärker der Pädagogik zu. Das Schreiben eines Projektantrages sei ein

> „Grenzbereich. <I: Ja, o.k.> Das ist nicht reine Verwaltungstätigkeit. <I: Ja.> Das tue ich, um ein inhaltliches Projekt auf die Reise zu bringen." (20L4, 88).

– *im Zusammenhang mit Infrastruktur: EDV, Material und Räume*

Ein Themenbereich, von dem die Leitenden auf die Frage nach Verwaltungstätigkeiten sprechen, ist die Sicherung von Infrastruktur, hauptsächlich durch EDV, Material und Räume (vgl. Abbildung 19). Es geht dabei um die Arbeitsfähigkeit der Einrichtung und die Ermöglichung der Weiterbildungsangeboten.

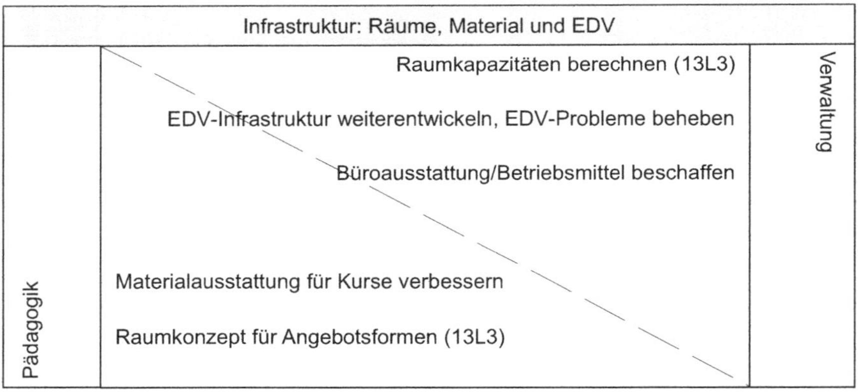

Infrastruktur: Räume, Material und EDV	
	Raumkapazitäten berechnen (13L3)
	EDV-Infrastruktur weiterentwickeln, EDV-Probleme beheben
	Büroausstattung/Betriebsmittel beschaffen
Materialausstattung für Kurse verbessern	
Raumkonzept für Angebotsformen (13L3)	

(Pädagogik ← → Verwaltung)

Abbildung 19: Verwaltungstätigkeiten von Leitenden im Zusammenhang mit Infrastruktur

Zwar zählen alle Leitenden im Zusammenhang mit Verwaltungstätigkeiten EDV-Probleme auf, die behoben werden mussten (vgl. 6L1, 138-140; 9L2, 74; 13L3, 68; 20L4, 120ff, 136ff); wenn Telefone, Computer, Software, Leitungen etc. nicht funktionieren, kann die Einrichtung ihre Kernprozesse nicht weiterführen. Jedoch nur 20L4 benennt „Infrastruktur schaffen" als Verwaltungstätigkeit:

> „eine Infrastruktur, um das alles machen zu können, um Verwaltung machen zu können, <I: Ja.> bereitstellen. Das ist eigentlich das, was ich unter Verwaltungstätigkeit <I: Ja.> verstehen würde." (20L4, 90)

Die wechselnde Gewichtung zwischen Verwaltung und Pädagogik erscheint bei 13L3 in Bezug auf die Frage nach Räumen für Weiterbildungsangebote. Es geht um die Akquise neuer Räume (vgl. 13L3, 60) und um die Raumausstattung (vgl. 13L3, 176). Die Erarbeitung eines Konzepts, die Räume betreffend, verknüpft er mit didaktischen Überlegungen zu Angebotsformen und Angebotsinhalten (vgl. 13L3, 190). Auf der anderen Seite verknüpft er die Raumthematik mit Verwaltung:

> „Thema Räume (...) das läuft unter Verwaltungsarbeit. (...) ich muss praktisch diese Raumkontingente auch verwalten. Ich muss für Raumauslastungen sorgen, muss mir Tabellen basteln, wie viele Kurse haben wir in die Räume getan und so weiter. <I: Ah, ja.> Was jetzt auch weniger eine inhaltliche Arbeit ist, als eine Verwaltungsaufgabe." (13L3, 132).

– im Zusammenhang mit Dokumentation

Allgemeine, dokumentierende Tätigkeiten werden unter Verwaltung gefasst. Daher werden sie hier gesondert als Verwaltungstätigkeiten aufgeführt (vgl. Abbildung 20). Zwei Leitende nennen die Postverteilung (6L1, 52; 9L2, 80) und 6L1 die Aktenführung nach einem Aktenplan (vgl. 6L1, 78-92). Abgesehen davon enthalten einige Verwaltungstätigkeiten, die bereits oben genannt wurden, auch dokumentierende Anteile.

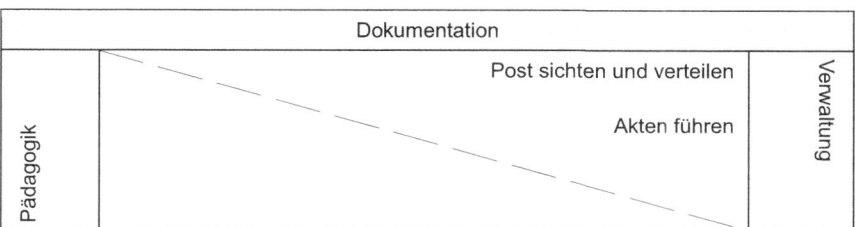

Abbildung 20: Verwaltungstätigkeiten von Leitenden im Zusammenhang mit Dokumentation

Trotzdem kann man an den Überlegungen von 6L1 erkennen, dass sie Post und Akten als Kommunikation fasst, die unter übergeordneten Zielen abläuft (vgl. 6L1, 78). Es scheint hierbei auch um die überindividuell nachvollziehbare Form der Kommunikation zu gehen, was für das Verwaltungsverständnis von Bedeutung ist.

6.1.3 Das Verwaltungsverständnis der Leitenden

In Kapitel 5 wurden die Unterkategorien des Verwaltungsverständnisses allgemein vorgestellt. Die hier näher beschriebene Rollenpartnerschaft der Leitenden zum Träger der Weiterbildungseinrichtung weist darauf hin, dass dieser Arbeitskontakt eine gedankliche Verbindung von Träger und Verwaltungsbegriff begünstigt. Außerdem verdeutlichte die zuordnende Darstellung der Verwaltungstätigkeiten die Teilaspekte des Verwaltungsverständnisses tätigkeitsbasiert. So wurde beispielsweise gezeigt, dass im Bereich der Personalverantwortung die Tätigkeit, Dienstpläne zu führen eher administrativ, die Gewinnung von Kursleitenden jedoch eher pädagogisch gesehen wird.

Außerdem verschaffen Verwaltungstätigkeiten den Leitenden Überblick. Dies können Tabellen zur Raumauslastung (vgl. 13L3, 132) oder mit Teilnehmerdaten (vgl. 9L2, 148) sein. Folgenabschätzungen von möglichen Honorarerhöhungen sind vorausschauende (vgl. 13L3, 136), Durchsicht der Kostenstellen sind rückblickende (vgl. 9L2, 102) Perspektiven auf die finanzielle Entwicklung der Einrichtung, um Entscheidungen zu fundieren. Diese Bedeutungszuschreibung ist daher aus der Leitungsfunktion erklärbar.

Bei den Leitungskräften wird der Zyklus der Modi Planen – Organisieren – Kontrollieren plastisch. Sie berichten von morgendlichen Selbstorganisations-Routinen z.b. der Sichtung von Konten, E-Mails und Post. Hier wird entschieden, ob Informationen in den Arbeitsprozess aufgenommen werden. Diese Impulse können auch aus verschiedenen Sitzungen kommen. Dann setzt der Modus des Planens ein an den sich der Modus des Organisierens anschließt. Anhand der überblicksartig dokumentierten Informationen kontrollieren Leitende dann wiederum die Bearbeitung von Aufgaben. Um dies zu illustrieren sollen Interviewaussagen des Fachbereichsleiters der städtischen VHS herangezogen werden.

Planen	„aus jeder Sitzung entstehen irgendwelche Folgen, <I: Ja.> die dann irgendwie bewerkstelligt oder bestenfalls delegiert werden müssen. Aber das muss ich dann alles in Angriff nehmen, <I: Ja.> was geplant ist." (13L3, 80)
Organisieren	„da gibt's entsprechend mehr oder weniger komplizierte Dienstpläne, an die sich jeder, an denen sich jeder beteiligen muss und dass muss ich hier für den Fachbereich organisieren" (13L3, 108)
Kontrollieren	„Dann wird im Fachbereich ein Budget zugeteilt und das muss ich sozusagen überwachen, darüber muss ich Buch führen (…) natürlich wird auch vereinbart, wofür die Sachen ausgegeben werden" (13L3, 82)

Tabelle 6: Interviewtextstellen zu den Modi Planen, Organisieren und Kontrollieren

6.1.4 Die Relationskonzeptionen der Leitenden

Leitende entwerfen das Verhältnis zwischen Verwaltung und Pädagogik in vierfacher Weise: erstens als Verhältnis zwischen den Berufspositionen der Verwaltungsmitarbeitenden und pädagogischen Mitarbeitenden, zweitens als zu integrierende Perspektiven in Bezug auf die eigene Rolle, drittens als Ermöglichung von Pädagogik mit Hilfe einer administrativen Basis und viertens als Transfer oder als Transformation mittels Verwaltung.

Leitende konzipieren das Verhältnis von Verwaltung und Pädagogik als Verhältnis von Berufspositionen

Diese erste Verhältnisbestimmung geht davon aus, dass Verwaltungsmitarbeitende („Verwaltung") und pädagogische Mitarbeitende („Pädagogik") sich als Berufspositionen gegenüber treten. Verwaltung wird, wie oben dargestellt, als Abteilung bzw. Berufsposition verstanden. Gemeinsam realisieren die Berufspositionen die Kernprozesse der Weiterbildungseinrichtung. Zum Beispiel verweisen die Leitenden auf den Programmplanungs- bzw. Programmheftherstellungsprozess (vgl. 20L4, 93-100; 6L1, 48, 160; 13L3, 44).

Leitende stellen in den Interviews einerseits die getrennten Zuständigkeiten und andererseits die organisationsstrukturell vorgesehenen Zusammenarbeitsprozesse dar. Zwei Leitende differenzieren nach dem Schema „Planung = HPM, Umsetzung = VMA" (vgl. 13L3, 66, 102; 20L4, 90). Die Position der Verwaltungsmitarbeitenden unterstützt in dieser Vorstellung die Positionen der pädagogischen Mitarbeitenden durch ihre Arbeit.

Andererseits ist die funktionierende Aufgabenintegration für Leitende aus ihrer Vorgesetztenfunktion heraus wichtig, wie die Analyse der Rollenpartnerschaften oben gezeigt hat. Bei der Zusammenarbeit der Berufspositionen sieht die Leitende 6L1 ein „gemeinsames Anliegen" (6L1, 164); und 20L4 spricht vom „Blick aufs Ganze" (20L4, 150). Orientieren sich die Berufspositionen/Abteilungen an den Leistungen der Einrichtung für Teilnehmende, so integriere das die Perspektiven. Die Leitende 6L1 betont, dass man mit einem „Teamverständnis (...) Dinge gar nicht so sehr voneinander trennen kann" (6L1, 46, vgl. auch 6L1, 164). Zugleich kritisiert sie diese Konzeption als „altbeschworene Dichotomie" (6L1, 46). Sie zeichnet folgendes Bild von den beiden Abteilungen:

> „das sind zwei Welten (...) nach wie vor, in der Volkshochschule, aber eigentlich gibt es eine riesige Schnittmenge" (6L1, 48)

Um die Zusammenarbeit zu befördern, nutzen Leitende gemeinsame Sitzungen (vgl. 6L1, 60-68; 20L4, 164; 13L3, 66), wenngleich darüber hinaus bewusst getrennte Sitzungen abgehalten werden (vgl. 13L3, 66; 6L1, 102). Die Kommunikation der Berufspositionen findet zudem auch innerhalb bzw. mit Hilfe der Seminarverwaltungssoftware statt. Die Auswertung lässt den Schluss zu, dass dieses Kooperationsinstrument gleichzeitig ein Kristallisationspunkt für die Besprechung von Prozessen ist (vgl. 13L3, 66, 68; 20L4, 158).

Leitende integrieren Verwaltung und Pädagogik als Teilrollen

Zwei Leitende, die auch für die Verwaltungsmitarbeitenden direkte Vorgesetzte sind, stellen im Interview Überlegungen an, wie pädagogische Inhalte und Verwaltung in der eigenen Rolle zueinander stehen. Bei einer weiteren befragten Leitungskraft kann ihr konkretes Handeln als integrierend gewertet werden. Bei der Leitenden der Familienbildungseinrichtung (20L4) zeigt das Thema Kurskalkulation, beim Fachbereichsleiter der städtischen VHS (13L3) das Thema Räume, wie beide Perspektiven zueinander gehören. Beides schließt an die obige Darstellung von Verwaltungstätigkeiten an. Unter der pädagogischen Perspektive spricht 13L3 vom „Regionalkonzept" (vgl. 13L3, 68, 150). Unter der administrativen Perspektive geht es ihm um Kontrolle von Kapazitäten und Auslastungen (vgl. 13L3, 132). Im Umgang mit dem Verhältnis sehen wir, dass er changierend mal von der einen, mal von der anderen Perspektive mit einer Fragestellung arbeitet und letztlich doch die Perspektiven gedanklich zu trennen versucht:

„in meinem Kopf versuche ich mir das Inhaltliche zu trennen (…) im Alltag, vermischt es sich so, so dass ich die Sachen oft gar nicht so klar trennen kann." (13L3, 214)

Einen solchen Versuch unternimmt 20L4 nicht, wenn sie z.B. in der Kurskalkulation Perspektiven als verbunden ansieht:

„Diesen Rahmen vorher zu stricken, um zu sagen, im Zusammenhang mit einer inhaltlichen Überlegung, <I: Ja.> müssen wir so rechnen oder so rechnen, <I: Ja.> oder dürfen wir, können wir, sollten wir so oder so rechnen, das kann ich nicht abkoppeln. <I: Ja.> Ja? Das ist für mich ein, ein Paket." (20L4, 90)

Sprachlich werden von der Befragten Spannungsfelder erzeugt. Sie verbindet eine kreative Tätigkeit (Stricken) mit einer Fixierung (Rahmen). Sie zieht dann offenbar den Schluss, dass Inhalt und Form untrennbar miteinander verbunden sind. Die Verwendung der Modalverben „müssen, dürfen, können, sollen" kann außerdem als zu klärende Handlungsfreiheit einer Leitungsperson interpretiert werden. Die Leistung der Leitenden, verschiedene Rollenerwartungen zu integrieren, wird damit an dem konkreten Beispiel eines Kalkulationsschemas plastisch. Die Leitende 6L1 postulierte in ihrem Interview grundsätzlich ein integriertes Verständnis, bezog dies in ihren Äußerungen jedoch vorwiegend auf die Mitarbeiterpositionen. Dies könnte auch damit zu tun haben, dass nicht sie sondern die Verwaltungsleiterin (11VMAL) direkte Vorgesetzte für die Verwaltungsmitarbeitenden dieser Einrichtung ist. Dennoch geht 6L1 persönlich situativ-verschränkend mit den von Verwaltung und Pädagogik geprägten Teilrollen um, was die Ausführungen zu einem kritischen Ereignis zeigten. Hier hatte sie aus ihrem pädagogischen Selbstverständnis heraus zunächst eine erzieherische Herangehensweise auf einer persönlichen Ebene versucht und dann den Schwerpunkt auf eine rechtliche, mit bestimmten Regeln und Dokumentationen verbundene Herangehensweise gelegt (vgl. 6L1, 109-134). Außerdem nutzt sie bewusst die verschiedenen Bezeichnungen „Kunde" oder „Teilnehmer" (vgl. 6L1, 160).

Leitende sehen Ermöglichung von pädagogischen Tätigkeiten durch Verwaltungstätigkeiten

Alle Leitenden drücken aus, dass Verwaltungstätigkeiten pädagogische Tätigkeiten ermöglichen und beziehen dies auf ihre eigenen Verwaltungstätigkeiten. Sie führen diese Tätigkeiten aus, damit pädagogische Tätigkeiten möglich werden. Sprachlich sehen wir mehrmals die Verwendung von „um...zu" (vgl. 20L4, 90, 100; 11VMAL, 19, 23; 9L2, 166). In diesem konsekutiven Zusammenhang nimmt diese Verhältnisbestimmung die als Verwaltung verstandenen Modi Planen, Organisieren, Kontrollieren, routinemäßiges Abarbeiten, verwaltungstechnisches Vorgehen und Dokumentieren in sich auf. Beispielsweise

- werden Dienstwege abgearbeitet und dokumentiert, um die Personal- und EDV-Ressourcen zu sichern (vgl. 6L1, 138-150),
- wird die Infrastruktur als Grundlage für alle weitere Tätigkeiten bereitgestellt und gesichert (vgl. 20L4, 82, 100; 9L2, 54),
- werden Tabellen bezüglich des Raumbedarfs und der Raumauslastung erstellt, um damit die Raumressourcen für die Kursangebote zu entwickeln (vgl. 13L3, 132ff)
- werden Seminarplanungen aufgestellt, um Lernziele zu erreichen (vgl. 9L2, 164)[62].

---

62 Die Nennung hier folgt der Darstellung dieses Leitenden 9L2. Diese Aufgabe stellt sich sonst bei Kursleitenden (vgl. Kapitel 6.6.2).

Leitende skizzieren Transferverhältnisse

Der Begriff Transfer verdeutlicht eine weitere Verhältnisbestimmung von Pädagogik und Verwaltung bei den Leitenden. Verwaltung stellt einerseits bei weiterbildungseinrichtungsinternen Prozessen und andererseits zum Umfeld der Einrichtung (Makro-Ebene) Anschlüsse her.

Planende Pädagogik und umsetzende Verwaltung sind eine Möglichkeit das Verhältnis von Pädagogik und Verwaltung einrichtungsintern zu konzipieren. Die Ergebnisse der Studie legen jedoch nahe, die Relation differenzierter als Transfer von pädagogischen Aspekten in den Organisationsprozess über Verwaltung zu sehen. Es geht darum, eine Idee für ein Lernangebot in den Strukturen der befragten Weiterbildungseinrichtungen zu verwirklichen (vgl. 20L4, 88; 9L2, 166; 6L1, 74, 78; 13L3, 108). Für die Leitenden 6L1 und 20L4 ist Organisation dabei nichts Unpädagogisches. Der Unterschied zum Ermöglichungskonzept liegt darin, dass „Verwaltung" die Verbindungen herstellt. Verwaltung wirkt als „gestaltbarer Weg", wie 6L1 etwa formuliert (vgl. 6L1, 112); auch zwischen Angebotsidee und Angebotsrealisierung. Ein Aspekt der Leitende dabei interessiert ist, ob Aufwand und Ertrag von Verwaltungstätigkeiten in einem guten Verhältnis stehen (vgl. z.B. 13L3, 108, 214; 20L4, 176). Mit einigen Hinweisen kann dieses Problem in dieser Verhältniskonzeption lokalisiert werden; 6L1 und 20L4 sprechen nämlich davon, dass Verwaltung „situationsangemessen" (6L1, 112) oder „angemessen (...) am Vorgang" (6L1, 164) bzw. „praktikabel" (20L4, 178 und 182) und zielführend (vgl. 6L1, 170) sein soll.

Die Anschlüsse zum Umfeld der Einrichtung ergeben sich bei den Leitenden aus ihrer Position und den Rollenpartnerschaften. Oben wurde dargestellt, dass Leitende mit Trägern bzw. Trägergremien Ressourcen klären und Informationen in die Weiterbildungseinrichtungen eingebracht, und dass Verwaltungstätigkeiten dazu benannt werden. Verwaltung kommt hier als Instrument ins Spiel, um zwischen der Meso- und der Makro-Ebene Verbindungen herzustellen. Dies kann in Bezug auf Gremien formalisiert eine Einladung oder eine Berichterstattung sein (vgl. 6L1, 58, 140). Dem VHS-Beirat wird beispielsweise ein Programmentwurf als Beschlussvorlage unterbreitet. Damit geht es auch darum, pädagogische Konzeptionen durch Politik zu legitimieren (vgl. zu diesem Beispiel 11VMAL, 122; ähnlich auch 20L4, 82-84). Auch der oben genannte Antrag auf Fördermittel bzw. Bewilligungsbescheid für ein Projekt kann solcherart eingesetzt werden (vgl. 20L4, 148).

6.2 Verwaltungsleitung (VMAL)

Die Verwaltungsleitung (11VMAL[63]) ist in der gleichen Altersspanne wie die Leitenden und arbeitet seit mehr als fünf Jahren in dieser Position in der Volkshochschule mit Außenstellen (Kreis-VHS). Der berufliche Werdegang nach der Mittleren Reife von der dualen Berufsausbildung über die Weiterbildung zur Diplom-Verwaltungswirtin ist mit derselben Behörde verbunden. Die Ausführungen beziehen sich auf diesen Einzelfall.

6.2.1 Die Rollenpartnerschaften der Verwaltungsleiterposition

Zunächst werden die Rollenpartnerschaften aufgeführt. Schwerpunktmäßig hat die Verwaltungsleitung einrichtungsinterne Rollenpartnerschaften zu Verwaltungsmitarbeitenden und HPM auf der Meso-Ebene und unterhält eher indirekten Kontakt zu Teilnehmenden und Kursleitenden auf der Mikro-Ebene. Außerdem ist sie eine Ansprechpartnerin für die Außenstellenleitungen vor Ort. Prägend für die Position sind jedoch die kontinuierliche Abstimmung mit der Leitung und die enge Verbindung zu Abteilungen der Kreisverwaltung. Die Rollenpartnerschaften sind in der Abbildung unten (Abbildung 21) im Überblick dargestellt. Die Ergebnisse deuten daher darauf hin, dass die VMAL eine Schnittstellenposition zur Kreisverwaltung zwischen der Meso-Ebene der Einrichtung und der Makro-Ebene des Trägers einnimmt. Ihre fachliche Ausrichtung, die im Verwaltungsverständnis deutlich wird (vgl. Kapitel 6.2.3), ist in dieser Weise bereits in den Rollenpartnerschaften erkennbar.

---

63 Die Bezeichnung wurde aus der Interviewdokumentation übernommen und verdeutlicht die Leitungsfunktion für Verwaltungsmitarbeitende.

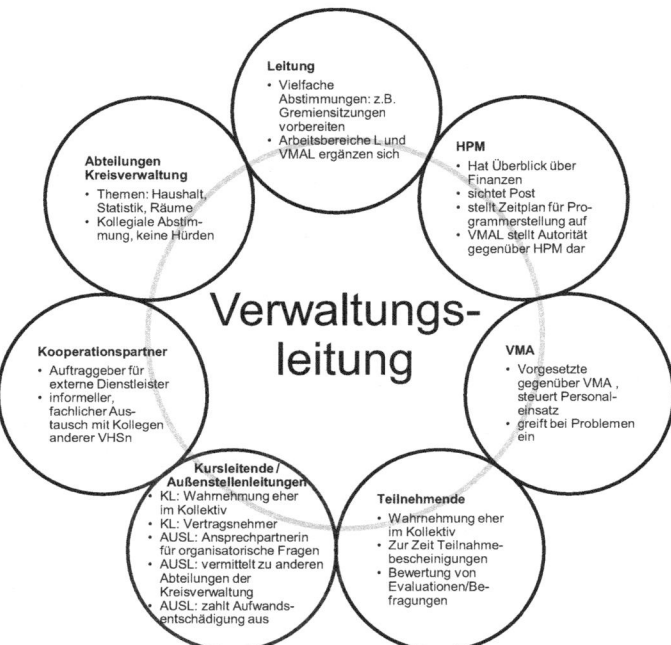

Abbildung 21: Rollenpartnerschaften der Verwaltungsleiterposition

Verwaltungsleitung und Träger/Trägerabteilungen/Trägergremien

Die Verwaltungsleiterin unterhält rege Arbeitskontakte mit verschiedenen Abteilungen des Trägers. Insbesondere nennt sie erstens die Gebäudeverwaltung: Um Probleme vor Ort zu lösen, tritt 11VMAL an die Vorgesetzten der Hausmeister heran (vgl. 11VMAL, 73). Zweitens spricht sie von der Kreiskasse im Zusammenhang mit dem Finanzhaushalt der Volkshochschule: Der entsprechende Fachbereich überprüft die Haushaltsplanung der VHS, billigt die Planung oder verlangt eine „Konsolidierung" (vgl. 11VMAL, 61ff). Drittens liefert sie an eine Abteilung die Statistikdaten der VHS (vgl. 11VMAL, 45) und viertens stimmt sie mit dem Büro des Landrats Termine für Gremiensitzungen ab (11VMAL, 122). Beispielsweise im Vorfeld einer Beiratssitzung achtet sie darauf, dass durch notwendige Prozessschritte der Haushalts- und Programmentwurf vorliegt (vgl. 11VMAL, 122).

Verwaltungsleitung und Kooperationspartner

Die Ergebnisse legen eine Unterscheidung von Rollenpartnerschaften mit Dienstleistern einerseits und Verwaltungsleitenden in benachbarten Volkhochschulen andererseits nahe. Die Verantwortung von 11VMAL für den Programmplanungsprozess hat zur Folge, dass die zwischen ihr und der Druckerei als Dienstleister abgestimmten Termine Zielgrößen für den Prozess werden (vgl. 11VMAL, 33). Im Sinne kollegialer Vernetzung spricht sie von Verwaltungsleitungen anderer oder benachbarter Volkshochschulen, mit denen man sich z.B. über EDV-Infrastrukturentwicklung austauschen kann (11VMAL, 73). Im Gegensatz zu den HPM und der Leiterin spricht sie nicht von Verbandsgremien oder regionalen Kooperationspartnern für Bildungsangebote.

Verwaltungsleitung und Leitung

Die Rollenpartnerschaft zur Leitung (6L1) ist für die Einrichtung von zentraler Bedeutung. Zwar gehen weder 6L1 noch 11VMAL detailliert auf die Verbindung ein, die Tätigkeiten der beiden Positionen ergänzen sich jedoch, wenn man deren Tätigkeitsprofile z.B. mit der Leiterin 20L4 vergleicht. Neben dem Kontakt in der regelmäßigen Sitzung (vgl. 6L1, 66; 11VMAL, 75) schildert 11VMAL, wie sie Gremientermine abstimmt und Räume bucht, Ehrungen bespricht und Einladungen entwirft, die sie der Leiterin zur Unterschrift vorlegt (vgl. 11VMAL, 122ff).

Verwaltungsleitung und pädagogische Mitarbeitende

Die Aussagen der Verwaltungsleiterin im Hinblick auf die pädagogischen Mitarbeitenden legen nahe, dass 11VMAL in dieser Rollenpartnerschaft wegen zentraler Informationen großen Einfluss hat. Die Koordination der Programmhefterstellung mit der Bestimmung der internen Termine (11VMAL, 27), den Einsatz von Verwaltungsmitarbeitenden, die Festlegung des Haushalts sowie die Kontrolle aller Post, sind Bereiche die sie im Interview nicht nur nennt. Sie geht in den Äußerungen explizit auf ihre starke Position gegenüber den pädagogischen Mitarbeitenden ein, welche ebenfalls „Fachdienstleitungen" sind.

Bei der Haushaltsplanung beispielsweise schildert die Verwaltungsleitung ein Vorgehen, bei dem sie zunächst Zahlen des Vorjahres präsentiert und Mitsprache möglich macht. Jedoch: „die Pädagogen verlassen sich da eigentlich weitestgehend darauf, dass ich den Überblick habe, wie waren die Entwicklungen und wie werden sie sein, und setz das auch wieder so fest" (11VMAL, 33).

Alle eingehende Post der Volkshochschule zu sichten sei nicht ihrer Neugier geschuldet, sondern dem „Überblick" (11VMAL, 112), damit sie wisse

„was dann so bei den Pädagogen angedacht ist, oder was an Rückmeldung kommt, oder dass Rechnungen ins Haus stehen" (11VMAL, 114). Als Fach- und Dienstvorgesetzte für die Verwaltungsmitarbeitenden steuert sie deren Personaleinsatz. Pädagogische Mitarbeitende müssen Anfragen an VMA über sie leiten (11VMAL, 81). Sie fordert von den HPM außerdem ein, besondere Vereinbarungen (z.B. Honorare) schriftlich an die VMA zu geben (11VMAL, 75) und sagt: „Dann bin ich die Schnittstelle, die dann einfach die Verhandlung führt mit dem Pädagogen, was ist denn da gelaufen?" (11VMAL, 75)

Verwaltungsleitung und Verwaltungsmitarbeitende

Wie eben erwähnt ist 11VMAL Fach- und Dienstvorgesetzte für die Verwaltungsmitarbeitenden der Weiterbildungseinrichtung und personalisiert die organisationsstrukturelle Schnittstelle zwischen den pädagogischen Fachdiensten und der Verwaltungsabteilung. In die regelmäßige „Verwaltungsmitarbeiterbesprechung" (vgl. 11VMAL, 75) bringt 11VMAL die Informationen aus der Fachdienstleiterkonferenz mit den Pädagogen ein. Gegenüber den VMA beschreibt sie eine Haltung, die als kooperativer Führungsstil bezeichnet werden kann, weil sie die Arbeitsverteilung lieber gemeinsam bespricht als direktiv verteilt (vgl. 11VMAL, 83).[64] Bei Personalengpässen übernimmt sie selbst operative Aufgaben. Konkret stellt sie zum Zeitpunkt des Interviews Teilnehmerbescheinigungen aus (vgl. 11VMAL, 114). Und zu kritischen Situationen, z.B. bei Beschwerden wegen falscher Honorarzahlungen sagt sie: „dann steig ich immer mit ein" (11VMAL, 110).

Verwaltungsleitung und Außenstellenleiter sowie Kursleiter

Für Außenstellenleitende ist die Verwaltungsleiterin Ansprechpartnerin in organisatorischen Fragen.[65] Die Rollenpartnerschaft bringt es mit sich, dass sie, wenn es notwendig ist, mit anderen Abteilungen des Trägers Klärungen z.B. bei Hausmeister- oder Raumthemen herbeiführt (11VMAL, 73). Auf der Prozessebene ist es die Verwaltungsleitung, die aus den Informationen der Kursverwaltungsdatenbank die Aufwandsentschädigungen für die nebenberuflich tätigen Außenstellenleitungen berechnet und entsprechende Bescheide erstellt (vgl. 11VMAL, 128).

---

64 Andererseits meint sie: „in manchen Sachen (…) müsste ich direkter irgendwelche Weisungen geben" (11VMAL, 83).
65 Bei pädagogischen Fragen wendete sich die Außenstellenleitung an die HPM (vgl. 11VMAL, 73).

Kursleitende sieht 11VMAL eher als Gruppe; in einer Beziehung, die von der gegenseitigen Erwartung einer Vertragserfüllung geprägt ist. Kursleitende treten für 11VMAL nur bei individuellen Beschwerden und besonderen Honorarvereinbarungen, die über sie „laufen" (vgl. 11VMAL, 75, 108, 110) als Einzelpersonen auf. Die Sicht auf die Gruppe der Kursleitenden zeigt sich z.b. auch darin, dass sie die Kursleiterhonorare als Kostenpunkt thematisiert (vgl. 11VMAL, 61) oder sie mit einem Serienbrief anschreibt (vgl. 11VMAL, 104).

Verwaltungsleitung und Teilnehmende

Ähnlich wie Kursleitende erscheinen auch Teilnehmende für die Verwaltungsleiterin als Gruppe, z.B. in den Zahlen der Statistik oder in den Evaluationsergebnissen (vgl. 11VMAL, 63ff). Derzeit hingegen wenden sich Teilnehmende auch individuell mit der Bitte um Teilnahmebescheinigungen für Präventionskurse an die Verwaltungsleitung, was abgearbeitet wird (vgl. 11VMAL, 116), ohne auf die Person eingehen zu müssen.

6.2.2 Tätigkeiten der Verwaltungsleitung

Vier Haupttätigkeitsbereiche lassen sich aus dem Interview identifizieren. Die eben dargestellte Schnittstellenposition zum Träger ist dabei grundsätzlich von Bedeutung. Die Tätigkeiten in den

- Prozessen der Programmhefterstellung wie auch der Kursumsetzung

weisen außerdem darauf hin, dass diese Position auf Zusammenarbeit der Beteiligten der Meso-Ebene gerichtet ist. Dies ist eine Parallele zur Position der Leitungen anderer Einrichtungen. In den ferner zu skizzierenden Tätigkeitsbereichen

- Herstellung von Infrastruktur,
- Statistik/Dokumentation und
- Finanzen/Haushalt

werden auch Mischungsverhältnisse der pädagogischen und der administrativen bzw. wirtschaftlichen Perspektive in den Tätigkeiten ersichtlich, was unten am Beispiel der Haushaltsplanung näher erläutert wird.

Mit der Koordination von Gremienterminen und dem Zeitablauf der Programmhefterstellung mit pädagogischen Mitarbeitenden (vgl. 11VMAL, 19, 27-33), die bereits in den Rollenpartnerschaften genannt wurden, zeigt sich bei der Verwaltungsleitung ein Fokus auf Prozesse. Sie übernimmt in der Programmhefterstellung die Aufgabe, Vorlagen zu erstellen (vgl. 11VMAL, 27) sowie Arbeiten beim Layout und in der Endkontrolle (vgl. 11VMAL, 29; 10VMA4, 312). Im Kursumsetzungsprozess interveniert sie bei Problemen und Klärungsbedarfen (vgl. 11VMAL, 75, 110) oder übernimmt – wie bereits genannt – aufgrund von Personalmangel zeitweise die Ausstellung von Teilnahmebescheinigungen (für Präventionskurse) (vgl. 11VMAL, 114).

Wie bei den Leitenden, sind genannte Tätigkeiten der Verwaltungsleiterin darauf gerichtet, die infrastrukturellen Voraussetzungen für den Betrieb herzustellen und weiter zu entwickeln. Sie ist es, die sich auf dem Software-Markt informiert, um für die Einrichtung eine Entscheidungsgrundlage zu erarbeiten, ob oder wann eine Software gewechselt werden soll (vgl. 11VMAL, 73). Sie beschafft auch besonderes Material (vgl. 11VMAL, 73). Das Thema Infrastrukturentwicklung in Gremien einzusteuern, übernimmt jedoch 6L1 als Leitende (vgl. 6L1, 138ff).[66]

Im Bereich der Dokumentation ist 11VMAL für die Erstellung der Statistik verantwortlich, die auch an die bundesweite Volkshochschulstatistik geliefert wird (vgl. 11VMAL, 35-50). Die Statistik/Dokumentation ist auch Grundlage für Bescheide über die Auszahlung von Aufwandsentschädigungen, also Grundlage für Verwaltungshandeln. Hier muss die Verwaltungsleitung Zahlen aus verschiedenen Quellen zusammenführen und abgleichen. Dafür greift sie auf die Datenbankeinträge der Verwaltungsmitarbeitenden aber auch auf Dokumentationen anderer Beteiligter zurück.

Die Daten lassen darauf schließen, dass der Tätigkeitsbereich der Finanzen bei 11VMAL einen großen Raum einnimmt, dem sie auch hohe Priorität zuweist. 11VMAL nennt als einen ihrer Hauptaufgabenbereiche „die Verantwortung, die Aufstellung und die Planung des Haushaltsetats" (11VMAL, 19). Das heißt sie plant und überwacht den Haushalt mit seinen Kostenstellen (vgl. 11VMAL, 33, 58-61), mit Investitionen (vgl. 11VMAL, 144) und zu erwartenden Einnahmen (vgl. 11VMAL, 104). In der Umsetzung berechnet die Verwaltungsleitung, wie oben erwähnt, Aufwandsentschädigungen an die Außenstellenmitarbeitenden (vgl. 11VMAL; 19) und stellt Rechnungen (vgl. 11VMAL, 104).

Auf Nachfrage erläutert sie das Zustandekommen des Haushalts. Hier zeigen sich die oben genannten Schnittpunkte: zur Makro-Ebene des Trägers und

---

66 Der Vergleich mit den Tätigkeiten der Leitenden lässt erkennen, dass sich in der Kreis-VHS die Tätigkeitsbereiche von 6L1 und 11VMAL ergänzen. Bei den Einrichtungen von 20L4 (Familienbildungseinrichtung) oder 13L3 (städtische VHS) sehen wir ein breiteres Tätigkeitsprofil, während hier eine Aufteilung stattfindet: Bei der Herstellung von Infrastruktur übernimmt 11VMAL als erste Ansprechpartnerin im Betrieb auch Recherchen oder das Einholen von Angeboten, während 6L1 die Bedarfe in die Gremien einsteuert. 6L1 verweist in Punkto Prozesssteuerung auf 11VMAL. Finanzen werden nur von 11VMAL aber nicht von 6L1 genannt. Hingegen spricht 6L1 viel, 11VMAL aber nur wenig von Personalthemen.

zwischen pädagogisch-fachlicher und wirtschaftlich-administrativer Perspektive. 11VMAL schlägt im Haushaltsplanungsprozess den pädagogischen Mitarbeitenden eine Planung vor und sichert diese durch die Rückfrage bei den HPM ab (11VMAL, 33). Zu der Besprechung mit Pädagogen trägt sie statistische Auswertungen der Belegung und die Beobachtung der Einnahmefaktoren (Teilnehmerentgelte, Zuschüsse) bei. Nach dieser Rücksprache teilt die Verwaltungsleiterin die Haushaltsplanzahlen der Programmbereiche (Fachbereiche) als Fortschreibung an die Finanzabteilung als Bedarf mit (vgl. 11VMAL, 59). Von Seiten der Finanzabteilung gibt es später eine Rückmeldung dazu, ob diese Planungen bestätigt werden oder ob sie angepasst werden müssen (vgl. 11VMAL, 61). Auf diese Weise sichert 11VMAL auch die Finanzierung für die Anschaffung von Werbemitteln (vgl. 11VMAL, 148).

Die Perspektivenüberschneidung zeigt sich darin, dass die Verwaltungsleitung gezielt die Kosten- und Leistungsrechnung für Strategieentscheidungen auswertet (vgl. 11VMAL, 21) und aus veränderten Statistikzahlen Schlüsse zieht (vgl. 11VMAL, 33, 63-65, 71). Diese Überlegungen stellt sie auch Programmbereichs- (bzw. Fachbereichs-) übergreifend an, wenn sie darüber resümiert, wie es sich auf den Planungsaufwand auswirkt, wenn Teilnehmer kürzere Angebote bevorzugen (vgl. 11VMAL, 63). Sie möchte damit auch konzeptionell arbeiten und den Pädagogen „neue Wege" (11VMAL, 19) aufzeigen.

6.2.3 Das Verwaltungsverständnis der Verwaltungsleiterin

Was ist kennzeichnend für das Verwaltungsverständnis der Verwaltungsleitung? Bei der Antwort auf diese Frage ist zunächst zu beachten, dass nur eine Person in dieser Position befragt wurde. Es scheint, als ließe sich ihr Verwaltungsverständnis auf die Formel zuspitzen: „Verwaltung in der Weiterbildungseinrichtung – das bin ich."

Die Verwaltungsleiterin hat eine berufliche Sozialisation in der Kreisverwaltung erfahren und spricht weniger distanziert (als z.B. die Leiterin) von Trägerabteilungen mit denen sie zusammenarbeitet. Es ist daher nicht verwunderlich, dass sie den Träger der Weiterbildungseinrichtung nicht als externe Organisationseinheit assoziiert. Dementsprechend kann angenommen werden, dass ihr Verwaltungsverständnis stets auch „öffentliche Verwaltung" mit enthält. Wie die Verwaltungsleiterin ihre Aufgabe versteht, wird in dieser Aussage deutlich:

> „Verwaltungsleitung heißt, (...) das Kursgeschehen insgesamt verwaltungsmäßig geordnet in einer Volkshochschule abzuwickeln." (11VMAL, 19).

Die Funktion als „Verwaltungsleitung", die sie an mehreren Stellen in der dritten Person benennt (vgl. z.B. 11VMAL, 19, 33, 73, 75), an den Schnittstellen zwischen Träger und Einrichtung und als „Zusammenführung zwischen dem Verwaltungsbereich und dem pädagogischen Bereich" (11VMAL, 19) wird zum Ausgangspunkt für ihre Darstellung. So sind die Bedeutungszuschreibungen häufig selbstbezüglich bzw. auf die Position der Verwaltungsleitung bezogen. Beispielsweise unterstreicht sie ihre Autorität bei der Festlegung des Zeitplans für die Programmhefterstellung indem sie sagt: „Es wird nicht verhandelt. (...) das bestimme ich als Verwaltungsleitung." (11VMAL, 33). Es sind zudem alle in der Inhaltsanalyse erarbeiteten Bedeutungszuschreibungen in diesem Interview vorhanden.

Die zyklische Dynamik der Modi des Verwaltungsverständnisses ist bei der Verwaltungsleiterin ebenso gegenwärtig wie bei den Leitenden, was in einer Textstelle auftaucht: „immer wiederkehrend eigentlich dieses Organisatorische. Pläne aufstellen, was wann erfolgen muss. (...) Ich muss überwachen" (11VMAL, 122). Der Modus des verwaltungstechnischen Vorgehens, der vor allem bei den Leitenden das Verwaltungsverständnis beeinflusst, weist jedoch einen entscheidenden Unterschied auf: die Verwaltungsleiterin spricht im Gegensatz zu allen anderen Befragten differenziert von „finanztechnische[r] Abwicklung" (11VMAL, 19), und „haushaltstechnische[r] Schiene" (11VMAL, 33) sowie einem „personaltechnischen Einsatz" (11VMAL, 21). Dies lässt den Schluss zu, dass sie die Aufgaben differenziert erfasst und vermutlich auch fachlich anspruchsvoller sieht, da sie Einzelschritte damit verbindet, worauf ihre Tätigkeitsbeschreibungen hindeuten.

6.2.4 Die Relationskonzeptionen der Verwaltungsleitung

Die Verwaltungsleiterin 11VMAL bestimmt das Verhältnis zwischen Verwaltung und Pädagogik einerseits als Zusammenarbeitsverhältnis zwischen Berufspositionen und andererseits als Transferverhältnis.

Die Verwaltungsleiterin benutzt den Begriff „Verwaltung" im Sinne einer Abteilung (vgl. z.B. 11VMAL, 22) und konzipiert ein Verhältnis von Verwaltung und Pädagogik als Zusammenarbeitsverhältnis von Verwaltungsmitarbeitenden und pädagogischen Mitarbeitenden. An der Schnittstelle zwischen den beiden Abteilungen sieht sie ihre eigene Position, wie oben im Verwaltungsverständnis gezeigt wurde (vgl. außerdem 11VMAL, 29, 75, 79, 81). Sie erstellt den Plan zum Programmplanungsprozess (vgl. 11VMAL, 19). Ihre Ausführungen zum Ablaufplan verdeutlichen das Kooperationsverhältnis der Berufspositionen, weil dieser „Zuständigkeiten (...) Aufgaben (...) [und. B.D.] Fristvorgaben, wer was wann zu erledigen hat" (11VMAL, 27) zwischen den Berufspositionen fixiert.

Die Transferverhältnisse sind an die Position der Verwaltungsleiterin zwischen Träger und Einrichtung und zwischen pädagogischen und administrativen Prozessen gebunden. Verwaltung stellt die Verbindungen zwischen verschiedenen Bereichen her. Der Transfer findet dabei nicht nur in Form von Verwaltungstätigkeiten statt sondern – wie in der vorgenannten Relationskonzeption – auch personalisiert durch die Verwaltungsleitungsposition. Die Anschlüsse zum Makro-System des Trägers einerseits werden z.b. ersichtlich in ihren Überlegungen zur Bereitstellung von öffentlichen Mitteln in Verbindung mit der Ausgestaltung von Weiterbildung durch die VHS in diesem Landkreis (vgl. 11VMAL, 71) oder in den Vorbereitungen von Gremiensitzungen gemeinsam mit der Leiterin 6L1 (vgl. 11VMAL, 122). Andererseits liegt ihr Fokus auf Prozessen der Weiterbildungseinrichtung, z.b. auch in der Weiterentwicklung der EDV (vgl. 11VMAL, 73). Als Fachdienstleiterin nimmt 11VMAL regelmäßig an Besprechungen mit den pädagogischen Mitarbeitenden teil. Sie „transformiere" (11VMAL, 75) die dortigen Informationen in die „Verwaltungsmitarbeiterbesprechung" (11VMAL, 75), um passende Umsetzungsprozesse zu etablieren. Die bereits bei der Darstellung des Verwaltungsverständnisses zitierte Aussage

> „Verwaltungsleitung heißt, (...) das Kursgeschehen insgesamt verwaltungsmäßig geordnet in einer Volkshochschule abzuwickeln." (11VMAL, 19).

kann auch dahingehend interpretiert werden, dass das Lehr-Lern-Geschehen systematisch nach Verwaltungsgesichtspunkten gebündelt wird. Ereignisse, die für Lehrende, Lernende und Planende vergangen sein können, müssen auch für den VHS-Betrieb zu Ende geführt werden.

6.3 Verwaltungsmitarbeitende (VMA)

Vier Verwaltungsmitarbeiterinnen wurden im Rahmen der Studie befragt.[67] Sie sind zwischen 45 und 55 Jahren alt und arbeiten seit 6 bis 19 Jahren in ihren Positionen. Der Ausbildungshintergrund aller Befragten liegt im kaufmännischen bzw. im Bürobereich.

2VMA2	7VMA3	10VMA4	18VMA5
Konfessionelle Familienbildung	Städtische VHS	Kreis-VHS	Private berufliche WBE

Tabelle 7: Die befragten Verwaltungsmitarbeiterinnen

---

67 Das Pretest-Interview mit einem Mitarbeiter einer städtischen VHS wurde nicht einbezogen.

6.3.1 Die Rollenpartnerschaften der Verwaltungsmitarbeitenden

Das Rollenset der Verwaltungsmitarbeitenden, entspricht weitgehend dem Rollenset der pädagogischen Mitarbeitenden. Charakteristisch für die Position der Verwaltungsmitarbeitenden ist – mit Ausnahme von 18VMA5 in der beruflichen Weiterbildungseinrichtung – der häufige Kontakt zu Teilnehmenden und Kursleitenden auf der Mikro-Ebene. Hingegen haben sie zu Leitenden eine wenig explizierte Rollenpartnerschaft. Wichtig ist weiterhin, dass die Rollenpartnerschaften zu HPM, KL und Teilnehmenden von der Prozessorganisation in den Weiterbildungseinrichtungen und den damit verbundenen Tätigkeitsprofilen zusammenhängt. Aufschluss darüber geben, so legen es die Ergebnisse dieser Studie nahe, die Kundengespräche. Die Grafik stellt wesentliche Aspekte der Rollenpartnerschaften im Überblick dar (vgl. Abbildung 22).

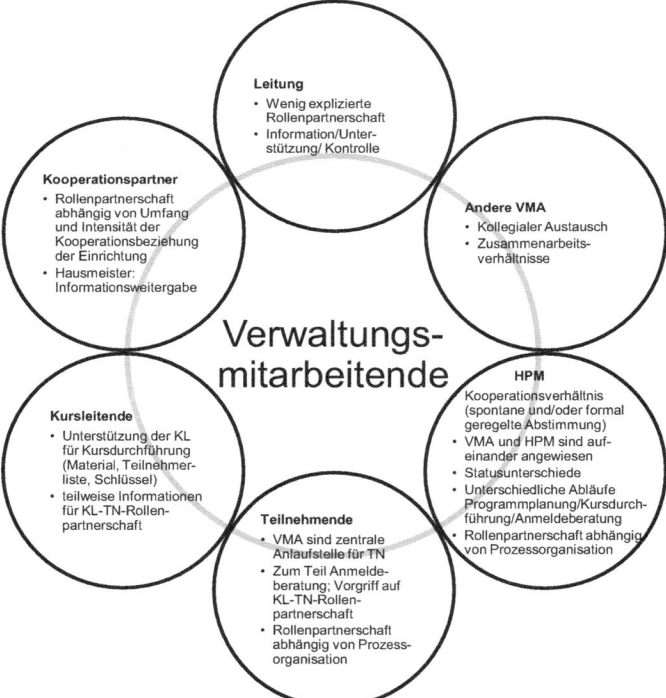

Abbildung 22: Rollenpartnerschaften der Verwaltungsmitarbeitenden

Verwaltungsmitarbeitende (VMA) 97

Verwaltungsmitarbeitende und Leitende

In den Interviews gibt es nur wenige Fundstellen, in denen Verwaltungsmitarbeitende Leitende thematisieren. Diese Textstellen drücken einerseits aus, dass Verwaltungsmitarbeitende zuarbeiten (vgl. 18VMA5, 161ff) oder andererseits Ergebnisse von Leitungskräften kontrolliert/verantwortet werden (vgl. 7VMA3, 84).

Nur 10VMA4 geht ausführlicher auf den Arbeitskontakt mit der Verwaltungsleiterin ein. Mit ihr arbeitet sie für die Programmheftherstellung eng und fokussiert zusammen. So sieht sie das fertige Programmheft als ihr gemeinsames Produkt: „wir sagen immer, die Frau [Name 11VMAL] und ich sagen immer, ‚wir haben wieder ein Kind geboren'" (10VMA4, 146).

Verwaltungsmitarbeitende und Kooperationspartner

Die Rollenpartnerschaft mit Hausmeistern thematisieren fast alle befragten Verwaltungsmitarbeitenden im Zusammenhang mit der Kursdurchführung. Verwaltungsmitarbeitende schildern hier konkrete Anlässe der Zusammenarbeit wie Defekte (vgl. 18VMA5, 138ff), Materialanforderungen (vgl. 7VMA3, 114-118), Beschwerden (vgl. 10VMA4, 200) oder Abrechnung von Aufwandsentschädigungen (vgl. 10VMA4, 59ff).

Externe Kooperationspartner werden unterschiedlich thematisiert, da VMA unterschiedlich stark von Kooperationen der Weiterbildungseinrichtung im operativen Arbeitsalltag betroffen sind. 2VMA2, deren Einrichtung einige Kooperationsprojekte unterhält, geht z.B. darauf ein, dass Kooperationsangebote mit Schulen, Tagespflege, Krankenkasse (Präventionskurse) oder Freiwilligenagentur jeweils andere Abläufe und Erfordernisse zur Folge haben (vgl. 2VMA2, 77-79). Einen solchen Prozess führt 7VMA3 aus (vgl. 7VMA3, 84). Demgegenüber bemerkt 10VMA4 nur, dass Programmangebote benachbarter Volkshochschulen in das Programmheft eingearbeitet werden (vgl. 10VMA4, 156).

Verwaltungsmitarbeitende und ihre Kollegen

Verwaltungsmitarbeitende der gleichen Weiterbildungseinrichtung werden als Partner für Zusammenarbeit und für den persönlichen Austausch (7VMA3, 48) thematisiert. Mit ihnen werden Arbeitsinformationen und Dokumente ausgetauscht, u.a. bei der Abrechnung (vgl. 7VMA3, 84; 18VMA5, 153; 2VMA2, 63, 39). Die Zusammenarbeit der Verwaltungsmitarbeitenden untereinander wird zudem auch über Besprechungen/Sitzungen koordiniert (vgl. 2VMA2, 23, 57), wovon auch die Vorgesetzten sprechen (vgl. 11VMAL, 75; 13L3, 44).

Verwaltungsmitarbeitende und pädagogische Mitarbeitende

In den befragten Einrichtungen sind Verwaltungsmitarbeitende und pädagogische Mitarbeitende strukturell verschieden einander zugeordnet. Daher sind Prozesse der Programmplanung und Kursumsetzung verschieden aber kooperativ zwischen den beiden Positionen organisiert.[68] Damit werden in den Interviews Aspekte der Rollenpartnerschaft erkennbar: die Zuweisung von Zuständigkeiten und die gegenseitige Abhängigkeit in den Prozessen, weil die Leistungen aufeinander bezogen sind, die formale und informelle Zusammenarbeit sowie Statusunterschiede bezüglich Ausbildung und Entlohnung, auf die jedoch nur 7VMA3 explizit eingeht (vgl. 7VMA3, 176, 180).

In die Programmplanung und Programmplanerstellung sind die Mitarbeitenden verschieden involviert: 7VMA3 gibt die Daten zu Kursangeboten nach Vorgaben der Pädagogen in die Datenbank ein (vgl. 7VMA3, 160ff). 10VMA4 verarbeitet die von HPM eingearbeiteten Datensätze beim Layout des Programmheftes (vgl. 10VMA4, 120ff), eine wichtige und sichtbare Aufgabe (vgl. 10VMA4, 168).[69] 2VMA2 ist hingegen nicht damit befasst. Die beiden involvierten VMA beobachten die Leistungen der HPM, denn 7VMA3 kann ihre Arbeit nicht fertigstellen, wenn sie keine Informationen bekommt (vgl. 7VMA3, 166). Aus gleichem Grund mahnt 10VMA4 zusammen mit der Verwaltungsleiterin die Eingabefristen an (vgl. 10VMA4, 134, 332).

In der Kursdurchführung besteht der Kontakt anlassbezogen im Hinblick auf beginnende Veranstaltungen. Hier gibt es sowohl eine formal geregelte und eine spontan-flexible Abstimmung, wenn sich die Frage stellt, ob der Kurs nochmals beworben oder ob er überhaupt stattfinden soll. Hier sehen wir bei 7VMA3 mehr formal geregelte, z.T. über die Software stattfindende Kommunikation (vgl. 7VMA3, 110; 8HPM4, 144ff). Basis ist hier die feste Zuordnung von Kursen zu Pädagogen und Verwaltungsmitarbeitenden auf der Grundlage von Kapazitätsberechnungen (vgl. 13L3, 172; 7VMA3, 106; 8HPM4, 276). 10VMA4 unterscheidet die Konstellationen zwischen zentralen und dezentralen Kursen, bei denen Außenstellenleitungen involviert sind (vgl. 10VMA4, 274, 94). Bei ihr und bei 2VMA2 sehen wir eher spontane, persönliche Kommunikation (vgl. 2VMA2, 19).

---

68 In der privaten beruflichen Weiterbildungseinrichtung gibt es weniger Schnittstellen. Es geht hier neben der Büroorganisation primär um Informationsweitergabe (vgl. 18VMA5, 28, 74, 96) und um Personalverwaltung (vgl. 18VMA5, 24, 142). Vor Einführung des PCs sei das Sekretariat mit der Korrespondenz zwischen Teilnehmenden, Pädagogen und Kursleitenden mehr involviert gewesen (vgl. 18VMA5, 22). Der Unterschied im Status der beiden Berufsgruppen liegt z.B. auch darin, dass in dieser Einrichtung pädagogische Mitarbeitende häufig befristete Verträge haben, während die Verwaltungskräfte fest angestellt sind.

69 Bei zentralen Kursen hat sie überdies Assistenzaufgaben, holt Angebote ein und kalkuliert Kursgebühren (vgl. 10VMA4, 84, 86, 236).

Verwaltungsmitarbeitende und Kursleitende

Je nachdem, wie die befragten Verwaltungsmitarbeitenden in die Prozesse eingebunden sind, gestaltet sich der Kontakt zu Kursleitenden unterschiedlich. Er findet vor allem in Form von gegenseitiger Unterstützung der Kursumsetzung statt. In die Programmplanung mit Kursleitenden sind sie nicht eingebunden (vgl. 7VMA3, 182; 2VMA2, 33).

Die Interviews zeigen deutlich, dass Kursleitende der öffentlichen Weiterbildungseinrichtungen[70] vor, während und nach einer Bildungsveranstaltung Unterstützung durch die Verwaltungskräfte erwarten (vgl. 2VMA2, 29; 10VMA4, 92; 7VMA3, 110, 46; siehe Kapitel 6.6.1). Verwaltungsmitarbeitende erwarten teilweise von Kursleitenden, dass diese sich für das Zustandekommen des Kurses engagieren, z.B. indem sie nochmal Werbung machen, wenn sich noch zu wenige Teilnehmer angemeldet haben (vgl. 10VMA4, 116; 2VMA2, 29). In der Regel treten Kursleitende und Verwaltungsmitarbeitende kurz vor Kursbeginn miteinander in Kontakt, um etwa Kurslisten auszutauschen, Materialfragen abzustimmen oder Schlüssel auszugeben (vgl. 2VMA2, 29; 10VMA4, 44, 116, 92; 7VMA3, 42, 46). Während des Kursverlaufes gibt es unvorhergesehene Situationen, in denen z.B. Teilnehmende informiert werden müssen (vgl. 2VMA2, 29; 7VMA3, 42, 106). Nach einer Veranstaltung geht es um die Abrechnung von Kursleiterhonoraren. Dabei erlebt 10VMA4 durch nachfragende Telefonanrufe die materiellen Erwartungen der Kursleiter als Geschäftspartner, wenn sie z.B. fragen: „wo bleibt das Geld?" (10VMA4, 204). Ihrerseits erwartet sie, dass die Kursleitenden korrekte Informationen über das Kursgeschehen weiterleiten, damit die Abrechnung erstellt werden kann (vgl. 10VMA4, 184, 280-299, vgl. Kapitel 7.2).

Es wird erkennbar, dass die Position der Verwaltungsmitarbeitenden hier auf die Verbindung zwischen Teilnehmenden und Kursleitenden wirkt. Dennoch sind Verwaltungsmitarbeitende (im Gegensatz zu pädagogischen Mitarbeitenden) nicht vor Ort anwesend (vgl. 2VMA2, 33; 10VMA4, 262).

Verwaltungsmitarbeitende und Teilnehmende

Alle vier Befragten arbeiten im Kundenkontakt[71] und nehmen Anfragen von Außen telefonisch, per FAX und E-Mail aber auch persönlich entgegen. Dabei spielen Anmeldungen eine wichtige Rolle, aber auch Beschwerden, Unfälle und

---

70 In der privaten beruflichen Weiterbildungseinrichtung spricht 18MVA5 nur von der finanziell-vertraglichen Seite (vgl. 18VMA5, 57, 153). Die Verbindung zwischen Teilnehmenden und Honorarkräften wird von den Pädagogen gehalten (vgl. 18VMA5, 72-74).
71 7VMA3 übernimmt diese Aufgabe nur temporär. Im Sample sind keine Verwaltungsmitarbeitenden repräsentiert, die ausschließlich im „Backoffice" arbeiten.

Krankmeldungen kommen vor (vgl. z.B. 10VMA4, 200; 2VMA2, 25; 18VMA5, 76, 79). Die Verwaltungsmitarbeitenden sind in die Anmeldeorganisation unterschiedlich eingebunden. Bei 2VMA2 melden sich Interessierte an und erfahren auch ob der Kurs zustande kommt (vgl. z.B. 2VMA2, 9). Demgegenüber ist die Anmeldung in der städtischen Einrichtung in einer eigenen Abteilung konzentriert, und 7VMA3 bearbeitet nur bei den Kooperationsangeboten Anmeldungen direkt (vgl. 7VMA3, 56). 18VMA5 leitet Anmeldungen weiter (18VMA5, 68), denn Teilnehmer- und Kursverwaltung ist bei den pädagogischen Mitarbeitenden angesiedelt. Auch 10VMA4 verweist Anrufer, die sich anmelden wollen, weiter an die Außenstellenleitungen (10VMA4, 18) nachdem sie über die Außenstellenstruktur aufgeklärt hat (vgl. 10VMA3, 198).

Insbesondere 2VMA2 und 10VMA4 sprechen reflektierend über diese Rollenpartnerschaft, da sie nicht nur einzelne Ereignisse schildern, sondern ihr Handeln anhand der Erwartungen des Gegenübers begründen. So informiert 2VMA2 möglichst gut (vgl. 2VMA2, 31), weil z.B. Eltern, die ihre Kinder anmelden die Erwartung haben, „dass die Kinder gut aufgehoben sind" (2VMA2, 43). 10VMA4 ist sich ihrerseits bewusst, dass der Erstkontakt ein Beitrag zur Kundenbindung darstellt (vgl. 10VMA4, 198). Sie stellt die Präsenz für Kunden an erste Stelle: „in erster Linie bin ich präsent (…) für Kunden die kommen, die telefonieren, das ist mein Haupttagesgeschäft." (10VMA4, 250).

6.3.2 Tätigkeiten der Verwaltungsmitarbeitenden

Da es bislang wenige Forschungsergebnisse zu Tätigkeiten von Verwaltungsmitarbeitenden gibt, ist die folgende Darstellung der Inhaltsanalyse aller genannten Tätigkeiten von Verwaltungsmitarbeitenden explorierend angelegt. Die Ergebnisse sind überblicksartig in fünf hauptsächlichen Tätigkeitsbereichen[72] dargestellt, wobei auch Unterschiede zwischen den befragten Verwaltungsmitarbeitenden aufgezeigt werden (vgl. Tabelle 8). Dabei ist jedoch zu beachten, dass keine Verwaltungsmitarbeitenden befragt wurden, die ohne Kundenkontakt, z.B. in einer „zentralen" Verwaltungsabteilung, arbeiten.

Am ehesten ist der Arbeitsplatz der Verwaltungsmitarbeiterin der privaten beruflichen Weiterbildungseinrichtung „zentral". Sie spricht von ihrem Arbeitsplatz als „Sekretariat" (vgl. z.B. 18VMA5, 33). Damit verbunden sind auch Tätigkeiten im Personalwesen wie z.B. Vertretungsregelungen zu sichern (vgl.

---

72 Ergänzend ist die Mithilfe bei Sonderveranstaltungen zu nennen: Protokoll bei Versammlung schreiben (vgl. 7VMA3, 194ff), Messepräsentation vorbereiten (vgl. 18VMA5, 159-159), Tische stellen (vgl. 2MVA2, 53; 18VMA5, 111), dekorieren (vgl. 10VMA4, 300).

18VMA5, 144), Urlaubs- und Krankmeldungen zu verarbeiten (vgl. 18VMA5, 33, 142) oder Unfälle der Berufsgenossenschaft zu melden (vgl. 18VMA5, 138). Aus diesem Aufgabenbereich heraus stellt 18VMA5 für die Erstellung eines Angebots im Rahmen öffentlicher Ausschreibungen Personalinformationen zur Verfügung (vgl. 18VMA5, 32-33, 161-171).

In der Tabelle sind vorne die Tätigkeiten eines Bereichs gelistet. Wenn bei den Befragten dieser Bereich farblich hinterlegt ist, gilt diese Liste. Mit einem „+" werden zusätzliche Tätigkeiten dieser Person ergänzt. Wenn das Feld nicht schattiert ist, aber trotzdem einzelne Tätigkeiten diesem Bereich zuzuordnen sind, wird bei den Betreffenden „nur Tätigkeit xy" angemerkt. Die (nicht abschließend aufgeführten) Belegstellen aus den Interviews werden in den darauffolgenden Unterkapiteln genannt.

1 Büroorganisation	2VMA2			18VMA5
• Post verteilen (auch FAX und E-Mail) • Daten sichern				+ Material beschaffen + Akten aufbewahren + Schließdienst
2 Abrechnung	2VMA2	7VMA3	10VMA4	
• Teilnehmerentgelte einziehen • Honorare an Kursleitende buchen • Abrechnungsunterlagen dokumentieren		Nicht regelhaft, nur Kooperationsangebote		
3 Kursdurchführung unterstützen	2VMA2	7VMA3	10VMA4	18VMA5
• Status der Teilnehmerzahl kontrollieren • Teilnehmerlisten an Kursleiter weitergeben • Teilnehmer benachrichtigen • Kurs neu bewerben • Teilnahmebescheinigungen • Anmeldungen entgegen nehmen • Anmeldungen in Seminardatenbank eingeben	+ Zugang zu Raum sichern	+ Flyer erstellen + Anmeldung Kooperationsangebote	Nur Pressemeldungen Nur Anmeldung zentrale Kurse	Nur Teilnahmebescheinigungen
4 Programmplanung/ Programmhefterstellung		7VMA3	10VMA4	
• Korrektur lesen		+ Dateneingabe + Raumressourcen sichern	+ Layout + zentrale Kurse kalkulieren	
5 Telefonische und persönliche Präsenz/Kundengespräche	2VMA2	7VMA3	10VMA4	18VMA5
• Kontakt zu zuständigem Ansprechpartner herstellen • Beschwerden entgegennehmen	+ über Kurse informieren, + Kurse verkaufen + zentrale E-Mail	Nur temporär + über Kurse informieren	+ zentrale E-Mail	

Tabelle 8: Tätigkeiten der Verwaltungsmitarbeitenden im Überblick

Im Folgenden werden die vier Bereiche Büroorganisation, Abrechnung, Unterstützung der Kursdurchführung und Programmhefterstellung/ Programmplanung knapp, der fünfte Bereich der Kundengespräche ausführlicher besprochen.

Büroorganisation

Allgemeine Büroorganisation betrifft 18VMA5, die diesen Begriff verwendet hat, und 2VMA2. In deren Büro steht das Faxgerät, sie erhalten die zentralen E-Mails und die Post (vgl. 18VMA5, 28, 35, 41, 74, 96, 157; 2VMA2, 19). Sie sind auch dafür zuständig, täglich bzw. regelmäßig die Datensicherung vorzunehmen (vgl. 18VMA5, 94; 2VMA2, 19).

Allerdings nennt 18VMA5 noch mehr Aufgaben: Im Zusammenhang mit Honorarverträgen und Ausschreibungen wird ersichtlich, dass im Büro von 18VMA5 die Honorarverträge und andere Akten aufbewahrt werden (vgl. 18VMA5, 134, 230, 140). Hinzu kommen der Schließdienst für das Gebäude (vgl. 18VMA5, 99) und der Kontakt zum Hausmeister (vgl. 18VMA5, 138) sowie die Materialbestellung (vgl. 18VMA5, 104-107).

Abrechnung

Abrechnungsvorgänge können als Teil der Kursdurchführung gesehen werden. Sie werden hier der besseren Übersicht wegen gesondert aufgeführt. Die einzelnen Tätigkeiten umfassen:

- Teilnehmerentgelte einziehen (vgl. 2VMA2, 19; 10VMA4, 176),
- Honorare für Kursleitende buchen (vgl. z.B. 2VMA2, 63; 10VMA4, 92),
- Abrechnungsunterlagen dokumentieren (vgl. 2VMA2, 63; 7VMA3, 84-87; 10VMA4, 184).

Sowohl 10VMA4 und 7VMA3 erarbeiten eine Gesamtabrechnung für Kooperationsangebote (vgl. 7VMA3, 84ff; 10VMA4, 72ff).

Unterstützung der Kursdurchführung

Dieser Tätigkeitsbereich wird als wiederkehrender Alltag der Verwaltungsmitarbeitenden thematisiert (vgl. 7VMA3, 42; 2VMA2, 37). Es geht im Einzelnen darum:

- Anmeldungen entgegen zu nehmen (vgl. 2VMA2, 19; auch als „Reservierung" 7VMA3, 64; 134)
- Anmeldungen in die Seminarverwaltungssoftware einzugeben (vgl. 2VMA2, 19; zentrale Kurse 10VMA4, 10, 92; 7VMA3, 56)

- den Status der Anmeldungen und der Teilnehmerzahl zu kontrollieren (vgl. 2VMA2, 29, 21; 7VMA3, 40, 110; 10VMA4, 116),
- das erneute Bewerben des Kurses abzustimmen (7VMA3, 40; 2VMA2, 21, 83) wobei 10VMA4 Pressemeldungen (vgl. 10VMA4, 30, 104) und 7VMA3 Flyer selbst erstellt (vgl. 7VMA3, 88),
- die Teilnehmerlisten an Kursleitende weiterzugeben (vgl. 2VMA2, 27; 7VMA3, 42, 110, 144; 10VMA4, 92),
- Teilnahmebescheinigungen zu erstellen (vgl. 10VMA4, 236; 18VMA5, 134; 7VMA3, 110; 2VMA2, 75),
- Teilnehmer zu benachrichtigen (vgl. 2VMA2, 29, 93; 7VMA3, 42, 64, 80, 106) und
- den Zugang zum Raum organisieren (vgl. 2VMA2, 29, 31).

Programmplanung/Programmhefterstellung

Zwei Verwaltungsmitarbeiterinnen berichten von Tätigkeiten rund um die Programmhefterstellung/Programmplanung. 10VMA4 ist für das Layout des Programmes verantwortlich und zwei Mal jährlich intensiv damit beschäftigt (vgl. 10VMA4, 16, 122ff). Außerdem assistiert sie für die zentralen Kursangebote, wofür sie Angebote einholt (vgl. 10VMA4, 86) und Kursgebühren kalkuliert (vgl. 10VMA4, 104, 112ff, 236). Ebenfalls halbjährlich stellt sich für 7VMA3 die Tätigkeit, die Planungsbögen der HPM in die Kursverwaltungssoftware einzutippen und Räume zu buchen (vgl. 7VMA3, 40, 146-155, 159ff). Beide Befragte lesen den Programmentwurf Korrektur (vgl. 7VMA3, 170-172; 10VMA4, 134, 150).

Telefonische und persönliche Präsenz/Kundengespräche

Alle vier Befragten bedienen zumindest zeitweise den zentralen Telefonanschluss der Weiterbildungseinrichtung. Sie geben Auskunft über Bildungsveranstaltungen, nehmen Anfragen und Anliegen verschiedenster Art auf und vermitteln sie an die zuständigen Ansprechpartner weiter (vgl. 10VMA4, 12, 18, 232; 7VMA3, 94, 102; 2VMA2, 9; 83; 18VMA5, 79). Das Spektrum der Anliegen sei „riesig, riesig, riesig" (10VMA4, 202, vgl. auch 10VMA4, 232; 7VMA3, 94; 2VMA2, 19; 18VMA5, 79). Hinzu kommt die Schwierigkeit, dass Anrufe die anderen Tätigkeiten unterbrechen und manchmal kurz hintereinander folgen (vgl. 10VMA4, 210, 236; 7VMA3, 96; 2VMA2, 39; 18VMA5, 79, 102, 206). Nur eine Verwaltungsmitarbeiterin verarbeitet hierbei die Anmeldungen direkt (2VMA2). In den beiden Volkhochschulen ist die Anmeldung bei anderen Mitarbeitenden verortet.

Es wird ersichtlich, dass es in den Einrichtungen verschiedene Herangehensweisen für Kundengespräche gibt. Eine genauere Analyse des Materials zeigte eine Differenz zwischen einem „informierenden Kundengespräch" (gilt für 7VMA3, 10VMA4) und einem „Kundengespräch zwischen Information, Verkauf und Beratung" (gilt für 2VMA2, auch 15AUSL).

Ein Kennzeichen des informierenden Kundengesprächs ist, dass die Verwaltungsmitarbeitenden zwischen inhaltlichen und organisatorischen Fragen unterscheiden. Sie gehen daher nur auf die organisatorischen Fragen ein und leiten die inhaltlichen Anfragen an pädagogische Mitarbeitende weiter. Hingegen entwickelt sich das Kundengespräch bei 2VMA2 und 15AUSL durch Nachfragen zu einem Beratungsgespräch, das jedoch gleichzeitig hinsichtlich der Effizienz (Wird der Anrufer sich verbindlich anmelden?) bewertet wird. Die untenstehende Tabelle spitzt Charakteristika der Gesprächstypen zu.

Informierendes Kundengespräch 7VMA3, 10VMA4	Kundengespräch zwischen Information, Verkauf und Beratung, 2VMA2 (auch 15AUSL)
• keine Anmeldung	• Anmeldung
• berichten nicht von einzelnen Anrufern	• berichten von Gesprächen mit Einzelpersonen
• beantworten nur organisatorische Fragen und leiten inhaltliche Fragen an HPM weiter	• gehen weitgehend auf alle Fragen ein

Tabelle 9: Vergleich zwischen „informierendem Kundengespräch" und „Kundengespräch zwischen Information, Verkauf und Beratung"

Da mit den Kundengesprächen organisationsstrukturelle, über die Berufsposition der Verwaltungsmitarbeitenden hinausreichende Zusammenhänge und die Relationskonzeption von Pädagogik und Verwaltung (und Wirtschaftlichkeit) erläutert werden können, werden sie im Kapitel 7.1.4 wieder aufgegriffen.

6.3.3 Das Verwaltungsverständnis der Verwaltungsmitarbeitenden

Welche der in Kapitel 5 vorgestellten Teilaspekte des Verwaltungsverständnisses in Weiterbildungseinrichtungen sind bei der Berufsposition der Verwaltungsmitarbeitenden von besonderer Bedeutung?

Zunächst kann festgehalten werden, dass das institutionelle Verständnis von Verwaltung als Abteilung bei den Verwaltungsmitarbeitenden der öffentlichen und der konfessionellen Einrichtungen vorherrschend ist. Das schlägt sich auch in den Relationskonzeptionen nieder. Demgegenüber ist bei zwei Verwaltungsmitarbeitenden in den Tätigkeiten ersichtlich, dass Verwaltung mit Auftraggebern bzw. externen (öffentlichen) Organisationseinheiten in Verbindung gebracht wird, wenn dies für die Befragten im Arbeitsalltag wichtig wird. 18VMA5 arbeitet bei der Erstellung eines Angebots für öffentliche Aufträge (Arbeitsmarktdienstleistungen) zu; 7VMA3 arbeitet direkt mit (Mittel bereitstellenden) Kooperationspartnern zusammen. Die Arbeit in den Kursverwaltungsprogrammen, also die Bearbeitung von Aufgaben mit Hilfe elektronischer Datenverarbeitung, ist bei dieser Berufsposition zwar präsent, wird aber nur von einer Befragten (2VMA2) mit dem Begriff Verwaltung explizit in Verbindung gebracht (vgl. 2VMA2, 63).

Von den vorgestellten Modi haben bei dieser Berufsposition vor allem das routinemäßige Abarbeiten, das verwaltungstechnische Vorgehen, Dokumentieren und Organisieren besondere Bedeutung. So verweisen Verwaltungsmitarbeitende auf tägliche, wöchentliche oder jährlich wiederkehrende Arbeiten. Eine Verwaltungsmitarbeitende schildert detailliert die aufeinanderfolgenden Arbeitsschritte einer Abrechnung in der Software und damit einen typischen „verwaltungstechnischen" Abrechnungsvorgang:

> „dann rechne ich den [Kurs, B.D.] in <Name Software> ab. D.h., dann arbeite ich die Kurstage ein (...) dann mache ich einen Raumplan <I: Ja.> und dann zeigt <Name Software> mir an, (...) dann guck ich, und das stimmt in den seltensten Fällen mit überein (...) dann bearbeite ich die Kurstage, das muss stimmen. <I: Hm, hm.> (...) <Name Software>, ob der, ob nicht eine Doppelbelegung [vorliegt, B.D.] (...) und die [die Kursleiter, B.D.] kriegen auch nur, wenn die die Listen ordentlich gemacht haben, ordentliches Geld. <Kichern>" (10VMA4, 184-186).

Gerade auch die Tätigkeiten der Kursumsetzung haben mit Organisieren und Dokumentieren (im EDV-System) zu tun. So stehen die genannten Modi mit einem großen Teil des Arbeitsalltags der Verwaltungsmitarbeitenden – insbesondere mit der Kursumsetzung aber die Kundengespräche ausgenommen – in Verbindung.

Bedeutungszuschreibungen als Teilaspekte des Verwaltungsverständnisses sind den Schilderungen der Tätigkeiten ebenfalls zu entnehmen. So lassen die Ergebnisse der Auswertung dieser Berufsposition erkennen, dass erstens Verwaltungspositionen im Zentrum stehen, zweitens Verwaltung Überblick verschafft, drittens dass Verwaltung unterstützend ist und viertens Verwaltung die infrastrukturelle Basis sichert.

6.3.4 Die Relationskonzeptionen der Verwaltungsmitarbeitenden

Neben der Bestimmung eines Transferverhältnisses, in dem Verwaltung das Kursgeschehen in die Einrichtung transferiert, wird von den Verwaltungsmitarbeitenden das Verhältnis zwischen Verwaltung und Pädagogik als Zusammenarbeitsverhältnis konzipiert. Die Hinweise darauf, dass die Verwaltungsmitarbeiterin die Kunden berät, durch die Übernahme pädagogischer Tätigkeiten auch verschiedene Rollenelemente integrieren muss, werden im Kapitel 7.1.4 und 7.2 aufgegriffen.

Was die Verwaltungsleiterin 11VMAL abstrakt darstellte, kann mit dem Interviewmaterial der Verwaltungsmitarbeitenden konkretisiert werden: Verwaltungstätigkeiten überführen erstens das Kursgeschehen in Informationen, die vom Betrieb verarbeitet und kontrolliert werden können. Der als Teilaspekt des Verwaltungsverständnisses angeführte verwaltungstechnische Abrechnungsvorgang den 10VMA4 beschreibt, zeigt dies: Die Informationen über Kurszeiten, Räume und Teilnehmende aus den Kurslisten werden in die EDV eingearbeitet. Aus dem Kursgeschehen wird ein Abrechnungsvorgang, der durch die EDV – manchmal „meckert das System" (10VMA4, 186) – und durch Verwaltungsmitarbeitende geprüft wird. Die Verwaltungsmitarbeiterin legt dar: „wenn das dann alles stimmt (…) dann schließe ich den Kurs ab und dann ist der Kurs erledigt." (10VMA4, 192).

Alle Verwaltungsmitarbeitenden verstehen zweitens „Verwaltung" und „Pädagogik" als Berufspositionen, die in den Prozessen der Programmplanung und Kursumsetzung aufeinander bezogen sind, wie die Besprechung der Rollenpartnerschaft mit den pädagogischen Mitarbeitenden (HPM) aufzeigte. Mit den jeweiligen Teilprozessen werden die Weiterbildungsangebote realisiert und ein Programm(-heft) erstellt. In der Beschreibung ihrer Tätigkeiten konzipieren die VMA damit eine arbeitsteilige Relation von Verwaltung und Pädagogik. Das Material deutet darauf hin, dass die Verwaltungsmitarbeitenden sich in dieser Verhältniskonzeption um zwei Fragestellungen gruppieren:

- Wie können wir uns gegenseitig informieren/unterstützen? (10VMA4; 2VMA2; 18VMA5)
- Wer darf was machen? (7VMA3)

Bei der ersten Fragestellung geht es im Kern um die gegenseitige Weitergabe von benötigten Informationen, weshalb sich die VMA mit den HPM abstimmen. Wenn die pädagogischen Mitarbeitende beispielsweise die Teilnehmerdatenbank pflegen, kann die Verwaltungsmitarbeitende Post, Telefonnotizen, E-Mails ordnen und weiterleiten (vgl. 18VMA5, 74). In der Familienbildungseinrichtung streben die Beteiligten das Ziel, Kurse „zum Laufen zu bringen" (2VMA2, 21, auch 83) ebenfalls durch gegenseitiges Informieren an. Die Verwaltungsmitarbeitenden bekommen von HPM „Informationen über den Inhalt der Kurse, damit wir das in der Beratung auch berücksichtigen können" (2VMA2, 35). Ihrerseits informiert 2VMA2 über den Stand der Anmeldungen, initiiert Werbung und führt offensiv Kundengespräche. 10VMA4 ist ebenfalls auf den Beitrag der pädagogischen Mitarbeitenden „angewiesen" (10VMA4, 334), um das Programmheft zu erstellen. Sie arbeitet die von den HPM eingegebenen Datensätze des Seminarverwaltungsprogramms in ein gelayoutetes Programmheft um und ermöglicht schon in Zwischenschritten den HPM eine Visualisierung des Programms (vgl. 10VMA4, 134).

Die zweite Fragestellung betrifft 7VMA3, die an mehreren Stellen darauf hinweist, dass sie als Verwaltungsmitarbeitende in der städtischen VHS manche Dinge nicht machen darf (vgl. 7VMA3, 104, 122, 184). In dieser Einrichtung herrscht bei allen Befragten die Unterscheidung „planende Pädagogen" und „umsetzende Verwaltung" vor. Im Übergang der Interviewführung von den Verwaltungstätigkeiten zu den kritischen Ereignissen schildert die Befragte Enttäuschung[73] über die vermeintlich gleichberechtigte Zusammenarbeit in Arbeitsgruppen/Tandems von HPM und VMA. Sie habe gemerkt, dass dies eine „Pseudo-Gleichheit" (7VMA3, 176) sei. Es seien nicht nur Statusmerkmale wie Ausbildung und Bezahlung, sondern auch die Entwicklungsmöglichkeiten ungleich verteilt (vgl. 7VMA3, 180). In einem Interviewausschnitt schildert sie eine „Verengung" auf bestimmte Bereiche:

> „wir als Verwaltungskräfte wir sind trotz allem reduziert, ja. <I: Reduziert heißt?> VMA 3: Ja, reduziert heißt wir befinden uns in so Bahnen, wir dürfen manchmal raushüpfen, ja, also. Wenn der Pädagoge sagt, hach, ich führe heute ein Planungsgespräch mit dem Kursleiter xy, also mir wär's ganz recht wenn Du dabei wärst, ja. Das ist immer so ein Goodwill, ja, oder so, dann ist man dabei, das kann wie so 'n 'n, bei Zuckerbrot und Peitsche, dass man so ab und zu ein Zuckerle hingeworfen kriegt" (7VMA3, 180-182)

Sie zeichnet hier ein Bild eines pädagogischen Mitarbeitenden, dessen Wohlwollen (Goodwill) sie eher als herablassende, beleidigende Geste empfindet, weil keine echte Begegnung auf Augenhöhe möglich ist.

6.4 Außenstellenleitung (AUSL)

Die Außenstellenleiterin, über 60 Jahre alt, war nach der Volksschulbildung Anlernling[74] und Beschäftigte eines Unternehmens, später Hausfrau. Sie wurde von

---

73 Ein biographisch inspirierter Zugang wäre der Sicht von 7VMA3 sicher zuträglich, was aber das Material und die Herangehensweise dieser Arbeit nicht ausreichend hergibt.
74 D.h. sie wurde auf einem Arbeitsplatz eingewiesen und erhielt während der Anlernzeit reduziertes Gehalt.

der Vorgängerin persönlich angesprochen, ob sie die Außenstellenleitung in einer Kommune des Landkreises übernehmen wolle und ist zum Zeitpunkt der Befragung seit über 10 Jahren in dieser Funktion nebenberuflich für die Kreis-VHS tätig.

6.4.1 Die Rollenpartnerschaften der Außenstellenleitung

Die befragte Außenstellenleiterin nimmt eine Vermittlungsposition ein (siehe Abbildung 23): einerseits zwischen Teilnehmenden und Kursleitenden, andererseits zwischen dieser Mikro-Ebene und den Hauptamtlichen der Weiterbildungseinrichtung (VMA und HPM) auf der Meso-Ebene. Für die dezentrale Struktur einer Kreis-VHS scheint dies funktional notwendig zu sein.

Eine zentrale Erwartung, die die Außenstellenleiterin an sich selbst formuliert ist daher, den Überblick über das Kursgeschehen vor Ort zu haben. So sagt sie: „wenn ich nicht in den Kursen bin, dann weiß ich nicht, was los ist. (...) Ich hab dann keine Übersicht" (15AUSL, 26). Diese Nähe zum Kursgeschehen wird auch von Rollenpartnern als Kennzeichen der Außenstellenleiterposition genannt (vgl. 5HPM3, 44; 10VMA4, 10).

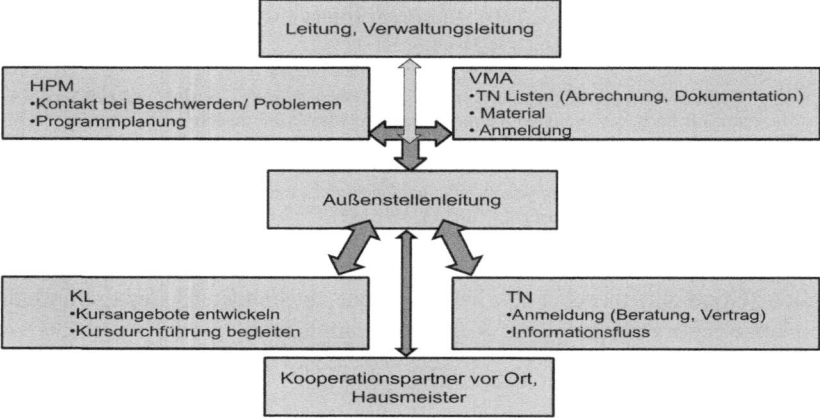

Abbildung 23: Vermittelnde Position der Außenstellenleitung

Die vier Rollenpartnerschaften mit Teilnehmenden, Kursleitenden, pädagogischen Mitarbeitenden und Verwaltungsmitarbeitenden werden im Folgenden näher erläutert.[75]

---

75 Darüber hinaus geht die Außenstellenleiterin auf Kooperationspartner vor Ort zu: z.B. auf Kirchengemeinden die Räumlichkeiten zur Verfügung stellen (vgl. 15AUSL, 36) oder auf vor Ort eingesetzte Hausmeister, mit denen sie sich abstimmt (vgl. 15AUSL, 16).

Außenstellenleitung und Teilnehmende

Die Außenstellenleiterin fungiert in der dezentralen Struktur der Kreis-VHS als Kontaktperson zwischen Teilnehmenden und Weiterbildungseinrichtung. Die Ergebnisse der Interviews zeigen, dass zwischen den Teilnehmenden und der Außenstellenleiterin sowohl eine Rollenpartnerschaft im Sinne von Kunde zu Dienstleister als auch eine Rollenpartnerschaft im Sinne von Lernendem zu Beratendem relevant werden.

Deutlich werden die beiden komplementären Rollenpartnerschaften (vgl. Kapitel 7.2.3) im Anmeldeprozess. Wenn das Programm veröffentlicht wird, nimmt die Außenstellenleiterin vor allem telefonisch Anmeldungen entgegen (vgl. 15AUSL, 22, 41f).[76] In Bezug auf die vertragliche Perspektive klärt sie die Teilnahme im Laufe der ersten Kurstermine. Zu diesem Zweck ist sie bei Kursbeginn vor Ort anwesend. Sie achtet darauf, dass Teilnehmende sich innerhalb der ersten Termine schriftlich auf die Teilnehmerliste eintragen, denn damit wird die Teilnahme vertraglich verbindlich gemacht (vgl. 15AUSL, 30, 50, 72). Personen, die sich telefonisch gemeldet haben, beim ersten Kurstermin aber nicht erschienen sind, ruft sie an, um die Teilnahme zu klären (vgl. 15AUSL, 24-30). Ferner nimmt die Außenstellenleitung Teilnahmegebühren entgegen (vgl. 15AUSL, 70).

In Bezug auf die Teilrolle als Beraterin gegenüber den potenziellen Lernenden sind die Aussagen der Außenstellenleiterin zu Kundengesprächen im Anmeldeprozess aufschlussreich. Ihre Aufgabe sei es, in der Anmeldeberatung „Hemmschwelle[n]" (15AUSL, 44) und „Angst" (15AUSL, 44) abzubauen. Sie beschreibt, dass in Kundengesprächen persönliche Voraussetzungen und Kursangebote in Beziehung gesetzt werden. So geht es z.B. um Anforderungsniveaus der Sprachkurse (vgl. 15AUSL, 44). Bei Gesundheitskursen insbesondere:

> „hören sie sich manchmal die ganze Leidensgeschichten an (...) und wenn man dann schon einmal gesprochen hat und sagt ‚ja, ich bin heute Abend auch da, Sie brauchen gar keine Angst haben', und dann klappt das." (15AUSL, 44).[77]

Außenstellenleitung und Kursleitende

Der Kontakt zu Kursleitenden wird von der Außenstellenleiterin als wichtig bewertet (vgl. 15 AUSL, 34). Die Interviews zeigen die konzeptionell-organisato-

---

76 Für Anmeldungen per FAX, E-Mail und Post hat 15AUSL ein Postfach in der WBE. E-Mails werden von dortigen Verwaltungsmitarbeitenden ausgedruckt und in dieses Fach gelegt, da die Außenstellenleiterin E-Mail nicht benutzt. Sie hat auch keinen Zugang zur Kursverwaltungssoftware. Eine Online-Anmeldung war zum Zeitpunkt der Interviews noch nicht eingerichtet.

77 Hierbei könnte der Nachsatz „dann klappt das" auch in Bezug auf die verbindliche Teilnahme, also den Vertragsschluss interpretiert werden.

rische Zusammenarbeit von Kursleitenden und Außenstellenleiterin im Programmplanungsprozess auf. Auch die von der Außenstellenleiterin geschilderten kritischen Ereignisse sind hier angesiedelt. Das Interview lässt den Schluss zu, dass die Außenstellenleiterin im Programmplanungsprozess sowohl unterstützend als auch mit Einfluss den Kursleitenden gegenüber tritt.

Im Programmplanungsprozess spricht sie nicht nur Zeiten und Räume (vgl. 15AUSL, 60; 12KL2, 184), sondern auch Angebotsdichte (vgl. 15AUSL, 160) und neue Inhalte (vgl. 15AUSL, 56ff), ab. Im Kontakt müsse sie nämlich „immer schauen und hören, ja, was könnte man Neues anbieten." (15AUSL, 34). Im negativen kritischen Ereignis war die Absprache problematisch, weil eine Konkurrenzsituation zwischen Kursleitenden zu Tage trat (vgl. 15AUSL, 160ff), im positiven kritischen Ereignis hat die gelungene Absprache ein zusätzliches Angebot außerhalb des öffentlichen Programms ermöglicht (vgl. 15AUSL, 126ff). Die Außenstellenleiterin hat hier starken Einfluss auf das Programm und könnte auch Folgeangebote verhindern (vgl. 15AUSL, 66, 173).

Die tatkräftige organisatorische Unterstützung der Kursleitenden findet vor allem während der Kursumsetzung im Kontakt zu Teilnehmenden statt, wenn sie Teilnehmende z.B. darüber informiert, dass Termine ausfallen (vgl. 15 AUSL, 110, 106, 136, 94, 112; 12KL2, 192, 200).

Außenstellenleitung und hauptamtliche Verwaltungsmitarbeitende sowie pädagogische Mitarbeitende der Weiterbildungseinrichtung

Die Außenstellenleiterin spricht an mehreren Stellen von „der Verwaltung" (vgl. z.B. 15AUSL 16, 18, 70, 78) und meint oftmals wohl Verwaltungsmitarbeitende und pädagogische Mitarbeitende gleichzeitig. Die Schnittstelle zu den Außenstellenleitungen wird von deren Seite in den Interviews als wichtig eingeschätzt. Die Außenstellenleitenden könnten Bedarfe am besten einschätzen (vgl. 5HPM3, 44), weil sie das „Sprachrohr" (vgl. 10VMA4, 10) bzw. „das Ohr an den Menschen vor Ort" (5HPM3, 44) seien. Sie hätten die aktuellsten Informationen zu den Kursen (vgl. 5HPM3, 26, 146) und seien das „Bindeglied" zum Kursgeschehen (5HPM3, 216). Das zeigt sich auch in der Darstellung der Außenstellenleiterin, wenn sie davon spricht, wie aus unverbindlichen Anfragen tatsächliche Teilnahmen oder tatsächliche Kursangebote werden (vgl. 15AUSL, 24ff, 126ff, 160ff). Die Außenstellenleiterin differenziert dennoch die Rollenpartnerschaften zu den beiden Berufspositionen in Bezug auf verschiedene Themen und Anliegen.

Fast alle Arbeitsschritte in der Kursdurchführung wickelt 15AUSL mit den Verwaltungsmitarbeitenden ab, die in dieser Kommune ihren Arbeitsplatz haben (vgl. 15AUSL, 144). Hier unterstützen sich Verwaltungsmitarbeitende und Außenstellenleiterin gegenseitig. Beispielsweise drucken die Verwaltungsmitarbeitenden für die Außenstellenleiterin E-Mails aus und stellen Arbeitsmaterial zur Verfügung (vgl. 15AUSL, 152ff). Umgekehrt versucht 15AUSL mehrfach, säumige Teilnehmergebühren einzufordern, bevor sie eine Mahnung (als Verwaltungsakt) anregt (vgl. 15AUSL, 70).

Der Kontakt zu den pädagogischen Mitarbeitenden findet während der Kursumsetzung eher nach Bedarf statt, z.B. bei Beschwerden (vgl. 5HPM3, 44, 216) oder der unvorhergesehenen Unterschreitung der Mindestteilnehmerzahl. Sie sagt: „wenn ich jetzt ein ganz großes Problem hätte, (...), dann spreche ich mit, entweder mit der Frau [Name HPM 3] oder der Frau [Name L 1] oder so" (15AUSL, 144). Während der Programmplanung hingegen ist der Kontakt zwischen Außenstellenleitung und pädagogischen Mitarbeitenden regelhaft, indem die Außenstellenleitenden zu einer bestimmten Zeit die Programmvorschläge an die pädagogischen Mitarbeitenden geben (vgl. 15AUSL, 16, 56ff; 11VMAL, 27; 5HPM3, 94ff).

6.4.2 Die Verwaltungstätigkeiten der Außenstellenleiterin

Im Interview benennt die Außenstellenleiterin explizit nur zwei Tätigkeiten als Verwaltungstätigkeiten: Listen führen und Anmeldungen entgegennehmen. Ihre Reaktion auf die Frage nach Verwaltungstätigkeiten stellt sich also eher verhalten dar.

> „Wie gesagt halt eben die Listen führen, die Anmeldungen die kommen einsortieren. (...) So furchtbar viel Verwaltungsarbeit ist da nicht bei den Außenstellen, denke ich mal." (15AUSL, 104)

Die Inhaltsanalyse der Tätigkeiten insgesamt lässt die Vermutung zu, dass das Tätigkeitsprofil der befragten Außenstellenleiterin im Vergleich mit den Berufspositionen in anderen Weiterbildungseinrichtungen zwischen pädagogischen Mitarbeitenden und Verwaltungsmitarbeitenden angesiedelt ist. Um dies zu illustrieren sind in der folgenden Tabelle einige Tätigkeiten aufgelistet, die in anderen Weiterbildungseinrichtungen, welche nicht mit Außenstellenleitungen arbeiten, entweder von Verwaltungsmitarbeitenden oder pädagogischen Mitarbeitenden ausgeführt werden.[78]

---

78 In der befragten Kreis-VHS werden bei zentral organisierten Kursen die damit verbunden Tätigkeiten auf diese beiden Berufspositionen verteilt (vgl. z.B. 10VMA4, 92).

Tätigkeiten der Außenstellenleiterin die in anderen WBE eher Verwaltungsmitarbeitende leisten	Beispielhafte Vergleichstextstelle	Tätigkeiten der Außenstellenleiterin, die (in anderen WBE) auch pädagogische Mitarbeitende leisten:	Beispielhafte Vergleichstextstelle	Wen beteiligt die Außenstellenleiterin ggf.?
Anmeldungen entgegen nehmen, (vgl. z.B. 15AUSL, 22ff)	2VMA2, 9	Beratung für Kursangebot (vgl. 15AUSL, 44-52)	8HPM4, 22; 5HPM3, 64f	HPM bei Sprachkursen (vgl. 15AUSL, 44)
den Status der Teilnehmerzahl kontrollieren, (vgl. z.B. 15AUSL, 30)	7VMA3, 40; 2VMA2, 19	Über das Stattfinden des Kurses entscheiden (vgl. 15AUSL, 106)	8HPM4, 24; 2VMA2, 19 (Verweis auf HPM)	HPM bei unvorhergesehenem Drop-out oder geringer TN-Zahl (vgl. 15AUSL, 144; 106)
Teilnehmer benachrichtigen (vgl. 15AUSL, 94)	7VMA3, 42; 2VMA2, 29	Kurse erneut bewerben, Werbung initiieren (vgl. 15AUSL, 78)	2VMA2, 21 (Verweis auf HPM); 8HPM4, 26; 3HPM2, 28	VMA und HPM, geben Pressemeldungen heraus (vgl. 15AUSL, 18; 78)
Listen an Kursleiter weitergeben (vgl. 15AUSL, 24; 12KL2, 76-78 und 10VMA4, 174)	7VMA3, 42; 2VMA2, 27	Beschwerden bearbeiten (vgl. 15AUSL, 26)	5HPM3, 210ff; 8HPM4, 22, 36, 66, 80; 3HPM2, 78	HPM z.B. bei Fragen zu fachlicher Kompetenz des/der KL; Hospitation durch HPM (vgl. 15AUSL, 26; 5HPM3, 210ff)
Teilnehmerentgelte entgegen nehmen (vgl. 15AUSL, 70ff)	2VMA2, 19	Probleme mit Räumen lösen (vgl. 15AUSL, 34ff)	8HPM4, 22	(VMAL)*
		Planungsbögen einsammeln bzw. Kursvorschläge einholen (vgl. 15AUSL, 56),	3HPM2, 88; 5HPM3, 90	
		Das vorhergehende Programm für die weitere Planung evaluieren (vgl. 15AUSL, 56).	8HPM4, 84	Rückmeldung an HPM bei tendenziell unterbesetzen Angeboten (vgl. 15AUSL, 56)
		Kursplanungen, Zeit und Ort mit Dozenten besprechen (vgl. 15AUSL, 60, 140),	5HPM3, 22; 8HPM4, 22; 3HPM2, 28	

* 15AUSL spricht nicht davon, aber 11VMAL verweist darauf, dass sie Probleme mit Hausmeistern oder Räumen u.a. mit der entsprechenden Abteilung der Kreisverwaltung löst und Außenstellenleitungen sie dafür ansprechen (vgl. 11VMAL, 73)

Tabelle 10: Tätigkeiten der Außenstellenleiterin im Vergleich mit Tätigkeiten von pädagogischen Mitarbeitenden und Verwaltungsmitarbeitenden in anderen WBE

Das Datenmaterial der Kreis-VHS zeigt die kooperativen Prozesse, in die die Außenstellenleiterin eingebunden ist.[79] Einerseits bereitet die Außenstellenleiterin Arbeitsschritte der Verwaltungsmitarbeitenden vor. Andererseits beteiligt sie die pädagogischen Mitarbeitenden. Sie ergreift zum Beispiel die Initiative, um mit dem zuständigen Pädagogen Entscheidungen über Angebote oder das Stattfinden von Kursen zu treffen. Sie bittet diese auch um Unterstützung, damit Ersatz für Kursleitende gefunden, Beschwerden verfolgt oder Teilnehmende eingehender beraten werden.

6.4.3 Das Verwaltungsverständnis der Außenstellenleiterin

Das Besondere am Verwaltungsverständnis der Außenstellenleiterin 15AUSL ist die Zusammensetzung des Verständnisses aus EDV, Hauptberuflichkeit und Behördenstatus. Sie meint in der Verwendung des Begriffs „Verwaltung" an mehreren Stellen die Berufspositionen der Verwaltungsmitarbeitenden und pädagogischen Mitarbeitenden zusammen (vgl. 15AUSL, 16ff, 30, 110, 78, 160, 181) und verbindet dies tendenziell mit deren Status als Mitarbeitende des Trägers. Außerdem spricht die Befragte in der Reaktion auf die Frage nach Verwaltungstätigkeiten von „Computer" (vgl. 15AUSL, 104, auch 16). Dabei stellt sie sprachlich den Gegensatz zwischen ihrer und den hauptamtlichen Positionen dar, weil sie im Gegensatz zu den hauptamtlichen Mitarbeitenden keine EDV-gestützte Seminarverwaltung nutzt. Diese drei Aspekte treffen für sie also nicht zu, insofern könnte der Schluss gezogen werden, dass die Außenstellenleiterin den Verwaltungsbegriff als Kontrastfolie zur eigenen Position nutzt.

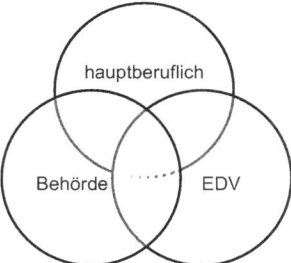

Abbildung 24: Zusammensetzung des Verwaltungsverständnisses der Außenstellenleiterin aus EDV, Hauptberuflichkeit und Behördenstatus

---

79 Die WBE unterhält Parallelprozesse, weil Kursleitende sowohl zu HPM als auch zu Außenstellenleitungen Kontakt halten (vgl. 5HPM3, 94)

Des Weiteren sind in der Beschreibung von Verwaltungstätigkeiten das Wechselspiel der Modi Dokumentieren und Kontrollieren als besonders wichtige Teilaspekte ihres Verwaltungsverständnisses deutlich geworden. Sie verweist dabei immer wieder auf die Kurslisten, die sie „ordentlich führen" (15AUSL, 104), d.h. genau dokumentieren und immer wieder kontrollieren muss.

6.4.4 Relationskonzeptionen der Außenstellenleiterin

In der Analyse der Position der Außenstellenleiterin haben wir gesehen, dass sie zwischen der Mikro-Ebene des Lehr-Lern-Verhältnisses von Kursleitenden und Teilnehmenden und der Meso-Ebene der Weiterbildungseinrichtung steht. Insofern muss sie auch verschiedene Erwartungen integrieren. Sowohl in die eine als auch in die andere Richtung sind nun Verhältnisbestimmungen von Verwaltung und Pädagogik sichtbar. Die Außenstellenleiterin konzipiert einerseits ein Verhältnis, in dem Verwaltung Kursgeschehen in die Einrichtung auf der Meso-Ebene transferiert und andererseits ein Verhältnis, bei dem Verwaltung hilft, Distanz zur Mikro-Ebene zu schaffen. Die übliche Relationskonzeption von Verwaltung und Pädagogik als kooperierende Berufspositionen wird bei 15AUSL nicht deutlich, wenngleich sie ihre konkreten Anliegen auch differenzierend an die Berufspositionen adressiert, also gezielt bestimmte Fragestellungen an HPM oder VMA richtet.

Transfer von Kursgeschehen in die WBE mittels Verwaltung

Elemente dessen, was auf der Ebene des Kurses geschieht, werden mittels Verwaltung auf die Mesoebene der Weiterbildungseinrichtung transferiert. Das kann am Beispiel der Gebührenstaffelung[80] erläutert werden. Potenzielle Teilnehmende müssen sich nicht beim ersten Termin entscheiden, sondern die Außenstellenleiterin gibt ihnen drei Termine Zeit, um sich über die Teilnahme klar zu werden (vgl. 15AUSL, 49-50). Sie steht kommunikativ mit den Teilnehmenden über das Thema Gebühren in Verbindung, um in den ersten Kursterminen einerseits die Gründe für mögliche Nichtteilnahme zu erfahren und andererseits die verbliebenen Teilnehmenden über die konkret geltenden Bedingungen zu informieren (vgl. 15AUSL, 30, 66). Sie sagt: „Also am ersten Abend hat man die Liste nie" (15AUSL, 30). Dabei ist diese Liste für sie Kern ihrer Verwaltungstätigkeiten. Die Kursliste ist zudem das Dokument, das Grundlage für alle nachfolgenden Kursumsetzungspro-

---

[80] Gebührenstaffelung bedeutet, dass die Kursgebühren bei einer kleineren Gruppe höher sind als bei einer größeren Gruppe. Die endgültige Gebühr steht also erst bei einer bindenden Kursliste/ Teilnehmerliste fest.

zesse, insbesondere die Abrechnung, durch die hauptamtlichen Mitarbeitenden wird. Hiermit wird das Kursgeschehen für die Einrichtung zugänglich gemacht und die Entscheidung fixiert, ob ein Kurs stattfindet oder ausfällt.

Wenn eine Kursgruppe im Anfangsstadium unter die Mindestteilnehmerzahl schrumpft, sofern bereits entschieden wurde, dass ein Kurs stattfindet, stellt sich für die Außenstellenleiterin ein Dilemma. Hierzu sagt sie: „Das sind wirklich Probleme. Das sind Probleme, wo ich nachts nicht schlafe, das sag ich mal ganz ehrlich." (15AUSL, 66). Problematisch ist die Situation, weil sie eine Entscheidung von wirtschaftlicher Tragweite gefällt hat. Im Vorfeld, wenn Kurse gar nicht erst zustande kommen, belastet sie dies dagegen nicht (vgl. 15AUSL, 156). Der Konflikt besteht zwischen den Teilnehmerinteressen und öffentlichen Interessen (der Wirtschaftlichkeit, Regelhaftigkeit). In so einem Fall versucht die Außenstellenleiterin zu erreichen, dass die verbliebenen Teilnehmenden den fehlenden Beitrag gemeinsam bezahlen. Es kann aber auch sein, sie involviert die Hauptamtlichen (vgl. 15AUSL, 144) und überlässt diesen die Entscheidung und deren Begründung. In dieser Situation besteht die Herausforderung für die Außenstellenleiterin auch darin, den einrichtungs- und trägerbezogenen wie teilnehmerbezogenen Erwartungen gerecht zu werden.

Verwaltung hilft Außenstellenleiterin Distanz zu Teilnehmenden zu wahren

Die Außenstellenleiterin kann in ihrer Schnittstellenposition durch Verwaltung Distanz zu Teilnehmenden auf der Mikroebene gewinnen. Das wird aus der Vorgehensweise der Außenstellenleiterin ersichtlich, wenn Teilnehmende die Gebühren nicht bezahlen. Sie berichtet dazu:

> „Die Leute, die im Kurs sind und bezahlen nicht. Das kommt ganz, ganz häufig vor. Dann schick ich denen noch mal einen Überweisungsträger zu. Dann warte ich 14 Tage, dann kommt nichts. Dann rufe ich an und sage ‚hier, Sie haben das sicher übersehen', sage das dann schon mal ganz vorsichtig, ‚Sie haben das sicher übersehen, die Kursgebühren stehen noch aus, oder habe ich das übersehen', ‚ne, ne, Sie haben das nicht übersehen, ich überweise'. Dann warte ich wieder 14 Tage, es kommt wieder nichts. Dann ruft ich noch mal an – wieder nichts. Dann gebe ich es in die Verwaltung und sage ‚hier, schreibt ein Brief hin'. Dann schreiben die einen Brief, das und das steht an, dann kriegen die Leute einen Termin gesetzt bis dann bitte überweisen und wenn es dann immer noch nicht da ist, gibt's es die Verwaltung zur Kreiskasse zum Einzug." (15AUSL, 70).

Zwar legt sie im Anmeldeprozess, wie oben erläutert, großen Wert auf die dokumentierte, verbindliche Unterschrift, doch zunächst geht sie bei säumigen Gebühren gegenüber den Teilnehmenden in dieser Schilderung unterstützend und zurückhaltend vor. Erst wenn dies nicht effektiv ist, bindet sie die Hauptamtlichen ein, die einen Gebührenbescheid als Verwaltungsakt erlassen können. „Macht" und „Härte" stehen insofern „der Verwaltung" zu. Die Außenstellenleiterin leitet hierbei die spezifischen Anteile der Rollenpartnerschaft mit Kunden an die Behörde über und gewinnt mit dieser Vorgehensweise Distanz.

6.5 Pädagogische Mitarbeitende (HPM)

Die sechs befragten pädagogischen Mitarbeitenden sind zwischen 47 und 63 Jahre alt und arbeiten für unterschiedliche Weiterbildungseinrichtungen fest angestellt als pädagogische Mitarbeitende. Drei Befragte, 3HPM2, 5HPM3 und 8HM4, sind für die Planung und Durchführung von öffentlichen, allgemein zugänglichen Weiterbildungsangeboten zuständig. Die beiden Befragten der privaten beruflichen Weiterbildungseinrichtung, 17HPM6 und 16HPM5, sind jedoch weitgehend beratend tätig. Ihre Arbeit bringt es mit sich, für bestimmte Klienten/Teilnehmende Ansprechpartner zu sein, aber auch mit anderen pädagogischen Mitarbeitenden seminarförmige Lernangebote zu planen sowie z.T. zu realisieren. 1HPM1 ist ausschließlich, 5HPM3 ist mit einem Stundenanteil Qualitätsmanagementbeauftragte.

Die Interviewpartner arbeiten seit 6 bis 33 Jahren in ihren jeweiligen Weiterbildungseinrichtungen. Alle berichten von wechselnden Positionen und Arbeitsverhältnissen (freiberuflich – festangestellt, befristet – unbefristet, Teilzeit – Vollzeit) und haben Berufserfahrung als Kursleitende. Aktuell arbeiten 1HPM1 und 3HPM2 zusätzlich freiberuflich als Lehrende. Drei Personen, 17HPM6, 16HPM5, 8HPM4, haben auch außerhalb der Weiterbildung pädagogische Berufserfahrungen gemacht. Alle pädagogischen Mitarbeitenden verfügen über einen sozialwissenschaftlich-pädagogischen Studienhintergrund. Die zu betreuenden Themenbereiche werden aus Gründen der Anonymität nicht aufgeführt.

1HPM1	3HPM2	5HPM3	8HPM4	16HPM5	17HPM6
Städt. VHS	Familienbildung	Kreis-VHS	Städt. VHS	Priv. berufl. WBE	Priv. berufl. WBE

Tabelle 11: Die befragten hauptamtlich pädagogischen Mitarbeitenden (HPM)

6.5.1 Die Rollenpartnerschaften der pädagogischen Mitarbeitenden

Für die pädagogischen Mitarbeitenden[81] zeigen sich relevante Rollenpartnerschaften zu Leitenden, Verwaltungsmitarbeitenden und anderen pädagogischen

---

81 Die folgenden Ausführungen gelten nicht für die HPM der privaten beruflichen WBE, 16HPM5 und 17HPM6. Diese zwei Befragten betreffende Ergebnisse werden jeweils kenntlich gemacht.

Mitarbeitenden, sowie zu Kursleitenden, Kooperationspartnern und Teilnehmenden (siehe Abbildung 25). Damit haben sie ähnliche Rollenpartner wie Verwaltungsmitarbeitende, die Schwerpunkte sind jedoch verschieden gelagert. So gehen HPM stärker auf den Kontakt mit Leitung und externen Kooperationspartnern ein.

Aus den Daten geht hervor, dass planende HPM in ihrer Arbeit die Teilnehmenden gedanklich einbeziehen, aber selten direkten Kontakt haben. Regelmäßiger Arbeitskontakt besteht in Richtung Mikro-Ebene zu den Kursleitenden, auf der Meso-Ebene zu Verwaltungsmitarbeitenden und in Richtung Makro-Ebene zu den Leitenden. Dabei zeigt sich in den Interviews eine Heterogenität auf der Meso-Ebene durch die unterschiedlichen Modelle der Zusammenarbeit von Verwaltungsmitarbeitenden und pädagogischen Mitarbeitenden. In jeder der befragten Weiterbildungseinrichtungen ist diese Rollenpartnerschaft anders strukturiert. Hingegen sehen die Rollenpartnerschaften zu Leitenden und zu Kursleitenden in den verschiedenen Einrichtungen ähnlich aus.

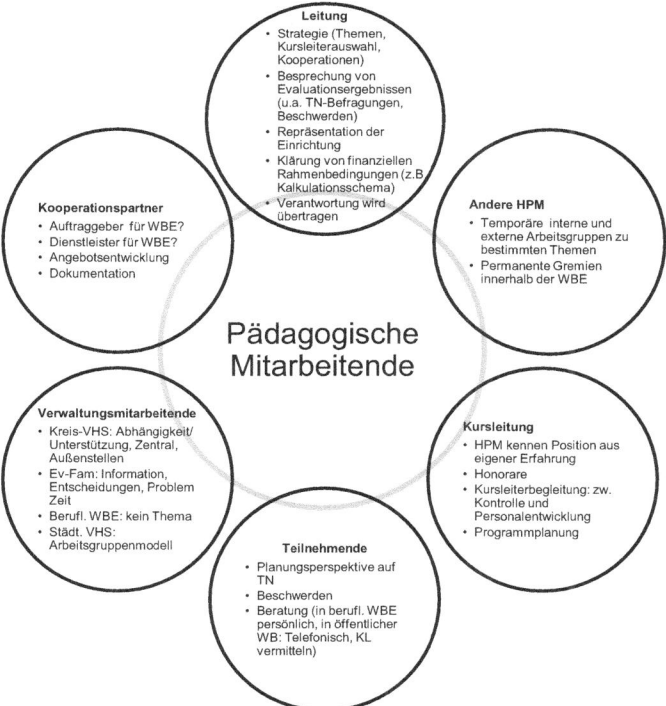

Abbildung 25: Rollenpartnerschaften der pädagogischen Mitarbeitenden

Pädagogische Mitarbeitende und Leitende

Pädagogische Mitarbeitende befassen sich im Kontakt mit Leitenden mit strategisch-fachthematischen Angelegenheiten, wobei Leitende den HPM Rahmenbedingungen setzen. So bespricht 3HPM2 die Ausweitung oder Kürzung von Kursangeboten (vgl. 3HPM2, 154). Auch Ergebnisse von Teilnehmerbefragungen oder Beschwerden werden mit Vorgesetzten diskutiert (vgl. 8HPM4, 36; in Bezug auf Gremien 5HPM3, 152). Für die Rahmenbedingungen sind einerseits die oben genannten Kalkulationsschemata Ausdruck (vgl. S. 86). Andererseits bestätigen die Aussagen der HPM, dass Leitende mit HPM gemeinsam Kooperationen anbahnen, die „große Linie" (13L3, 64) abstecken und dann die inhaltliche Ausgestaltung an die HPM übertragen (vgl. 8HPM4, 228; 3HPM2, 36, 154; vgl. Kapitel 6.1.1; gilt auch für 17HPM6, 104). Gleichwohl binden HPM Leitende in Entscheidungen ein, weil diese als Fach- und Dienstvorgesetzte die Verantwortung übernehmen (vgl. 8HPM4, 102, 202, 228; 1HPM1, 43; auch 17HPM6, 130).

Pädagogische Mitarbeitende und Kooperationspartner

Von HPM genannte Kooperationspartner (nicht abschließend)
• Arbeitsagenturen und kommunale Jobcenter
• Arztpraxis
• behördliche Kostenträger
• Catering-Firmen
• Druckereien
• Einrichtungen der Lehrerbildung
• Firmen
• Handwerks-, Ärzte- oder Industrie- und Handelskammern
• Hausmeister/Hausverwaltung
• Hilfskräfte
• Krankenkassen
• Museen
• örtliche Kommunalverwaltung
• Qualitätstestierer
• Schulen
• Sportbund und Sportvereine
• Volkshochschul-Landesverband
• Zeitungsredaktionen

Tabelle 12: Von HPM genannte Kooperationspartner

Bezüglich der Rollenpartnerschaft mit Kooperationspartnern können grob dreierlei Ausprägungen unterschieden werden: Kooperationspartner als Auftraggeber, als Dienstleister und als gleichberechtigte Partner für Kursangebote. Die einzelnen Kooperationen sind jedoch so unterschiedlich, dass hier keine generalisierenden Aussagen getroffen werden können. Bei manchen Kooperationsbeziehungen geht es eher um die gemeinsame Konzeptionierung und Ermöglichung von Bildungsangeboten (vgl. z.B. 8HPM4, 194), bei anderen um reglementierte Zusammenarbeit z.B. bei Präventionskursen oder bestimmten Projekten, die entsprechende Dokumentationen mit sich bringen (vgl. 8HPM4, 174; 5HPM3, 140ff). Im Fokus stehen auch Erträge und Aufwendungen bei Aufträgen (vgl. z.B. 5HPM3, 152). Die folgende Liste verdeutlicht die Vielfalt von Kooperationspartnern.

Pädagogische Mitarbeitende und Verwaltungsmitarbeitende

Die Rollenpartnerschaften zwischen pädagogischen Mitarbeitenden und Verwaltungsmitarbeitenden sind in den Weiterbildungseinrichtungen unterschiedlich, da die Verteilung der Zuständigkeiten und die Modelle der Zusammenarbeit in Programmplanung und Kursumsetzung jeweils anders gelagert sind.[82]

In der Kreis-VHS sind neben zentralen Verwaltungsmitarbeitenden auch die nebenberuflichen Außenstellenleitungen involviert. 5HPM3 skizziert hier eine gegenseitige Abhängigkeit, denn nur die Außenstellenleitungen haben letztlich genaue Kenntnis über das Geschehen vor Ort (vgl. 5HPM3, 22) und brauchen ihrerseits die HPM, um schwierige Situationen zu lösen (vgl. 5HPM3, 44).

Die konfessionelle Familienbildungseinrichtung besteht insgesamt aus einem kleinen Team, das sich kontinuierlich abstimmt (vgl. 3HPM2, 50; 64). Den Kontakt zu den Verwaltungsmitarbeitenden in der Familienbildungseinrichtung beschreibt 3HPM2 vor allem unter dem Aspekt, dass sie die Verwaltungskräfte – angebotsbezogen – möglichst gut informieren muss, damit diese ihre Tätigkeit gut ausführen können.

> „wie können wir [die HPM, B.D.] das am besten aus eurer Sicht auch erfüllen, damit ihr [die VMA, B.D.] damit gut arbeiten könnt" (3HPM2, 50)

In der städtischen VHS wiederum, sind dezentrale Verwaltungskräfte den HPM direkt zugeordnet aber nicht formal unterstellt. 8HPM4 sucht an mehreren Stellen im Interview nach einer passenden Umschreibung dafür. Zum Beispiel erklärt sie, wie die Einzeltätigkeiten zwischen den beiden Positionen verteilt sind, wenn ein Flyer für einen Kurs erstellt werden soll (vgl. im Folgenden 8HPM4, 28). Ihre eigene Rolle umschreibt sie hier mit „entscheiden", „initiieren", „veranlassen" und „überwachen" – die Rolle der Verwaltungsmitarbeiter mit „her-

---

82 Die HPM der privaten beruflichen WBE thematisieren diese Rollenpartnerschaft gar nicht.

stellen". Auch an anderen Stellen des Interviews wird immer wieder deutlich, wie VMA unterstützende Tätigkeiten leisten (vgl. 8HPM4, 116, 138, 164). Die Studie zeigt, dass diese Situation in dieser Einrichtung ein besonderes Thema ist.

Pädagogische Mitarbeitende und andere HPM der eigenen Weiterbildungseinrichtung

Die befragten HPM sprechen von der Zusammenarbeit mit ihren Kolleginnen und Kollegen in temporären Arbeitsgruppen (vgl. 8HPM4, 112; 5HPM3, 52) und in regelmäßigen Gremien (vgl. 16HPM5, 92ff; 8HPM4, 110; 3HPM2, 50) sowie fachspezifischen Teams (vgl. 17HPM6, 56; 8HPM4, 14). Es geht dabei um die Erarbeitung von Themen und Veranstaltungen wie auch um den fachlichen Austausch untereinander (vgl. 8HPM4, 14; 17HPM6, 144ff).

Pädagogische Mitarbeitende und Kursleitende

Die in der Regel freiberuflichen Honorarkräfte, sind als Kursleiter wichtige Rollenpartner für pädagogische Mitarbeitende. Sie treten als Einzelpersonen, bei 8HPM4 und 3HPM2 aber auch in Gruppen den pädagogischen Mitarbeitenden gegenüber. Im individuellen Kontakt sind konkrete Angebote zu planen und die vertragliche Zusammenarbeit zu regeln.

Im Einzelnen geht es in dieser Rollenpartnerschaft um die kreative Arbeit, ein Kurskonzept zu entwickeln und darum, die notwendigen Ressourcen zu klären, damit die internen Prozesse vorbereitet und das Angebot im Programmheft veröffentlicht werden kann (vgl. 5HPM3, 22; 3HPM2, 28, 30; 8HPM4, 20). Die Programmplanung mit Honorarkräften wird von HPM betont (vgl. 3HPM2, 44, 46) oder an die erste Stelle der Aufgabenbeschreibung gesetzt (vgl. 7HPM4, 20), was deutlich macht, dass diese Rollenpartnerschaft die zentralen Prozesse der WBE betrifft. Bezüglich der vertraglichen Seite der Zusammenarbeit mit Kursleitenden sprechen die Befragten von den Leitlinien zum Umgang mit Kursleitenden, von der Honorarordnung, von Honorarverträgen (bzw. Vereinbarungen) und der Prüfung von Rechnungen (vgl. 8HPM4, 84; 5HPM3, 22).

Die HPM führen fachthematische Treffen und Workshops mit Gruppen von Kursleitenden, aber auch Bewerbungsgespräche, Beratung zu Fortbildungsangeboten, Weitergabe von Informationsmaterial und Hospitationen an (vgl. 5HPM3, 166, 22; 3HPM2, 46, 66; 8HPM4, 22, 46, 102). 3HPM2 fasst diese Einzelaktivitäten unter den Begriffen „Kursleiterbegleitung/Dozentenbegleitung" zusammen (vgl. 3HPM2, 46ff). Diese pädagogische Mitarbeiterin explizit, aber auch die anderen HPM der öffentlichen WBE verbinden in den Interviews zudem die Zusammenarbeit mit Kursleitenden mit der Qualitätsthematik (vgl. 1HPM1, 49;

HPM4, 22; 3HPM2, 46).⁸³ In der Rollenpartnerschaft zwischen HPM und Kursleitenden geht es demnach um die Gewährleistung der WBE für die Qualität der Angebote. Das lässt sich am Beispiel einer Beschwerdebearbeitung erläutern. Aufgrund einer Teilnehmerbeschwerde hat 5HPM3 in einem Kurs hospitiert und die Beobachtung mit dem Kursleiter besprochen. Was als Kontrolle begann, beschreibt 5HPM3 im Ergebnis als eine Art klärendes Coaching. Sie sagt:

> „der Kursleiter, bei dem hat das ein Prozess in Gang gesetzt, das Gespräch auch mit mir, und der hat dann irgendwann angerufen und hat gesagt er hat erkannt für sich, dass er, dass er das Niveau, dass er da nicht gut genug ist um das zu unterrichten und dass er gerne den Kurs abgeben möchte im nächsten Semester" (5HPM3, 214).

Die beiden pädagogischen Mitarbeitenden der privaten, beruflichen Weiterbildungseinrichtung gehen weniger stark auf die Arbeit mit Honorarkräften ein. Ihre Aussagen machen deutlich, dass Honorarkräfte in einem finanziellen Gesamtrahmen im Bedarfsfall zur Unterstützung der festangestellten Kräfte, die ebenfalls mit Teilnehmenden arbeiten, engagiert werden (vgl. 16HPM5, 10; 17HPM6, 46, 160ff, 213).

Pädagogische Mitarbeitende und Teilnehmende

Pädagogische Mitarbeitende in der städtischen VHS, der Familienbildungseinrichtung und der Kreis-VHS haben der Untersuchung zufolge eher indirekten Teilnehmerkontakt. Demgegenüber ist der persönliche Teilnehmerkontakt Kern der beratenden Arbeit von 17HPM6 und 16HPM5. Direkten Kontakt gibt es lediglich in Beratungssituationen (vgl. 5HPM3, 66; 8HPM4, 22), wenn HPM in Kursen präsent sind (vgl. 8HPM4, 22; 3HPM2, 58, 74; 5HPM3, 44) oder bei Beschwerden (vgl. 3HPM2, 58, 78). Dennoch verweisen die HPM im Zusammenhang mit Programmplanung auf die Perspektive der Teilnehmenden (vgl. 5HPM3, 32; 3HPM2, 74ff). Gespräche mit Kursleitenden oder auch mit der Außenstellenleiterin unterstützen dies (vgl. 3HPM2, 78; 5HPM3, 44).

6.5.2 Die Verwaltungstätigkeiten der pädagogischen Mitarbeitenden

In den Interviews wurden die Befragten aufgefordert, ihre Verwaltungstätigkeiten zu benennen.⁸⁴ Darüber hinaus wurden die Tätigkeitsnennungen im Material

---

83 Dies könnte auch mit LQW (Lernerorientierte Qualitätstestierung in der Weiterbildung) zu tun haben.
84 In drei Interviews dauerte die Sammlung von Verwaltungstätigkeiten etwa 20 Minuten. In einem Interview wurden nur 14 Minuten lang Verwaltungstätigkeiten gesammelt (1HPM1), wäh-

insgesamt ausgewertet. Im Folgenden werden zunächst die Verwaltungstätigkeiten präsentiert, die von den befragten pädagogischen Mitarbeitenden als solche bewertet wurden. In einem zweiten Schritt werden Tätigkeiten dargelegt, die mehrdeutig sind. Drittens soll ein Exkurs aufzeigen, wie Bewertungen von Tätigkeiten eines pädagogischen Mitarbeitenden von im Bereich der SGB III-geförderten Arbeitsmarktdienstleistungen (im Beispiel: vermittlungsorientierte sozialpädagogische Einzelberatung) changieren.

Verwaltungstätigkeiten

Die Darstellung der folgenden Tabelle zeigt vier Bereiche von Verwaltungstätigkeiten.

Dokumentation
• Statistiken über geplante/ausgefallene Kurse zu internen Steuerungszwecken (vgl. 8HPM4, 90-96), • Listen z.B. zur Qualifikationsanerkennungen der Kursleitenden (vgl. 8HPM4, 168-170), • Abschlussberichte für Firmenkurse (vgl. 5HPM3, 152) • Berichtswesen für akkreditierte Fortbildungskurse (vgl. 5HPM3, 140ff) • Protokolle schreiben (vgl. 8HPM4, 118) • Sitzungsunterlagen vorbereiten (vgl. 5HPM3, 152; 1HPM1, 57)
Finanzierung
• Kurse kalkulieren (vgl. 5HPM3, 152; 8HPM4, 126) • Projektanträge[85] schreiben (vgl. 3HPM2, 68, 158) • Angebote für externe Veranstaltungen schreiben (vgl. 5HPM3, 152)
Programmplanung
• Versenden und Einsammeln von Planungsbögen (vgl. 5HPM3, 90ff; 3HPM2, 86-88) • Eingabe von organisatorischen Informationen in die Kursverwaltungssoftware z.B. die Kursnummer (vgl. 5HPM3, 107ff; 8HPM4, 24) oder der Räume und Preise (vgl. 3HPM2, 90-92)
Kursumsetzung
• Serienbriefe zu Kursbeginn verschicken, wobei die HPM i.d.R. die Briefe entwickeln, die dann teilweise von Verwaltungsmitarbeitenden verschickt werden (vgl. 3HPM2, 114, 120; auch 16HPM5, 142) • Besprechung von Kursen mit Dozenten in ihren organisatorischen Details bei Zusatzaufgaben oder besonderen Angebotsformaten (vgl. 8HPM4, 202; 3HPM2, 58) oder einer „ausgeklügelten" Logistik (vgl. 3HPM2, 114)

Tabelle 13: Bereiche der Verwaltungstätigkeiten der HPM

---

rend mit 8HPM4 mehr als 45 Minuten über Verwaltungstätigkeiten gesprochen wurde. Im Interview mit 3HPM2 vermischten sich Aufgaben und Tätigkeiten.
85 Hier sieht 3HPM2 eine wachsende Belastung durch Verwaltungstätigkeit, die u.a. durch die Zunahme von Kooperationen bedingt ist.

Dokumentationstätigkeiten[86] werden von den HPM überwiegend als Verwaltungstätigkeiten bewertet, während die mit Finanzierung verbundenen Tätigkeiten nur von zwei HPM als Verwaltungstätigkeiten gesehen werden. Die Tätigkeiten im Programmplanungszusammenhang sind, bis auf das Versenden und Einsammeln von Planungsbögen und die Eingabe von organisatorischen Informationen in die Seminarverwaltungssoftware eher ambivalent bewertet worden und werden später näher aufgegriffen.

In der Kursumsetzung werden ebenfalls einige Tätigkeiten als Verwaltungstätigkeiten bewertet, wobei 8HPM4 besonders viele nennt. Hier ist zu beachten, dass diese Befragte für viele Tätigkeiten, die eine zugeordnete VMA ausführt, mitverantwortlich ist. Die in dieser Weiterbildungseinrichtung etablierte Arbeitsteilung zwischen HPM und Verwaltungsmitarbeitenden hat zur Folge, dass sie z.B. als zuständige HPM beginnende Kurse im EDV-System routinemäßig überwacht und „aktiv stellt" (vgl. 8HPM4, 24, 138-140), so dass die Verwaltungsmitarbeiterin die Informationen an Teilnehmende und Kursleitende verschickt. Sie verfolgt auch die Frage, ob Kursleitende einen Zugang zum erforderlichen Material haben (vgl. 8HPM4, 48, 158). Abschließend prüft sie die Rechnung der Kursleiter, die dann von zentralen Verwaltungsmitarbeitenden bezahlt werden (vgl. 8HPM4, 46, 82-84) und wertet Teilnehmerbefragungen aus (vgl. 8HPM4, 116).

„Mischtätigkeiten" der pädagogischen Mitarbeitenden

Ein Auswertungsschritt markierte die Einordnung von Tätigkeiten als „pädagogisch/inhaltlich" einerseits und als „Verwaltungstätigkeiten" andererseits. Ebenso wurden Ambivalenzen und Unklarheiten in dieser Zuordnung als „Mischtätigkeiten" festgehalten. Hier sollen vier Ambivalenzen näher dargestellt werden, die später auch für das Verwaltungsverständnis der HPM aufschlussreich sind:

1. Daten, Material und Information sammeln und erheben,
2. Eingabe von Daten für das Programmheft,
3. Gremienarbeit und
4. Kursberatung.

Zu 1.: HPM sprechen davon, dass sie Daten, Material und Informationen sammeln. Das können Daten für die Begleitforschung, aus Teilnehmerevaluationsbögen, über Konkurrenzangebote, Qualifikationen von Kursleitenden oder über Verfahrensweisen sein (vgl. 16HPM5, 112ff; 5HPM3, 146; 8HPM4, 44, 166-

---

86 Pauschalisierend wertet 5HPM3 auch die Bearbeitung von E-Mails als Verwaltungstätigkeit (vgl. 5HPM3, 156).

170; 1HPM1, 27, 47). Die Ambivalenz besteht wohl darin, dass einerseits die Generierung und die Bewertung der Information Sachverstand erfordert. Andererseits wird wohl das Ausfüllen von Datenbanken oder Tabellen, das Sortieren von Unterlagen selbst als ausführende, wenig ambitionierte Tätigkeit wahrgenommen.[87] Zu bedenken ist darüber hinaus, dass diese Informationen steuerungsrelevante Entscheidungsgrundlage sein können. So sagt 1HPM1: „die Betriebsleitung nimmt es zum Anlass, dann was zu veranlassen" (1HPM1, 63).

Zu 2.: Die Eingabe der geplanten Kurse in die Seminarverwaltungssoftware ist in den befragten öffentlichen Weiterbildungseinrichtungen eingebunden in einen klar terminierten Prozessablauf, der am Veröffentlichungsdatum des neuen Programms orientiert ist. 5HPM3 und 3HPM2 führen diese Aufgabe selbst aus, während 8HPM4 die Vorgaben an die zugeordneten Verwaltungskräfte vorbereitet. In der städtischen VHS sei zwischen Vorbereitung und Eingabe „ein klarer Schnitt" (8HPM4, 126), um die Zuständigkeit zwischen HPM und VMA zu verteilen.

Die Ambivalenz dieser Tätigkeit besteht darin, dass der kreative Prozess der Entwicklung eines Angebots in Zusammenarbeit mit Kursleitenden, an dessen Ende ein sprachlich frei entwickelter Ausschreibungstext steht, übergeht in eine datenförmige Fixierung mit allen organisatorisch-technischen Angaben. In der Außenstellen-VHS, in der die befragte HPM beides übernimmt, stellt 5HPM3 die Tätigkeit so vor:

„die ganzen Kurse anzulegen (…) also auch zu kreieren" (5HPM3, 22)

In ihrer Darstellung verdeutlicht sie zunächst den Aufwand, alle erforderlichen Informationen korrekt einzugeben d.h. Datensätze anzulegen. Es erfordere besondere Konzentration beispielsweise die richtige Kursnummer zu vergeben, da diese die Anordnung im Programmheft bedinge. Später unterstreicht sie die „inhaltlich-pädagogische Komponente" der Tätigkeit, die z.B. in der Frage liegt:

„wie formuliere ich einen Text, so dass (…) er ein bestimmtes Klientel anspricht" (5HPM3, 170)

Zu 3.: Gerade bei Arbeit zu Gremien machen sich zwei Befragte ausdrücklich Gedanken darüber, ob die Tätigkeiten eher der Pädagogik oder der Verwaltung zuzuordnen seien. Hier seien zwei Textstellen erläutert, in denen zwei HPM eine Zuordnung versuchen bzw. hinterfragen.

---

87 Bei 8HPM4 scheint die Zuordnung von Tätigkeiten zu Berufspositionen hinzuzukommen.

Bei 5HPM3 geht es um die Vorbereitung eines Workshops. Während 3HPM2 Vergleichbares klar als „methodisch erwachsenenbildnerische Arbeit" (3HPM2, 46) sieht, wechselt 5HPM3 hin und her. Methodische Literatur zu sichten, oder einen Zeitplan festzulegen – im Interview rechnet sie beide Aspekte einmal der Pädagogik einmal der Verwaltung zu (vgl. 5HPM3, 170-190).

8HPM4 sagt im Zusammenhang mit Gremiensitzungen zur Vorbereitung eines Kooperationsangebots zunächst, dass es „im Grunde (...) Verwaltungstätigkeit" (8HPM4, 194) sei, darüber zu sprechen wie das Layout eines Flyers gestaltet wird. Einige Sätze später zweifelt sie dies jedoch an. Auf die Frage, warum das schwierig einzuordnen sei, antwortet sie, dass manche Teilaufgaben Verwaltungskräfte erledigen könnten, aber dass es indessen auch hilfreich sei, als Pädagogin auf die Aufgaben zu schauen (vgl. 8HPM4, 194-202). Es stellt sich für sie also die Frage, welche Herangehensweisen, welche Positionen und welche Ausbildungen für welche Tätigkeiten sinnvoll sind.[88] Es kann außerdem vermutet werden, dass anhand der Besprechung eines Layouts viele inhaltliche Fragen geklärt werden, ähnlich wie 5HPM3 diese Überlegungen für die Formulierung eines Ausschreibungstextes anstellt.

Aber auch implizit verbalisieren Befragte in diesem Tätigkeitsbereich Gegensätze. Beispielsweise diskutiere man einerseits Ziele und Inhalte der Arbeit, kläre aber andererseits auch „praktische Dinge" (16HPM5, 96). Es scheint auch eine Rolle zu spielen, ob das Gremium fachspezifisch oder fachübergreifend besetzt ist (vgl. 3HPM2, 50; 8HPM4, 110; 16HPM5, 92; 17HPM6, 56).

Zu 4.: Die Aufgabe der Einstufungsberatung (vgl. 5HPM3, 64ff) zieht die Auswertung von Tests als Verwaltungstätigkeit nach sich (vgl. 5HPM3, 166). Beratung zum Kursangebot ist auch für 8HPM4 eine ambivalente Tätigkeit. Sie bedient – wie die Verwaltungsmitarbeitenden in ihrer eigenen Einrichtung, wie die Verwaltungskraft in der Familienbildungsstätte oder die befragte Außenstellenleiterin – zeitweise das Kundentelefon (vgl. 8HPM4, 66-78). Dabei trennt sie „technische" und „pädagogische Fragen" der Anrufenden (vgl. 8HPM4, 66). Die Nacharbeiten wie Recherchen, weitere Telefonate oder die Weitergabe von Anfragen sind nicht eindeutig zuzuordnen. Technische Fragen nach Ort, Zeit, Kursleiter, Geschlecht des Kursleiters, Kosten, telefonische Anmeldewünsche können mit der im System hinterlegten Information geklärt werden. Insofern rechnet sie dies eher der Verwaltung zu. Pädagogisch sei ein Telefonat, wenn es um die Frage gehe, ob der Kurs geeignet sei oder wenn der genaue Bedarf nicht

---

88 Anhand von drei Anschlusstätigkeiten stellt sie dar, dass der Transport der Flyer mit dem Auto besser eine Verwaltungskraft erledigt hätte, dass das Erstellen eines Verteilers richtigerweise ihre und das Versenden der Flyer richtigerweise die Tätigkeit einer Verwaltungsmitarbeitenden war (vgl. 8HPM4, 202).

klar sei. Dann werde i.d.R. die Anfrage dem Organigramm einem passenden zuständigen Fachbereich weitergeleitet (vgl. 8HPM4, 74).

Exkurs: Verwaltungstätigkeiten bei Arbeitsmarktdienstleistungen

Die beiden Befragten der privaten beruflichen Weiterbildungseinrichtung arbeiten im Bereich der (nicht öffentlich zugänglichen) Arbeitsmarktdienstleistungen, die auf den Rechtsgrundlagen des Sozialgesetzbuches gefördert werden. Sie bewerten den Anteil der Verwaltungstätigkeiten als sehr groß (vgl. 16HPM5, 128; 17HPM, 259ff) und sehen folgende Verwaltungstätigkeiten:

- Abgabetermine des Berichtswesens überwachen (vgl. 17HPM6, 87; 16HPM5, 191)
- Abmahnungen schreiben (vgl. 16HPM4, 64)
- Anwesenheitslisten führen (vgl. 16HPM5, 191)
- Auslastung der Maßnahme kontrollieren (vgl. 17HPM6, 154)
- Bescheinigungen für IHK-zertifizierte Qualifizierungsbausteine ausstellen (vgl. 16HPM5, 329)
- Fragebögen der Verlaufs- und Erfolgsbeobachtung sowie Begleitforschung des Angebots beantworten (vgl. 16HPM5, 108-128)
- Kundenakte mit Verträgen und Vereinbarungen führen (vgl. 16HPM5, 142ff)
- teilnehmerbezogene Kontakte dokumentieren (vgl. 16HPM5, 56-58; 17HPM6, 122-128)
- Praktikumsverträge fertigen (vgl. 16HPM5, 102)
- Teilnahme- und Rentenbescheinigungen ausstellen (vgl. 16HPM5, 104)

In der beruflichen Weiterbildungseinrichtung ist individuelle Beratung von Teilnehmenden/Klienten das Kerngeschäft der zwei befragten HPM. 16HPM5 führte im Interview die Aufgaben in seiner Funktion auf die Frage nach Verwaltungstätigkeiten ausführlich aus. Er führt für bestimmte Teilnehmende einer Gruppenmaßnahme vermittlungsorientierte, sozialpädagogische Einzelberatungen durch. Ein näherer Blick auf seine Ausführungen zeigt, dass manche Bereiche „so zwischendrin" (16HPM5, 68) sind, weil sie mal ins Pädagogisch-Inhaltliche, mal ins Administrative gewendet werden können (vgl. S. 131).

Pädagogischer Aspekt	Tätigkeitsbereich	Verwaltungsaspekt
Gesprächsanlass mit Praktikumsbetrieb, Förderung von Schlüsselqualifikation Pünktlichkeit und Zuverlässigkeit, Erzieherische Funktion und Gesprächsanlass mit TN	Anwesenheit (vgl. 16HPM5, 72-88)	Auflage der Auftraggeber, Anwesenheit zu dokumentieren und zum Stichtag diese Dokumentation zu übermitteln,[89] Kontrollanrufe als Verwaltungsaufwand
Individueller Förderplan	Qualifikationsbausteine (vgl. 16HPM5, 316-330)	Formalisiertes Prozedere mit IHK, Erstellung Zertifikat
Anknüpfungspunkte für Arbeitsbeziehung mit TN	Teilnehmerinterview (vgl. 16HPM5, 34ff, 229ff)	Verschriftlichung und Dokumentation, Erhebung von Statistikdaten
Hilfe bei der Klärung von Selbst- und Fremdbild der TN	Bewerbungsanschreiben/Lebensläufe (vgl. 16HPM5, 64-68, 54)	Schreiben, Formulieren und Layout am PC

Tabelle 14: Tätigkeitsbereiche von 16HPM5 in pädagogischer und administrativer Perspektive

6.5.3 Das Verwaltungsverständnis der pädagogischen Mitarbeitenden

Welche Teilaspekte des Verwaltungsverständnisses (vgl. Kapitel 5) sind für das Verständnis der pädagogischen Mitarbeitenden besonders relevant? Aus dem eben besprochenen Exkurs, die privaten berufliche Weiterbildungseinrichtungen betreffend, lässt sich die Aufmerksamkeit für den dokumentierenden und kontrollierenden Modus ableiten, die immer dann besonders hoch ist, wenn die damit verbundenen Tätigkeiten von Externen angefragt werden. Die Modi Kontrollieren und Dokumentieren sind jedoch auch bei den anderen HPM als Schwerpunkt ersichtlich. Sowohl die Verwaltungstätigkeiten als auch die Ambivalenzen aus den Mischtätigkeiten verdeutlichen ebenfalls Teilaspekte des Verwaltungsverständnisses. Die Tätigkeiten finden erstens teilweise im dokumentierenden Modus mit Hilfe der elektronischen Datenverarbeitung statt. Zweitens werden sie unter anderem als unterstützende Dienstleistung wahrgenommen. Drittens schwingt der Modus des Organisierens mit, wobei auf Verwaltungsmit-

---

[89] Bei 17HPM6 wird thematisiert, dass der Auftraggeber auf die Kontaktfrequenz Einfluss nimmt (vgl. 17HPM6, 91), was der Beratungstätigkeit nicht zuträglich sei.

arbeitende verwiesen wird, und viertens wird mit den Tätigkeiten oftmals ein Überblick erarbeitet. Die Rollenpartnerschaften von pädagogischen Mitarbeitenden zeigten, dass die HPM der beruflichen Weiterbildungseinrichtung nicht von Verwaltungsmitarbeitenden sprechen. Daher wird auch ihr Verwaltungsverständnis nicht von der Assoziation „Abteilung, eigene Organisationseinheit" getragen. Dies steht in deutlichem Gegensatz zum Verständnis der pädagogischen Mitarbeitenden der öffentlichen und der konfessionellen Einrichtungen. Hier kann dieser Teilaspekt des Verwaltungsverständnisses sogar als dominant gewertet werden. Wie die Darstellung der Rollenpartnerschaft und der Tätigkeiten zeigte, gibt es zwischen den Verwaltungsmitarbeitenden und HPM dieser Einrichtungen unterschiedliche, von gegenseitiger Abhängigkeit geprägte Konstellationen und tägliche Arbeitskontakte.

6.5.4 Die Relationskonzeptionen der pädagogischen Mitarbeitenden

Die Analyse der Verwaltungstätigkeiten von pädagogischen Mitarbeitenden im Hinblick auf die darin enthaltenen Verhältniskonzeptionen ergab vier verschiedene Verhältnisbestimmungen von Verwaltung und Pädagogik: als Verhältnis von Berufspositionen, als zu integrierende Teilrollen, Verwaltung als Kontrolle und Unterstützung sowie als Transferverhältnisse.

Pädagogische Mitarbeitende konzipieren das Verhältnis von Verwaltung und Pädagogik als Verhältnis von Berufspositionen

Im Anschluss an das institutionelle Verständnis von Verwaltung als Abteilung sehen einige pädagogischen Mitarbeitenden (HPM) das Verhältnis von Verwaltung und Pädagogik als Verhältnis zwischen ihrer Position und der Position der Verwaltungsmitarbeitenden (VMA). Die Überlegungen der HPM zur Relation können unter die Frage „Wer macht was?" gefasst werden. Zwar ist zu berücksichtigen, dass in den einzelnen Einrichtungen verschiedene organisationsstrukturelle Modelle der Zusammenarbeit vorliegen, um die Leistungen der Weiterbildungseinrichtung zu erbringen. Aber auch die persönliche Akzeptanz für das Aufgabenspektrum spielt eine Rolle. In einem Fall ist an die Frage der „richtigen" Aufgabenteilung zwischen VMA und HPM sogar persönliche Arbeitszufriedenheit gebunden.

In der Kreis-VHS zeigt 5HPM3 eine klare Trennung auf: „Sobald die Kurse laufen habe ich mit denen verwaltungsmäßig nichts mehr zu tun. Das macht unsere Verwaltung." (5HPM2, 86). Hingegen stellt 3HPM2 in einer Familienbildungseinrichtung zwischen den Positionen oszillierende Prozesse (vgl.

3HPM2, 36, 50) und Unklarheiten dar. Im Bereich der Kursleiterkommunikation gebe es eine „Grauzone" (3HPM2, 62). Zwar sei es ihre Aufgabe, Absprachen zu treffen, aber: „das hat immer was mit Absprachen zu tun, die verwaltungsrelevant sind. Deswegen ist das eine Wischiwaschizone." (3HPM2, 62). Die Tätigkeit, die Teilnehmenden vor Kursbeginn zu informieren, zieht sie heran, um darzustellen, dass immer wieder unklar sei, wer die – nach ihrer Sicht als Verwaltungstätigkeit bewertete Tätigkeit – ausführen soll.[90]

Alternativlos ist die interpersonale Sicht der Relation bei 8HPM4 in der städtischen VHS, die im zum Zeitpunkt der Befragung laufenden Halbjahr 120 Kurse zu betreuen hat. Sie erklärt die Relation entsprechend dem Verhältnis „planende Pädagogik – umsetzende Verwaltung" (vgl. 8HPM4, 28, 126, 134, 158, 164, 202). Jedoch gebe es in ihren konkreten Tandems individuelle Aushandlungen (vgl. 8HPM4, 254), womit sie Schwierigkeiten zu haben scheint. Sie habe wenig Möglichkeiten und Durchsetzungskraft, Tätigkeiten zu delegieren, die sie als Tätigkeiten der Verwaltungsposition ansieht (vgl. 8HPM4, 256-262). Daraus entstehe Unzufriedenheit mit ihrer Arbeit, weil sie „zu wenig Zeit (…) [für, B.D.] inhaltliche Recherchen" (8HPM4, 258) habe. Trotzdem gebe es auch „Mischtätigkeit (…) [bei der es, B.D.] wiederum gut ist, man hat einen pädagogischen Blick drauf." (8HPM4, 202). Auch wenn die Einzeltätigkeiten von Verwaltungsmitarbeitenden ausgeführt werden könnten betont sie den Nutzen einer pädagogischen Perspektive. Im weiten Kontext bleibt für diese Befragte stets die Frage dominant, welche Position was ausführen soll.

Pädagogische Mitarbeitende nehmen Verwaltung und Pädagogik als zu integrierende Teilrollen wahr

In den Schilderungen von Tätigkeiten und Ereignissen dreier pädagogischer Mitarbeitender wird erkennbar, dass Verwaltung und Pädagogik für sie zu integrierende Teilrollen sind. Administrative und pädagogische Elemente sind in ihrer Rolle untrennbar verbunden. Sie betrachten Tätigkeiten mal von dieser mal von jener Seite, ordnen Teilaspekte von Tätigkeiten mal der Pädagogik, mal der Verwaltung zu und beziehen damit die Relation von Verwaltung und Pädagogik auf ihre eigene Rolle. So bemerkt 17HPM6 resümierend zur Zuordnung von Tätigkeiten zu Verwaltung oder Pädagogik, die Finger ineinander verschränkend: „das ist im Arbeitsalltag völlig verwoben" (17HPM6, 251). Bei 16HPM6 wird dies beispielsweise anhand Erklärungen zum Teilnehmerinterview, bei 5HPM3, anhand von Einschätzungen zu Vorbereitungen eines Workshops deutlich.

---

90 Bei diesem Interview gab es im Gesprächsverlauf jedoch Irritationen und die Suche nach einem Verständnis der Fragestellung. So sagt 3HPM2 zur Interviewerin: „Ich weiß nicht. (…) sie denken mit anderen Kategorien." (3HPM2, 64)

Wie oben dargestellt (vgl. Tabelle 14), lassen sich Bereiche der Beratungstätigkeit sowohl administrativ als auch pädagogisch deuten. 16HPM5 führt Teilnehmerinterviews, die unter anderem Grundlage für die Qualifizierungspläne sind. Als Dokument sei dies der „Punkt wo ich alles habe" (16HPM5, 282). Es stehe „alles Wesentliche drin, was jetzt in diesem Lehrgang gelaufen ist" (16HPM5, 282) und sei „der innere rote Faden für jeden Teilnehmer" (16HPM5, 294). Dafür ein Teilnehmerinterview zu führen ist für ihn einerseits eine Verwaltungstätigkeit, weil das Interview „verschriftlicht" (16HPM5, 237) wird und hierüber gegenüber dem Auftraggeber Leistungen dokumentiert werden[91] (vgl. 16HPM5, 298), was in den Verdingungsunterlagen vertraglich geregelt sei (vgl. 16HPM5, 308, 311). Mit dem Teilnehmerinterview lernt 16HPM5 andererseits die Teilnehmer näher kennen und legt Grundsteine für ein pädagogisches Arbeitsbündnis. Durch den Qualifizierungsplan und die Interviews ergäben sich Anknüpfungspunkte, „wo man mit [Teilnehmern] jenseits des Lehrgangs auch mal Gespräche führen kann, über andere Dinge, die wichtig sind, die ihn betreffen" (16HPM5, 241). Die Arbeit am Qualifizierungsplan, mit der Festlegung von Qualifizierungs- bzw. Förderzielen erfordere es auch vom pädagogischen Mitarbeiter, „dass er auch prozesshaft denkt (…) und arbeitet" (16HPM5, 245). Damit meint er unzweifelhaft die pädagogischen Entwicklungsprozesse.

Die Sichtweise, dass Pädagogik und Verwaltung Elemente sind, die miteinander verbunden und in die Rolle integriert werden müssen wird auch deutlich in dieser Aussage von 5HPM3: „Jede Verwaltungstätigkeit hat für mich (…) eine pädagogische Komponente" (5HPM3, 170). Als Beispiel führt sie nicht nur die Eingabe von Daten für das Programmheft in die Datenbank an (vgl. 5HPM3, 171, vgl. S.126), sondern auch die Vorbereitung eines Workshops. Mit Verwaltung verbindet sie Rahmensetzungen (vgl. 5HPM3, 172, 182), aber auch Material zu sichten und zu ordnen (vgl. 5HPM3 176), wohingegen die mikrodidaktische Umsetzung „pädagogisch" sei (vgl. 5HPM3, 176). Das Gelingen des Workshops bewertet sie überdies anhand des individuellen Lernzuwachses (vgl. 5HPM3, 186), der mit der mikrodidaktischen Umsetzungsebene verbunden ist.

Pädagogische Mitarbeitende nehmen Verwaltung als Kontrolle und Unterstützung für Pädagogik wahr

Die Spannbreite des Verwaltungsbegriffs von „administrieren" im Sinne von „dienen" und „verwalten" im Sinne von „in Gewalt haben" wird auch deutlich in Verhältnisbestimmungen zwischen Pädagogik und Verwaltung allgemein.

---

91 Kurz nach der Erhebung wurde in diesem Bereich ein Internet-gestütztes Dokumentationssystem zwischen Auftraggeber und Träger eingeführt.

Dabei wird das dienende Verhältnis mit Erfahrungen von Nützlichkeit, der kontrollierende Aspekt mit (datenbankgestützter) Berichterstattung an Auftraggeber und Leitungspositionen verbunden.
Die Unterstützung wird dadurch verdeutlicht, dass HPM auf ihrer Handlungsebene einen Nutzen aus Verwaltungstätigkeiten bzw. aus dem Handeln in Verwaltungsperspektive sehen. Damit verbundene Ergebnisse wirken auf ihre Arbeit unterstützend.

- Eine Beratungsdokumentation unterstützt z.B. im „Vertretungsfall" (17HPM6, 209) oder als Gedächtnisstütze für Folgegespräche (vgl. 16HPM5, 237-245).
- Die datenbankgestützte Dokumentation begünstigt Übersichtlichkeit (vgl. 17HPM6, 227; 5HPM3, 22ff).
- Durch Auswertung von Datenbankinformationen werden Vergleiche möglich, die Orientierung bieten (vgl. 8HPM4, 90-96).
- Die Verwaltungsperspektive unterstützt darin, organisatorische Abläufe und Logistiken aufzubauen (vgl. 8HPM4, 240; 3HPM2, 114), damit die Kursleiter gut arbeiten können.

Die Bewertung der Nützlichkeit erfolgt aus Perspektive der eigenen Handlungsebene bzw. der eigenen Position. Wie eben angesprochen, nutzt z.B. die fortlaufende Beratungsdokumentation den HPM selbst. Die regelmäßige Berichterstattung an eine externe Stelle jedoch hat keinen auf den eigenen Bereich bezogenen Nutzen und wird als „Last" gesehen (vgl. 16HPM5, 118; 17HPM6, 207). Aufwand und Ertrag von Verwaltungstätigkeiten werden also aus der eigenen Position heraus (kritisch) bewertet (vgl. auch 5HPM3, 150; 8HPM4, 214; 17HPM6, 207).

HPM erläuterten die Dokumentation von Information in Datenbanken vor allem als Verwaltungstätigkeit. Sie verbinden diese Tätigkeit damit, dass die Informationen zur Kontrolle durch Leitungspersonen oder Auftraggeber verwendet wird. Die Eingabe selbst in Datenbanken ist durch die Programmierung mit Plausibilitätsabfragen und Pflichtfeldern bereits kontrollierend gestaltet. In den Ausführungen zu diesen Tätigkeiten konzipieren die HPM ein Verhältnis, in dem aus Verwaltungsperspektive die pädagogische Arbeit überprüft wird (vgl. 17HPM6, 118, 213; 16HPM5, 110, 191; 5HPM3, 150, 106, 30).

Pädagogische Mitarbeitenden konzipieren Pädagogik und Verwaltung in Transferverhältnissen

In drei Richtungen werden von HPM Transferverhältnisse konzipiert:

- Transfer von Kursgeschehen auf der Mikroebene auf die Mesoebene
- Transfer pädagogisch-konzeptioneller Vorstellungen in Organisationsstrukturen und Abläufe
- Transfer zwischen Weiterbildung und anderen Kontexten

Die Überführung von Kursgeschehen in Information, die für die Weiterbildungseinrichtung verwendbar wird, geschieht über Verfahren, die HPM mit „Verwaltung" verbinden. Vermittelt über Kursleitende erfahren HPM auf der Mesoebene etwas darüber, was in der Interaktion zwischen den Kursleitenden und den Teilnehmenden geschah. Das können Auswertungen von Platzzahlen und Beratungskontakten (vgl. 17HPM6, 193), an Dritte (in diesem Fall Schulen) geleistete Kursstunden (vgl. 3HPM2, 136) oder Hinweise zu Räumen in Kursberichten (vgl. 8HPM4, 82-84) sein. Diese Informationen sind gegebenenfalls steuerungsrelevant für die Weiterbildungseinrichtung.

Im zweiten Transferverhältnis auf der Mesoebene werden konzeptionelle Vorstellungen der HPM über Verwaltung in organisational handhabbare Informationen und Abläufe oder in Angebotsstrukturen überführt. Insbesondere im Zusammenhang mit den Mischtätigkeiten aber auch mit explizit als Verwaltungstätigkeiten eingeordneten Tätigkeiten ist erkennbar, dass der Verwaltungsaspekt wirksam wird, wenn Ziele und Ideen realisiert werden sollen.

Beispielsweise unterscheidet 5HPM3 bei ein und derselben Tätigkeit, Programmplanungsinformation in die Seminarverwaltungs-EDV einzugeben, zwischen „kreieren" und „erfassen" (vgl. 5HPM3, 29-38). Kreieren meint die konzeptionell-kreative Herangehensweise, bei der Informationen unterschiedlicher Felder (bei Gieseke „Wissensinseln", vgl. Gieseke, Gorecki 2000, S. 330) angleichend zu einem Angebot zusammenkommen. Erfassen ist dann das faktische Eingeben der Information inklusive der organisatorischen Informationen wie Raum, Ort, Zeit, Preis oder Kursnummer. Dabei enthält diese Kursnummer selbst sowohl programmbezogene als auch funktionale Information, weil sie die Angebote in eine programmbezogene, teilweise curricular begründete Ordnung im Programmheft bringt und gleichzeitig die Ordnungsziffer für alle Anschlussoperationen der Kursumsetzung von der Anmeldung bis zur Abrechnung eindeutig zuordenbar macht.

Auch das Führen von Kursleitergesprächen, was nicht als Verwaltungstätigkeit eingeordnet wird, mündet, wie 8HPM4 berichtet, in einer „Einführung in die (...) Gegebenheiten" (8HPM4, 100). Sie sieht ein Nebeneinander von „inhaltlicher" und „formaler Abwicklung des Kurses" (8HPM4, 100). Die Formalien betreffen Rechnungsstellung, Teilnehmerlisten, Personalbogen und Vertragsvorbereitung. Es ist also wiederum erkennbar, dass der Verwaltungsaspekt den Anschluss von Konzepten zu Abläufen herstellt.

Entsprechende Transferverhältnisse könnten mit einer Workshop-Vorbereitung (vgl. 5HPM3, 182-184), mit der Zielgruppenansprache durch Broschüren (vgl. 8HPM4, 202), mit der Budgetierung einzelner Angebote (vgl. 3HPM2, 140-142), dem Aufbau einer Logistik (vgl. 3HPM2, 120) und dem „Qualiplan" (vgl. 16HPM5, 297ff) vergleichbar ausgeführt werden.

Das dritte Transferverhältnis bezieht sich auf das Verhältnis von Weiterbildung zu anderen Kontexten. Hierbei wird die Relation auf einer Makroebene gesetzlicher Regelwerke angelegt, muss aber auf der Mesoebene der Einrichtung bearbeitet werden. Dabei wird erkennbar, dass Information an andere Kontexte abgegeben oder aus anderen Kontexten geholt wird. Verwaltung bzw. Verwaltungstätigkeiten fassen diese Information, um sie anschlussfähig zu machen.

Ein Ansatzpunkt für diese Konzeptionierung ist, dass pädagogische Mitarbeitende mit verschiedensten Rollenpartnern zusammenarbeiten. Demensprechend thematisieren HPM diese Transferrelation, wenn sie über konkrete Anlässe und Dokumente sprechen, die insbesondere mit externen Kooperationspartnerschaften einhergehen. So verdeutlichen Tabellen über die Qualifikationen von Kursleitenden von Präventionskursen (vgl. 8HPM4, 166), wie die beiden Kontexte hier mit einer als Verwaltung eingestuften Tätigkeit verbunden sind. Auch Teilnahmebescheinigungen können in verschiedenen Zusammenhängen verwendet werden. Besonderheiten sind bei den beiden pädagogischen Mitarbeitenden der beruflichen Weiterbildungseinrichtungen erkennbar, wenn Rentenbescheinigungen für das Sozialversicherungssystem ausgestellt werden (vgl. 16HPM5, 104), medizinische Untersuchungsergebnisse eine Rolle spielen (vgl. 17HPM6; 34, 120) oder Praktikumsverträge mit Betrieben geschlossen werden (vgl. 16HPM5, 102). Die für Arbeitsmarktdienstleistungen elementare Anwesenheitsdokumentationen (vgl. z.B. 17HPM6, 91) koppeln das Weiterbildungssystem ebenfalls mit dem Sozialversicherungssystem.

6.6 Kursleitende (KL)

Es wurden im Rahmen der Studie ein Kursleiter und drei Kursleiterinnen interviewt, die zum Zeitpunkt der Erhebung zwischen 27 und 55 Jahre alt sind. Sie sind unterschiedlich lange (zwischen 2 und 22 Jahren) für ihre Einrichtung in jeweils anderen Themenbereichen tätig. Der Ausbildungshintergrund der Befragten entspricht jeweils dem Fachgebiet, wobei die Kursleitenden der öffentlichen WBE weiterbildende, erwachsenpädagogische Qualifizierungen haben. Der höchste berufliche Abschluss reicht bei den Befragten von fachschulischen Berufsabschlüssen bis hin zur Promotion. Die Themengebiete werden aus Gründen der Anonymität nicht genannt.

Die Beschäftigungssituation ist ebenfalls verschieden. Während 4KL1 ihre Tätigkeit für die Familienbildungseinrichtung als „Hobby" (4KL1, 80) betrachtet und keiner weiteren Beschäftigung nachgeht, arbeitet 19KL4 annähernd vollzeitig für die private berufliche Weiterbildungseinrichtung. Auch 12KL2 ist ausschließlich selbstständig tätig und arbeitet für die betreffende Einrichtung mit einem geschätzten Umfang von acht Unterrichtseinheiten pro Woche. Er hat noch weitere Honorarverpflichtungen bei anderen Weiterbildungseinrichtungen und arbeitet zudem in der Unternehmensberatung. Dazwischen liegt 14KL3, die neben den sechzehn Unterrichtseinheiten noch einen Minijob hat.

4KL1	12KL2	14KL3	19KL4
Konfessionelle Familienbildung	Kreis-VHS mit Außenstellen	Städtische VHS	Private berufliche WBE

Tabelle 15: Die befragten Kursleitenden

6.6.1 Die Rollenpartnerschaften der Kursleitenden

Wesentlich für die Position der Kursleitenden ist die Rollenpartnerschaft zu Teilnehmenden, auf der Mikro-Ebene der Lehr-Lern-Interaktion während eines Kursangebotes. Die Ergebnisse zeigen, dass sich jedoch die Beziehung zwischen Kursleitenden und Teilnehmenden zu Kursbeginn und Kursende verändert.

Auf der Meso-Ebene arbeiten die Kursleitenden eher planerisch mit pädagogischen Mitarbeitenden und eher operativ mit Verwaltungsmitarbeitenden zusammen. Die Kursleitenden der Volkhochschulen unterscheiden deutlich Verwaltungsmitarbeitende und pädagogische Mitarbeitende. Sie stellen dar, bei welchen Anliegen sie sich an wen wenden und reproduzieren damit die arbeitsteilige Struktur der Einrichtung (vgl. 12KL2, 178, 14KL3, 162ff). Die Abbildung zeigt die wesentlichen Rollenpartnerschaften der Kursleiterposition im Überblick.

Abbildung 26: Rollenpartnerschaften der Kursleitenden

Ergänzend kann hinzugefügt werden, dass es auch Arbeitskontakte zu Kooperationspartnern gibt, wenn z.B. Kursleitende „entliehen" (4KL1, 17, 54 und 128) werden. Andeutungsweise sind andere Kursleiter als Konkurrenz Thema (vgl. 4KL1, 188; 19KL4, 35). 12KL2 bemerkt beispielsweise, wie die einzelnen Außenstellen unter den Honorarkräften aufgeteilt sind (12KL2, 104, 162). 19KL4 spricht von einem „Team" oder „Kollegen", mit denen sie Inhalte und Zeiten abspricht (vgl. 19KL, 39-41, 101).

Kursleitende und Leitende

Leitende werden von den Kursleitenden in den Interviews insgesamt wenig angesprochen, wie auch die Leitenden wenig von den Kursleitenden gesprochen haben (vgl. Kapitel 6.1.1). 14KL3 spricht von der „höheren Etage" (vgl. 14KL3, 180[92]) und hat keinen direkten Kontakt. Demgegenüber betont 4KL1, dass sie selbst den Kontakt aktiv hält (vgl. 4KL1, 19). 12KL2 vergleicht seine Position mit der Leitungsposition in Bezug auf die Außenwirkung der Einrichtung:

---

92 Aufgrund schlechter Verständlichkeit wird dieser Wortlaut vermutet.

Demnach vertreten Kursleiter die Einrichtung gegenüber den Teilnehmenden, die Leitung gegenüber den Gremien auf der Ebene des Landkreises (vgl. 12KL2, 56).

Kursleitende und pädagogische Mitarbeitende

Die Rollenpartnerschaft der Kursleitenden mit pädagogischen Mitarbeitenden (HPM) ist durch die gemeinsame Kursplanung geprägt. Hinzu kommen ein Kontrollaspekt sowie die Kursleiterbegleitung und Beobachtungen zu Statuspassagen von Kursleitung zu pädagogischer Mitarbeit.

Die gemeinsame Planung des Angebots ist ein zentrales Thema der Rollenpartnerschaft in den öffentlichen Weiterbildungseinrichtungen (vgl. 14KL3, 134; 4KL1, 29; 12KL2, 168-174). Bei etablierten Angeboten reduzieren sich die Semesterplanungen bei 4KL1, 12KL2 und 14KL3 auf die Absprache der Zeiten, da die Angebote weitgehend fortlaufend bestehen (vgl. 4KL1, 33ff; 14KL3, 166; ähnlich 5HPM3, 100-102). In der Außenstellen-VHS steht an dieser Stelle auch die Position der Außenstellenleitung. Auf längere Sicht stellen sich jedoch auch „fachliche" (12KL2, 178) Fragen, z.B. ob man Angebote an neue technische Entwicklungen anpasst. Hier erwartet der Kursleiter, dass sich der zuständige HPM darum bemüht, die Entwicklung der Ressourcen (in den Schulen) aus seiner Position heraus mit zu beeinflussen (vgl. 12KL2, 170ff). Bei 19KL4 in der privaten beruflichen WBE beziehen sich Planungen eher auf aktuelle Bedarfe, d.h. es wird entschieden, in welchem Umfang und mit welchen Themen die Honorarkraft für ein laufendes Angebot eingesetzt wird (vgl. 19KL4, 101).

Bei 19KL4 und 14KL3 scheint in der Beziehung zu den HPM ein Kontrollaspekt auf. Sie bezeichnen beide ihre zuständigen HPM als „Chef/Chefin" (vgl. z.B. 19KL4, 101; 14KL3, 134). Konkret werde der Kursbericht (vgl. 14KL3, 180) bzw. das Klassenbuch (vgl. 19KL4, 101) kontrolliert, um Steuerungsinformationen zu entnehmen. Auch Rechnungen werden vor der Honorarauszahlung erst durch die zuständige HPM abgezeichnet (vgl. 14KL3, 148-150). Eher dialogisch angelegt ist die Kursleiterbegleitung. So berichtet 4KL1 von den Kursleiterworkshops als Fortbildungen (vgl. 4KL1, 110-112), 14KL3 von Feedbackgesprächen und Fortbildungshinweisen (vgl. 14KL3, 362) und 19KL4 von Supervisionen (vgl. 19KL4, 103).

In zwei Interviews erscheinen „Statuspassagen" der Kursleitenden in Richtung pädagogische Mitarbeit. 4KL1 übernahm Stunden einer pädagogischen Mitarbeiterin während der Elternzeit und nennt die HPM auch „Kollegin" (vgl. 4KL1, 27). 19KL4 ist einerseits bei regelmäßigen Besprechungen im Haus nicht mit dabei (vgl. 19KL4, 108-111) und grenzt sich von HPM ab (vgl. 19KL4, 113). Andererseits übernimmt sie z.B. Termine bei Arbeitgebern (vgl. 19KL4, 9) und möchte „Bürokram" übernehmen (vgl. 19KL4, 27 und 31). Diese Beobachtung zu Statusveränderungen ist interessant, weil die befragten pädagogischen Mitarbeitenden selbst Kursleitende waren oder sind.

Kursleitende und Verwaltungsmitarbeitende

Die Zusammenarbeit der Einrichtungen zwischen Kursleitenden und Verwaltungsmitarbeitenden ist in jeder WBE anders organisiert und wird in den Interviews unterschiedlich intensiv thematisiert. 19KL4 spricht gar nicht von den Verwaltungsmitarbeitenden. In der städtischen VHS sind Verwaltungskräfte über die HPM fest zugeordnet (vgl. 14KL3, 160), daher erscheint für die Kursleitenden die Position der VMA vermittelt und operativ (vgl. z.B. 14KL3, 148ff). Für 12KL2 ist die Außenstellenleitung in seinem Rollenset hauptsächliche Ansprechperson für die Kursdurchführung. Er fasst mit der Bezeichnung „Verwaltung" wohl die Position der VMA und der HPM zusammen (vgl. 12KL2, 56). Dies gilt auch für 4KL1, die vom „Büro" spricht. Sie nimmt sich eigens „Zeit (…), um den Kontakt zu den Mitarbeitern im Büro zu haben" (4 KL1, 19).

Kursleitende erwarten, dass Verwaltungsmitarbeitende sie in der Kursdurchführung unterstützen. Zwei Befragte sprechen davon in Bezug auf notwendiges Material (vgl. 14KL3, 262) oder in Bezug auf Raumorganisation (vgl. 14KL3, 42; 12KL2, 80, 200).

Eine besondere Form der Unterstützung erwartet 4KL1 von den Verwaltungsmitarbeitenden, um die Gruppenzusammensetzung zu optimieren. Wie eben erwähnt, bemüht sie sich ihrerseits über das Erforderliche hinaus um den Kontakt mit den hauptamtlichen Mitarbeitenden (vgl. 4KL1, 48) und erwartet dies auch im Gegenzug (vgl. 4KL1, 120). Dadurch kenne man sie und ihre Arbeitsweise in der Lehr-Lern-Situation. Verwaltungsmitarbeitende lernen durch den persönlichen Kontakt manchmal Teilnehmende näher kennen und können die Gruppenzusammensetzung steuern. Über den intensiven Kontakt mit den Verwaltungsmitarbeitenden wirkt sie daher auf die Zusammensetzung ihrer Gruppe ein, was für ihre Kursdurchführung wichtig ist. Sie sagt:

> „Also ich denke, zum Gelingen trägt es immer bei, wenn ich die bestmöglichsten Informationen über die Teilnehmer habe. Das liegt an mir. (…) dass ich da auch jemand habe, der mir zuarbeitet. Das ist mit der Grund, warum ich den Kontakt hier zum Büro halte, weil ich immer denke, die kennen mich und wissen dann auch, wenn, wenn gut, es wird heute nicht mehr so viel persönlich angemeldet, das war ja früher viel mehr, durch das Internet ist das anders. Früher kam jeder hier ins Büro zum Anmelden, da haben die Leute auf der Treppe gestanden. Und da konnten, sagen wir, manche Äußerung, da kann dann schon mal jemand, der das immer bearbeitet sagen, die Frau passt in die Gruppe, zu der Kursleiterin, weil die hat die und die Art, so zu arbeiten, und so ist es auch gelaufen. Weil die Frau [ehemalige Verwaltungsmitarbeitende] wirklich sehr, sehr viele Leute kannte und ich will mal behaupten und die Leute, die hier im Büro sitzen wissen auch, wie ich arbeite." (4KL1, 86)

Kursleitende und Teilnehmende

Im folgenden Abschnitt kann nicht auf das Lehr-Lern-Verhältnis mit Teilnehmenden im Einzelnen eingegangen werden. Vielmehr geht es darum im Hinblick auf Verwaltungstätigkeiten die Rollenpartnerschaft zu umreißen. Dafür bietet es sich an, die Zeit vor, während und nach einem Kursangebot zu unterscheiden. Die Daten lassen den Schluss zu, dass die Kursleitenden hier Zäsuren setzen, um die Rollenpartnerschaft jeweils zu definieren.

In der Zeit vor einer Veranstaltung melden sich Teilnehmende an und es bildet sich eine Gruppe, die auf einer Teilnehmerliste festgehalten wird. Die Kursleitenden widmen diesem Prozess unterschiedliche Aufmerksamkeit. Wenn die Kursleiterin 4KL1, wie eben dargestellt, eigens Kontakt mit dem Sekretariat aufnimmt, dient dies bereits der Vorbereitung auf den Kurs (4KL1, 118).[93] Im Kontrast dazu nimmt 19KL4 die Möglichkeiten der Vorinformation nur begrenzt wahr. Sie sagt: „ich bekomme gewisse Hintergrundinformation (…) Es gibt teilweise Akten (…) aber ich lese sie nie." (19KL4, 37). Ebenso wenig scheinen sich 12KL2 und 14KL3 im Vorfeld mit einzelnen Teilnehmenden oder der Gruppenzusammensetzung zu befassen, bis sie die Teilnehmerliste erhalten.

Während der Veranstaltung, so legen die Daten nahe, achten die Kursleitenden darauf, auf die Bedürfnisse flexibel einzugehen und die didaktische Planung darauf auszurichten (vgl. 12KL2, 34, 64ff, 102; 14KL3, 38, 72, 84, 88, 102ff; 4KL1, 60, 90ff; 19KL4, 41, 103, 125, 132, 186). Sie suchen besonders am Anfang aber auch im Kursverlauf das Feedback der Teilnehmenden. Während des Kurses führen Kursleitende Anwesenheitslisten (vgl. 4KL1, 48, 64, 100; 12KL2, 86; 14KL3, 413f; 19KL4, 91, 125). Aber nur 4KL1 nimmt Kontakt auf, wenn Teilnehmende aus unbekannten Gründen fehlen (vgl. 4KL1, 174-176). Die dichte Kommunikation dient dazu, Kursabbrüche zu verhindern.[94] So sagt 14KL3:

> „die kommen erste, zweite, drei Lektionen, dann kommen die nicht, dann kommen die wieder so, dann kommen die wieder nicht und dann, wenn das zur Anmeldung kommt für die weiteren Stufe, die kommen schon überhaupt nicht. Das überlegt man schon, ja? <I: Ja, ja.> Warum, wieso, weshalb, was mache ich hier falsch, was muss ich ändern? Und deswegen sehr wichtig ist mir, mit den Teilnehmern zu sprechen." (14KL3, 288)

---

93 Sie bezieht ein kritisches Ereignis darauf, dass sich die altersmäßige bzw. familienstrukturelle Gruppenzusammensetzung entgegen der Absprache veränderte und sie aus ihrer Sicht den Vorbereitungsabend nicht optimal planen konnte (vgl. 4KL1, 118).

94 Der Arbeitszusammenhang bei 19KL4 im Rechtskreis des Sozialgesetzbuches kann hier nicht im Einzelnen berücksichtigt werden. Ihre Äußerungen gehen auch darauf ein, dass Teilnehmende die Pflicht haben, zu kommen.

In der Schlussphase und nach dem Kurs spielen Weitermeldung[95], Teilnehmerbescheinigungen (vgl. 14KL3, 410), Evaluationsbögen (vgl. 14KL3, 180-188) und für die Abrechnung wieder die Teilnehmerliste eine Rolle. Während 4KL1 auf die Weitermeldung i.d.r. möglichst keinen Einfluss nimmt (vgl. 4KL1, 52), achtet 14KL3 im Kontrast dazu sehr genau darauf, dass Teilnehmende sich weitermelden, damit sie einen Folgekurs unterrichten kann (vgl. 14KL3, 40, 118). Die Kursleitenden geben nach Ende der Veranstaltung die Teilnehmerlisten wieder ab (vgl. 12KL2, 86, 4KL1, 48). Wenn die Teilnehmerliste abgegeben ist, endet jeweils dieses Lehr-Lern-Verhältnis.

6.6.2 Die Verwaltungstätigkeiten der Kursleitenden

Drei Kursleiter reagierten auffallend irritiert auf die Frage nach Verwaltungstätigkeiten. Diese Reaktionen sollen zunächst gesondert dargestellt werden. Dann werden die inhaltsanalytisch ausgewerteten Verwaltungstätigkeiten der Kursleitenden aufgelistet. Zuletzt befasst sich die Ergebnisdarstellung mit der Seminarvorbereitung als „Mischtätigkeit".

Auch in den Interviews mit Kursleitenden wurde zunächst nach den Aufgaben allgemein und dann nach Verwaltungstätigkeiten gefragt. Zwar assoziiert 19KL4 im Übergang des Gesprächs von Aufgaben zu Verwaltungstätigkeiten zum Stichwort Verwaltung und nennt verschiedene Tätigkeitsbereiche (vgl. 19KL4, 84-99). Außerdem geht sie nacheinander auf die Tätigkeitsmodi organisieren, planen, kontrollieren ein (vgl. 19KL4, 100ff; vgl. Kapitel 4.1.3). Die verhaltenen Reaktionen der anderen Befragten sind jedoch deutlich und im Wortlaut recht plastisch:

> 4KL1: „hab ich eigentlich wenig mit zu tun (…) in dem Bereich Verwaltung machen wir eigentlich gar nichts (…) das ist eigentlich das Einzige was eigentlich, verwaltungstechnisch, für uns als Kursleiter relevant ist" (4KL1, 21-27)
> 12KL2: „nur für mich dass ich mir die Inhalte so ein bisschen sortiere (…) aber sonst ist das, gibt's da keinerlei" (12KL2, 128)
> 14KL3: „Eigentlich nichts." (14KL3, 166)[96]

Inhaltsanalytisch ausgewertete Verwaltungstätigkeiten der Kursleitenden

Trotz dieser verhaltenen Reaktion berichten die Kursleitenden über eine Reihe von Tätigkeiten. Gemeinsam mit den aus dem Verwaltungsverständnis begrün-

---

95 Bevor das neue Programm veröffentlicht wird, können Teilnehmende eines Kurses sich bereits anmelden, um im gleichen Kurs zu bleiben.
96 In diesem Interview musste die Fragestellung genauer erklärt werden (vgl. Kapitel 4.1.3).

deten individuellen Markierungen, lassen sich folgende Tätigkeiten als Verwaltungstätigkeiten der Kursleitenden benennen:

- Kursbezogene Information zu dokumentieren: Zum Beispiel muss 14KL3 einen Kursbericht schreiben (vgl. 14KL3, 174-180), 19KL4 Klassenbuch führen (vgl. 19KL4, 89), 12KL2 führt Protokoll über die unterrichteten Inhalte (vgl. 12KL2, 128) und 4KL1 meldet Teilnehmerzahlen der Kooperationsangebote (vgl. 4KL1, 156).
- Die Anwesenheitsliste zu führen (vgl. 4KL1, 48, 64, 100; 12KL2, 86; 14KL3, 413f; 19KL4, 91, 125).
- Die Anmeldung bzw. Weitermeldung zu unterstützen: zwei Kursleiter legen die Listen aus und achten darauf, dass Teilnehmende sich anmelden (vgl. 12KL2, 62ff; 14KL3, 40 und 115-122).
- Sich selbst zu organisieren: etwa die Materialien zuhause übersichtlich zu sortieren (vgl. 12KL2, 128), die Honorartätigkeit mit anderen Tätigkeiten zu vereinbaren (vgl. 14KL3, 192) oder finanzielle und (sozial-)versicherungsrechtliche Fragen in Verbindung mit der Honorartätigkeit zu regeln (vgl. 14KL3, 194ff).

Seminarvorbereitung zwischen pädagogisch-inhaltlicher und organisatorisch-administrativer Perspektive

Während die oben genannten Tätigkeiten klar dem Verwaltungsbereich zugeordnet werden, changiert die Sicht auf Tätigkeiten der Seminarvorbereitung. Seminarvorbereitung ist ein Kernelement der Kursleiterposition, indem sie den Programmplanungsprozess auf der didaktischen Handlungsebene der einzelnen Kurseinheiten fortführt.[97] So weisen zwei Befragte darauf hin, dass eine sorgfältige Vorbereitung zur Aufgabe als Kursleiter „selbstverständlich" (12KL2, 212) dazu gehört (vgl. auch 4KL1, 168). Weil die Vorbereitungszeit in der Regel nicht gesondert bezahlt wird, achten Kursleitende auf Effizienz, auf die Wiederverwertbarkeit von erstellten Materialien (vgl. 19KL4, 134; 12KL2, 128). Sie merken auch an, dass sie Seminarvorbereitung „für sich" machen (vgl. 4KL1, 70; auch 12KL2, 128) und dass hier eigene professionelle Weiterentwicklung stattfindet (vgl. 12KL2, 136ff; 14KL3, 280).

Die einzelnen, genannten Tätigkeiten können mit den Attributen pädagogisch, inhaltlich, organisatorisch, administrativ geordnet werden.

---

[97] Auf diese Verbindung kann hier im Einzelnen nicht eingegangen werden.

pädagogisch-inhaltlich	inhaltlich-organisatorisch	organisatorisch-administrativ
Ein Konzept für eine Gruppe erstellen (vgl. 19KL4, 101; 4KL1, 70) oder den roten Faden eines Seminars ausarbeiten (vgl. 12KL2, 98)	Materialien aus einer Sammlung strukturiert zusammenstellen (vgl. 4KL1, 70; 12KL2, 98ff; 19KL4, 101, 125, 132; 14KL3, 72)	Seminarverlauf dokumentieren (vgl. 12KL2, 128) Material erstellen, Kopien ziehen (vgl. 12KL2, 128, 138; 19KL4, 89-91)
Material- und Methodenauswahl mit Blick auf die Zielgruppe begründen (vgl. 12KL2, 30, 34, 98; 122ff; 19KL4, 75, 113; 4KL1, 70; 14KL3, 272ff)	Materialien/Methoden entwickeln (vgl. 12KL2, 84, 100ff, 132) Einen Vorbereitungsabend durchführen (vgl. 12KL2, 62; 4KL1, 37-39)	Materialsammlung ordnen (vgl. 12KL2, 128; 19KL4, 89; 4KL1, 70)

Tabelle 16: Tätigkeiten der Seminarvorbereitung zwischen pädagogisch-inhaltlicher und organisatorisch-administrativer Perspektive

Strukturgebend war dafür das Interview mit 12KL2, der besonders ausführlich auf Seminarvorbereitung einging. 12KL2 ordnet dabei mehrere Aufgaben in die mittlere Kategorie „inhaltlich-organisatorisch" ein. Das Interview enthält aber auch Tätigkeiten, die rechts und links davon eingeordnet werden können.

Ein Abriss über die ersten beiden Interviewphasen soll die Genese dieser Struktur verdeutlichen. Nach den Eingangsfragen zu Position und Werdegang skizziert 12KL2 einen Überblick über seine Aufgaben als Kursleiter:

> „Organisation und Abhalten von [Fachgebiet-] Kursen sag ich jetzt erst mal ganz allgemein. (...) Vorbereiten von Grundkurs (?) und Materialien für die Durchführung. (...) Das wären so die Aufgaben." (12KL2, 26).

Er erläutert danach, wie die Inhalte an die Bedürfnisse der Teilnehmenden angepasst werden. Dann werden organisatorische Strukturen und Abläufe erläutert (vgl. 12KL2, 74-96), bevor er zur „inhaltlichen Sache" (12KL2, 98) wechselt. Hier erläutert 12KL2, wie er aus einem Skript für Kursgruppen die Materialien zusammenstellt (vgl. 98-103). Das Interview entwickelt sich anhand der Zielgruppen weiter. Diesen Einschub zu Zielgruppen schließt er ab mit der Aussage:

> „So, das wäre die inhaltliche, organisatorische Seite. Gut, und dann sind natürlich, gehören zu dem Inhaltlichen auch Aufgaben, <I: Hm, hm.> die man sich ausdenkt, die man irgendwo her kriegt, die in irgendwelchen Skripten möglicherweise drin sind, zu einzelnen Themen. (...) wie kann ich diesen Inhalt vermitteln." (12KL2, 122-124)

Er legt hier also noch einmal den Fokus auf didaktische Planung von Lernzielen und die Schritte zur Vermittlung der Inhalte. Kurz darauf leitet die Interviewerin über zum nächsten Frageteil. Die Antwort auf die Frage nach den Verwaltungstätigkeiten beginnt mit der Aussage: „das heißt nur für mich, dass ich mir die Inhalte so ein bisschen sortiere" (12KL2, 128).

Hier erläutert er auf Nachfrage weiter die organisatorisch-administrativen Aspekte, wie sie oben in der Tabelle aufgenommen wurden, also die Dokumentation des Seminarverlaufs, die Erstellung von Materialien, die Ordnung der Materialsammlung (vgl. Tabelle 16) und die eigene Selbstorganisation als Verwaltungstätigkeit (vgl. 12KL2, 128). Dann wechselt das Thema über die Programmplanung hin zu den kritischen Ereignissen im dritten Interviewteil.

Weitere Stellen aus Interviews mit anderen Kursleitenden zeigen die Spannweite der Seminarvorbereitung zwischen Zielgruppenreflektion und organisatorischer Umsetzung:

- So erläutert 19KL4 als Verwaltungstätigkeit die Erstellung eines Materialpools zu Bewerbungen, der von mehreren Kursleitenden genutzt wird. Damit werden Standards gesetzt, damit Teilnehmende einer besonderen Zielgruppe nicht durch unterschiedliche Versionen „irritiert" (19KL4, 178) werden.
- In einem Vorbereitungsabend werden administrative Fragen und Lernerwartungsfragen geklärt sowie Teilnehmende im Hinblick auf die Lernangebote beraten. Die Gruppen lernen sich überdies kennen und treffen bereits gemeinsame Entscheidungen. Die Auslagerung der organisatorischen Fragen in einen Vorbereitungsabend entlastet die Kursdurchführung. (vgl. 12KL2, 62-72; 4KL1, 37-39)

6.6.3 Das Verwaltungsverständnis der Kursleitenden

Bei den Kursleitenden wird erneut aus dem Material ersichtlich, dass das institutionelle Feld der Weiterbildungseinrichtung und die konkreten Arbeitserfahrungen die Assoziationen beeinflussen. Es gibt nämlich einen deutlichen Kontrast der Assoziationen zwischen der Kursleiterin der privaten beruflichen Weiterbildungseinrichtung (19KL4) und den anderen befragten Kursleitenden. 19KL4 verbalisiert die gedankliche Verbindung von Verwaltung mit elektronischer Datenverarbeitung[98] und dass die Bedingungen von Maßnahmen der Arbeitsförderung für sie „Verwaltung" sind[99]. Demgegenüber haben die anderen befragten Kursleitenden durchgängig ein institutionelles Verständnis von Verwaltung als Organisationseinheit (Abteilung) der betreffenden Weiterbildungseinrichtung.

---

98 „also Verwaltung heißt ja, ähm, viel mit PC" (19KL4, 142).
99 „Und dann halt auch Verwaltung der Pausen. Welche Regelung gibt es. Vom Arbeitsamt vorgeschrieben dann und dann ist die Pausenzeit." (19KL4, 195).

Die Auswertung von Verwaltungstätigkeiten der Kursleitenden zeigt, dass die Anwesenheits- und Kurslisten als Verwaltungstätigkeit gesehen werden. Die damit einhergehenden Tätigkeiten finden in den Modi der Dokumentation und Kontrolle statt. In den Interviews werden weiterhin Routinen genannt, die als administrativ (mit Überschneidungen zum Organisatorischen) gewertet werden. Solche Routinen sind z.B.

- die regelmäßige Prüfung der Kursliste zum Abschluss der Kurse (vgl. 12KL2, 96),
- das Führen eines Klassenbuchs und einer Anwesenheitsliste (vgl. 19KL4, 89-91),
- wenn 14KL3 immer wieder die Teilnehmerbefragung austeilen muss (14KL3, 188) oder
- das gewöhnliche Aufräumen des Raumes mit den Teilnehmenden (4KL1, 164).

Gemeinsam ist diesen Hinweisen, dass die Kursleitenden jeweils die Teilnehmenden dazu anregen, sogar dazu anhalten (vgl. 14KL3, 188; 4KL1, 164), zu Strukturen und Abläufen der Weiterbildungseinrichtung beizutragen. Mit diesen Tätigkeiten lassen sich also Anschlussmöglichkeiten herstellen.

6.6.4 Die Relationskonzeptionen der Kursleitenden

Drei verschiedene Konzeptionen lässt die Studie bei den Kursleitenden erkennen: erstens ein Verhältnis zwischen pädagogischen und administrativen Berufspositionen, zweitens ein Transferverhältnis, wobei Verwaltung den Übergang vom Kursgeschehen in Organisationsprozesse der Weiterbildungseinrichtung herstellt und drittens die Herstellung bzw. Wahrung von Distanz zu Lernenden durch Verwaltung.

Relation von Berufspositionen: Unterstützung der pädagogischen Positionen durch Verwaltungsposition

Die Analyse der Rollenpartnerschaft deutete darauf hin, dass Kursleitende der Volkshochschulen und die Kursleiterin der Familienbildungseinrichtung die Berufspositionen der pädagogischen Mitarbeitenden und der Verwaltungsmitarbeitenden (die sie mit „Verwaltung" assoziieren) unterscheiden, indem sie ihre Anliegen gezielt an die jeweils zuständige Berufsposition richten. Sie reagieren damit auf die einrichtungsspezifische Differenzierung der Positionen. Es scheint, als würden damit auch organisationskulturelle Besonderheiten transportiert. So ist das in der städtischen VHS verankerte Verständnis, dass Verwaltung umsetzt, was Pädagogik plant, bei der Kursleiterin 14KL3 präsent.[100] Sie sagt: „Verwaltung ist nur für das alles, was sich Pädagogen ausdenken, die müssen das in den Computer rein bringen." (14KL3, 162).

In diesem Zitat erkennt man auch die unterstützende Funktion der Verwaltungsmitarbeitenden. Dies bezieht sich jedoch bei den drei Kursleitenden 4KL1, 12KL2 und 14KL3 darauf, dass sie selbst Unterstützung von den Verwaltungsmitarbeitenden erwarten. So generierte die Frage nach positiv oder negativ herausragenden Ereignissen bei diesen Kursleitenden Äußerungen oder Erzählungen zum Funktionieren der Zusammenarbeit mit Verwaltungsmitarbeitenden (vgl. 14KL3, 262ff; 12KL2, 192; 4KL1, 85ff, 109ff).

Verwaltung transferiert Kursgeschehen in die Organisationsprozesse der Weiterbildungseinrichtung oder didaktische Ziele in das Kursgeschehen

Mit den genannten Verwaltungstätigkeiten wird das Kursgeschehen für die Organisationsprozesse der Weiterbildungseinrichtung zugänglich gemacht. Informationen aus dem (vergangenen) Kursgeschehen werden festgehalten und von den Kursleitenden an hauptamtliche Mitarbeitende gegeben. In der Weiterbildungseinrichtung wird die Information in ab- oder anschließenden Prozessen verarbeitet, in der Regel ohne dass noch ein Kontakt zu den Beteiligten des Kursgeschehens notwendig ist. Bei den Kursleitenden vergegenständlichen die Anwesenheits- und Kurslisten oder Kursberichte diesen Transfer.

Dagegen können die administrativ-organisatorischen Anteile der Seminarvorbereitung, die in der Analyse der Verwaltungstätigkeiten dargestellt wurden, einen Transfer von didaktischen Zielen in das Kursgeschehen bedeuten. Mit Hilfe des erstellten und geordneten Materials werden Lerninhalte vermittelt. Selbst eine Anwesenheitsliste im Bereich der Maßnahmen zur Arbeitsförderung, die als Verwaltung gesehen wird (vgl. 19KL4, 125, 113-117), transportiert mit den damit verbundenen Regeln auch das didaktische Ziel, dass die Teilnehmer Pünktlichkeit und Zuverlässigkeit als Schlüsselkompetenzen des Arbeitslebens lernen.

Verwaltung reguliert Nähe und Distanz zu Teilnehmenden

Zwar sind die Beziehungen zu den Teilnehmenden im Kurs im Einzelnen nicht Thema dieser Arbeit, die Rollenpartnerschaft ist jedoch der Hintergrund, um hier eine Wirkung von Verwaltung zu entdecken: Verwaltung trägt dazu bei, Nähe und Distanz zu regulieren.

---

100 Das kann auch damit zusammen hängen, dass sie persönlichen Kontakt zu Verwaltungsmitarbeitenden hat.

Beginn und Ende einer Veranstaltung werden von zwei Kursleitenden durch die administrative Tätigkeit der Übergabe der Teilnehmerliste an die Kursleitenden und zurück an die Verwaltungsmitarbeitenden markiert. An diesen Zeitpunkten wird eine Zäsur gesetzt, aus Sicht der Kursleitenden verändert sich die Beziehung zu den Teilnehmenden. 4KL1 formuliert diesen Einschnitt und den Übergang von einer Phase, in der sie sich neutral im Hintergrund hält zur anderen Phase, in der sie sich für Teilnehmende verantwortlich fühlt:

> „Der Teilnehmer muss sich darum kümmern, (...) dass er sich anmeldet. Das ist nicht mein Bier, aber wenn er nachher in der Liste ist, dann bin ich auch verantwortlich und muss gucken kommt er regelmäßig, oder warum kommt er denn nicht. Manche Leute bleiben ja einfach weg. Dann ist es einfach auch meine Aufgabe als Kursleitung mal anzurufen und zu sagen, ah, es ist mir aufgefallen, du bist vier Mal nicht da gewesen, ist irgendwas quer gelaufen? Wenn er's mir nicht sagen will, sagt er es mir nicht, natürlich, aber zumindest dass ich ihm signalisiere, mir ist es aufgefallen, dass Du nicht da warst." (4KL1, 174-176)

Auch 12KL2 bekommt die Listen und verwahrt sie bis zum Seminarende (vgl. 12KL2, 88). Dann setzt die Übergabe der Liste an die Weiterbildungseinrichtung eine Zäsur, mit der er Distanz zu den Teilnehmenden gewinnt:

> „also Teilnehmerlisten sage ich jetzt mal, werden grundsätzlich wieder zurückgegeben, so dass ich auch in der Regel eher keinen der Namen von den Leuten behalte. (...) Da mache ich mir auch keinen Kopf." (12KL2, 128)

Diese Veränderung kann mit den Begriffen der spezifischen und diffusen Sozialbeziehung interpretiert werden. Verwaltung stärkt hierbei die Komponente der spezifischen Sozialbeziehung im Verhältnis zur diffusen Sozialbeziehung (Oevermann 1999) und ermöglicht Kursleitenden über eine Tätigkeit hinaus (Liste bekommen, Liste abgeben), die Mischung der Komponenten gemäß der Rollenerwartungen für die Zeit der Kursleitung zu justieren.[101]

In diesem Kapitel wurden berufspositionsspezifisch die Ergebnisse zu Verwaltungstätigkeiten, -verständnis und Relationskonzeptionen anhand von Interviewmaterial erläutert.

---

101 Gegenläufig zu dieser Abgrenzung wirkt jedoch die subtile Einflussnahme auf die Gruppenbildung im Anmeldeprozess durch 4KL1. Sie vermittelt kommunikativ – nicht zuletzt durch ihre hohe Aufmerksamkeit auf die Teilnehmerliste und hoher Kontaktdichte zum Büro – gegenüber den Verwaltungsmitarbeitenden ihre Erwartungen an eine Gruppe und ihr Angebot. Verwaltungsmitarbeitende sollen in ihrem Sinne die Gruppenzusammensetzung steuern (vgl. 4KL1, 86).

7 Relationskonzeptionen von Verwaltung und Pädagogik in Weiterbildungseinrichtungen

Als Zusammenfassung aus den vorangegangenen berufspositionsspezifischen Darstellungen von Relationskonzeptionen werden drei Schwerpunkte verallgemeinernd aufgegriffen.

Ein bestimmtes, institutionelles Verwaltungsverständnis hat eine Verbindung zur Vorstellung, dass die Relation von Verwaltung und Pädagogik ein *Verhältnis von Berufspositionen* ist (Kapitel 7.1). In den Positionen waren unterschiedliche Akzente sichtbar. Anhand des Umgangs mit Kundentelefonaten in den drei öffentlichen Weiterbildungseinrichtungen kann gezeigt werden, wie die Relation von Berufspositionen unterschiedlich ausagiert wird.

Daneben lässt sich als These formulieren, dass das Verhältnis von Verwaltung und Pädagogik als *Balance von Elementen einer Rolle* wahrgenommen und bearbeitet wird. Widersprüchliche Erwartungen sind in der Literatur immer wieder umschrieben worden. In Zusammenhang damit wirft das Ergebnis die Frage auf, ob die Institution „Bürokratie" ein institutionalisiertes Rollenelement definiert, das alle Berufspositionen in öffentlichen Weiterbildungseinrichtungen betrifft. Dies wird unter Verwendung von neo-institutionalistischer Theorie entwickelt (Kapitel 7.2).

Zuletzt vertieft die Darstellung die Beobachtung, dass *Verwaltung an Übergängen transferierend wirkt*. Dies hat vor allem mit dem dokumentierenden Modus bzw. den konkreten Dokumentationen zu tun. Drei Übergänge lassen sich lokalisieren und einige Funktionen von Verwaltung an Übergängen beschreiben (Kapitel 7.3).

7.1 Verhältnis von Berufspositionen

Das Verhältnis zwischen Verwaltungsmitarbeitenden und pädagogischen Mitarbeitenden ist eine Thematik, die in der erwachsenpädagogischen Literatur bereits bearbeitet wurde (vgl. auch Kapitel 3.2.2). Das KGSt-Modell oder das Arbeitsgruppenmodell (vgl. Kapitel 2.1.3; vgl. Kommunale Gemeinschaftsstelle für Verwaltungsvereinfachung 1973; Senzky 1974, S. 67) waren konkrete organisationsstrukturelle Vorschläge, wie die Zusammenarbeit der Positionen auf der

Meso-Ebene der Einrichtung zu realisieren sei. Die im Zusammenhang mit Organisationsentwicklung vorgeschlagenen Konzepte Kontextwissen und Relationsbewusstsein (vgl. Küchler, Schäffter 1997, S. 60-64) sind auch in Bezug auf die Verbesserung der Zusammenarbeit von Berufspositionen interpretiert worden (vgl. Ehses, Zech 2004, S. 81). Doch auch mehr als zwanzig Jahre nach der Untersuchung durch die PAS-DVV (vgl. PAS-DVV 1983) wird nach wie vor von „zwei innerbetrieblichen Subkulturen" (Bastian 2002, S. 254) und einem „tradierten habituellen Konflikt zwischen Verwaltungs- und pädagogischem Personal" (Meisel 2008, S. 238) gesprochen. Die organisationspsychologische Studie von Kil hat deutlich die Unterschiede des Motivierungspotenzials der Positionen in Weiterbildungseinrichtungen aufgezeigt (vgl. Kil 1998). Hinzu kommen faktische Statusunterschiede (z.B. Bezahlung, Selbstbestimmung der Zeitverwendung).

Da diese Verhältniskonzeption also vor der Untersuchung bereits bekannt war, hat die Studie aktiv daran gearbeitet, das Thema „Verwaltung in Weiterbildungseinrichtungen" explorativ breiter zu erfassen. Denn das Erkenntnisinteresse galt eben nicht nur der interpersonalen Relation. Daher wurden einerseits im Sample verschiedene Berufspositionen und Weiterbildungseinrichtungen berücksichtigt. Außerdem standen die möglichst konkreten und situationsgebundenen Beschreibungen von eigenen Verwaltungstätigkeiten im Zentrum des Erhebungsleitfadens.

Trotzdem lässt die Studie erkennen, dass das Verhältnis von Berufspositionen, und zwar der Verwaltungsmitarbeitenden und der pädagogischen Mitarbeitenden, eine vorherrschende Sicht auf das Verhältnis von Verwaltung und Pädagogik ist. Dies korrespondiert in der Regel mit einem Verständnis von Verwaltung als (interne) Organisationseinheit bzw. als Berufsposition. Die Grundstruktur liegt dann in der einrichtungsspezifisch eingerichteten Arbeitsteilung und Kooperation, in damit verbundenen Rollenerwartungen sowie Kompetenz- und Statusfragen zwischen den Positionen. Es wird vorgeschlagen, die Verhältnisbestimmung auch als Zuschreibung dominanter Rollenelemente zu sehen. Aufgrund der Möglichkeit, verschiedene Positionen in der Auswertung miteinander in Beziehung zu setzen, kann die vorliegende Studie sichtbar machen, wie einrichtungsspezifisch verschiedene organisationale Konstellationen und der Umgang mit telefonischen Kundenanfragen (Mikro-Ebene) zusammenhängen.

7.1.1 Verwaltungsverständnis und Verhältnisbestimmung

Wie in den Ergebnissen dargestellt, ist in der konfessionellen Familienbildungseinrichtung, der städtischen VHS und der Kreis-VHS mit Außenstellen das institutionelle Verständnis von Verwaltung als interne Abteilung oder als Berufsposition dominant. Es konnte bei allen Befragten dieser Einrichtungen nachgewiesen werden. Die gleichen Befragten konzipieren damit ein Verhältnis von Verwaltung und Pädagogik als Zusammenarbeitsverhältnis der Berufspositionen. Im Kontext der beruflichen Weiterbildungseinrichtungen konnte das Verständnis von Verwaltung als Abteilung zwar so nicht nachgewiesen werden. Dennoch gibt es Fundstellen, in denen in Bezug auf Verwaltungstätigkeiten die Befragten die Zusammenarbeit von verschiedenen Positionen thematisieren (vgl. 16HPM5, 191ff; 18VMA5, 161ff und 208ff; 9L2, 156; 19KL4, 170).

Es geht bei dieser Verhältnisbestimmung zunächst um die Verteilung von Zuständigkeiten und die Zusammenarbeit zwischen HPM und VMA. Dies kann mit klassischen Begriffen der Organisationslehre, der organisationalen Differenzierung bzw. Arbeitsteilung und der organisationalen Integration bzw. Zusammenarbeit/Kooperation beschrieben werden (vgl. z.B. Schreyögg 1999). Einrichtungsspezifisch lassen sich dann Formen der Kooperation (z.B. Struktur der Besprechungsrunden, Formulare, EDV-Systeme) oder der Zuschnitt der Positionen näher betrachten (vgl. Dietsche 2002b). Erkennbar sind hier jedoch auch verschiedene Fragestellungen der Positionen, die an ein Zusammenarbeitsverhältnis gestellt werden.

7.1.2 Unterschiedliche Schwerpunkte der Thematik in den Berufspositionen

Für die Berufspositionen der Leitenden, der pädagogischen Mitarbeitenden, der Verwaltungsmitarbeitenden und der Kursleitenden sind jeweils gesonderte Fragestellungen in den Ergebnissen zu dieser Relationskonzeption festzuhalten.

Leitende, einschließlich der Verwaltungsleitung, thematisieren die Zusammenarbeit unter der Fragestellung: „Wie bringe ich die Berufspositionen zusammen?" (Aufgabenintegration). In den Rollenpartnerschaften wurde ersichtlich, dass sie als Vorgesetzte den Einsatz des Personals steuern und aus dieser übergeordneten Position auf die Zusammenarbeit der Mitarbeitenden achten. Das wird konkret, wenn sie z.B. von der gemeinsamen, die Positionen integrierenden Zielsetzung, von der Kommunikation zwischen den Berufspositionen insbesondere in gemeinsamen Sitzungen und von den datenbankgestützten Abläufen sprechen.

Die Äußerungen der hauptamtlich pädagogischen Mitarbeitende gruppieren sich um die Frage: „Wer macht was?" (Aufgabendifferenzierung). In den Einrichtungen, kooperieren die Berufspositionen nach unterschiedlichen Modellen: z.B. dem Arbeitsgruppenmodell in der städtischen Einrichtung und dem KGSt-Modell in der Kreisverwaltung. Die interpersonale Relationskonzeption von Verwaltung und Pädagogik ist besonders stark bei 8HPM4 in der großen, städtischen Einrichtung und bei 3HPM2 in der kleinen Einrichtung der Familienbildung. 3HPM2 beschreibt wechselseitige Prozesse und geht im Interview insgesamt reflektierend mit den Beiträgen der verschiedenen Berufspositionen um. Demgegenüber scheint 8HPM4 stärker „gefangen" in dieser Sichtweise auf das Verhältnis von Verwaltung und Pädagogik. Die Zusammenarbeit mit den ihr zugeordneten Verwaltungskräften ist in diesem Interview das zentrale Thema an das auch ihre Unzufriedenheit mit der Arbeit gebunden ist.

Verwaltungsmitarbeiterinnen besprechen das Zusammenarbeitsverhältnis unterschiedlich. 7VMA3 hebt darauf ab, dass Verwaltungsmitarbeitenden manche Tätigkeiten nicht erlaubt sind. Dies bringt sie in Verbindung mit einem quasi-hierarchischen Verhältnis zwischen einander zugeordneten Verwaltungsmitarbeitenden und pädagogischen Mitarbeitenden. Sie fragt also: „Wer darf was machen?". Sie drückt deutlich aus, dass sie sich als Verwaltungsmitarbeiterin nicht ausreichend wertgeschätzt fühlt (vgl. 7VMA3, 176ff). Demgegenüber stehen die Aussagen der anderen drei Verwaltungsmitarbeitenden (10VMA4; 2VMA2; 18VMA5) unter dem Thema: „Wie können wir uns gegenseitig unterstützen?" Ausgehend vom gegenseitigen Informationsbedarf schildern sie, wie sie sich mit pädagogischen Mitarbeitenden in Bezug auf Teilnehmerkommunikation oder Programmplanungsprozess abstimmen.

Kursleitende skizzieren in den Rollenpartnerschaften mit Verwaltungsmitarbeitenden einerseits und hauptamtlich pädagogischen Mitarbeitenden andererseits die differenzierten Berufspositionen mit ihren Zuständigkeiten. Dabei ist bei der Kursleiterin der städtischen VHS das Modell von Pädagogen = Planung vs. Verwaltung = Umsetzung präsent. Kursleitende gehen überdies implizit auf die Frage ein: „Wie gut funktioniert die Zusammenarbeit von Kursleitenden mit Verwaltungsmitarbeitenden?" Damit konzipieren sie ebenfalls das Zusammenarbeitsverhältnis, wobei sie ihre eigenen wiederkehrenden Kooperationsbeziehungen mit Verwaltungsmitarbeitenden bewerten. Das war vor allem als Reaktion auf die Frage nach positiv oder negativ herausragenden Ereignissen zu erkennen.

7.1.3 Zuschreibung dominanter Rollenelemente

Die Verhältnisbestimmung kann als Zuschreibung von Rollenelementen (vgl. Kapitel 2.1.4) aufgefasst werden, indem „Verwaltung" mit bestimmten Berufspositionen (VMA, VMAL) in Verbindung gebracht wird. Es kann formuliert werden, dass diese Relationskonzeption davon ausgeht, dass die Berufspositionen jeweils annähernd vollständig von einem Rollenelement – z.B. dem administrativ (-organisatorischen) einerseits und dem pädagogisch (-inhaltlichen) andererseits – geprägt werden. Sie „repräsentieren" dann „die Verwaltung" und „die Pädagogik". Die Zuschreibung von dominanten Rollenelementen kann für die Meso-Ebene der Weiterbildungseinrichtung funktional und in seinem Identifikationsangebot für den Einzelnen entlastend sein, ist aber auf der Mikro-Ebene der Mitarbeitenden unter Umständen auch Herausforderung.

Wie in Kapitel 3 ausgeführt, wird ein „Zuviel" von Verwaltung (von HPM, von Leitenden) häufig beklagt. Dass in allen Positionen (mehr oder weniger) Verwaltungstätigkeiten ausgeführt werden, hat die Untersuchung gezeigt. Durch eine Zuschreibung dominanter Rollenelemente werden andere Rollenelemente als „uneigentlich" oder falsch bewertet. Wenn sie dennoch auftauchen können sie möglicherweise Person-Rollen-Konflikte verstärken. Denn mit den verschiedenen Rollenelementen gehen Erwartungen einher, zu denen sich die Mitarbeitenden verhalten müssen.[102] Wie Mitarbeitende mit der Herausforderung verschiedener Rollenelemente auf der individuellen Ebene umgehen, wird in Kapitel 7.2 besprochen.

Vorteilhaft ist auf der Meso-Ebene der Einrichtung, dass durch eine solche Zuschreibung die Relation von *Berufspositionen* als „Zusammenspiel verschiedener Fachkompetenzen [im Original fett]" (vgl. Küchler, Schäffter 1997, S. 60; Ausgangspunkt für Zech, Ameln 2010, S. 20, S. 26ff, S. 132ff) gefasst werden kann. Damit wird das Verhältnis einer kommunikativen und prozessualen Bearbeitung zugänglich gemacht. Bei den Kursleitenden und der Außenstellenleitung wurde ersichtlich, dass die arbeitsteilige Struktur aufgegriffen wird, wenn Fragen an jeweils „zuständige" Positionen gerichtet werden. Dies ist für die Organisations- und Qualitätsentwicklung der Weiterbildungseinrichtungen wichtig. Dabei muss auch die Wertschätzung der jeweiligen Positionen für den Gesamtprozess in einem angemessenen Verhältnis gehalten werden (vgl. Ehses, Zech 1999, S. 40). Mit der Integration von Erwartungen durch Zusammenarbeit von Berufspositionen beschäftigen sich, wie oben erläutert, die Leitenden und die Verwaltungsleiterin (vgl. Kapitel 6.1.4 und 6.2.4).

Die Analyse der Interviews mit Kursleitenden zeigt umgekehrt, dass ihnen kaum ein administratives Rollenelement zugeschrieben wird (vgl. zur Literatur auch Kapitel 3.3.2). So haben die Befragten deutlich gemacht, dass sie, zugespitzt formuliert „eigentlich nichts" (14KL3, 166) mit Verwaltung zu tun haben. Darin liegt unter Umständen ein Vorteil, denn im Anschluss an Merton, der sich mit sozialen Mechanismen zur Reduzierung von Rollenkonflikten auseinandergesetzt hat (vgl. Merton 1995, S. 352ff), kann hier eine strukturelle „Abschir-

---

102 Eine Absolventenstudie weist außerdem darauf hin, dass „das berufliche Selbstbild und die faktischen beruflichen Tätigkeiten in einem ausgeprägten positiven Zusammenhang zueinander stehen" (Krüger, Rostampour 2003, S. 208).

mung" (Miebach 2010, S. 45) von Interaktionen gesehen werden.[103] Indem die Praxis der Weiterbildungseinrichtungen überwiegend mit hauptberuflich pädagogisch Planenden und *freiberuflich* pädagogisch Lehrenden arbeitet (vgl. Kapitel 2.1.3) und die HPM verstärkt auf der Meso-, die Kursleitenden auf der Mikro-Ebene tätig werden (vgl. Grafik zu Handlungsebenen der Zusammenarbeit von HPM und Kursleitenden Schäffter 1985, S. 40), wird die Lehr-Lern-Interaktion abgeschirmt. Anlässe diffuser Sozialbeziehungen (vgl. Oevermann 1999), die sich je nach Thema der Weiterbildungsveranstaltung und Einbeziehung von Lehrenden und Teilnehmenden entwickeln, werden damit ausgelagert.[104]

7.1.4 Einrichtungsspezifische Ausgestaltung der Relation der Berufspositionen am Beispiel der Reaktion auf Kundenanfragen

Das Verhältnis der Berufspositionen wird in den Einrichtungen nicht nur organisationsstrukturell unterschiedlich aufgestellt, sondern auch unterschiedlich ausagiert. Das Interviewmaterial ermöglicht einen Vergleich des Umgangs mit telefonischen Kundengesprächen, da die befragten Verwaltungsmitarbeitenden auch den zentralen Telefonanschluss (zumindest zeitweise) bedienen. Es sollen hier diejenigen Anrufe besprochen werden, bei denen Anrufer sich für Kursangebote interessieren, Fragen dazu haben oder sich anmelden wollen. Wie oben erläutert (vgl. S. 104), können in diesem Tätigkeitsbereich das „informierende Kundengespräch" und das „Kundengespräch zwischen Information, Verkauf und Beratung" differenziert werden. Dabei nutzen die beiden Verwaltungsmitarbeitenden, die überwiegend „informierende Kundengespräche" führen, eine Abgrenzung zwischen „inhaltlichen" und „organisatorischen" Fragen, womit zugleich Zuständigkeiten markiert werden. Inhaltliche Fragen[105] werden an pädagogische Mitarbeitende weitergeleitet, organisatorische Fragen beantworten die Verwaltungsmitarbeitenden (vgl. 7VMA3, 104; 10VMA4, 195ff).

> „Also ich gebe es weiter, wenn es in den pädagogischen Bereich fällt. Also alles was im organisatorischen Bereich liegt, also wie Fragen zu Ort zu Kursleiter oder zu Teil- oder sind genü-

---

103 Zu sozialen Mechanismen zur Reduzierung von Rollenkonflikten vgl. auch Esser 2002, S. 169ff und Miebach 2010, S. 45ff.
104 Die Auslagerung passt zu Überlegungen von Oevermann im Hinblick auf die Konflikte zwischen Verwaltung und Pädagogik in der Sozialverwaltung (vgl. Oevermann 2000, S. 73f). In diesem Beitrag problematisiert Oevermann den Beziehungsaspekt für die im Rahmen des ehemaligen Bundessozialhilfegesetz (BSHG) Tätigen. Die Unterscheidung diffuse/spezifische Sozialbeziehung wendet Hartig auf das berufliche Selbstverständnis von Erwachsenenbildnern an (vgl. Hartig 2008, S. 325).
105 Z.B. zu Zertifikaten (vgl. 7VMA3, 104), Sprachstand (vgl. 10VMA4, 198; 7VMA3, 98), medizinischen Fragen (vgl. 7VMA3, 102).

gend Teilnehmer da, ist, wer ist, ist der Kursleiter ein Mann oder eine Frau, oder wann findet der Kurs statt oder wo findet der Kurs statt, aber wie gesagt, so spezifische Fragen, oder wenn einer sagt, ja ich möchte in Englisch das und das Diplom machen, die kann und will ich net beantworten. Und die geb' ich dann halt weiter." (7VMA3, 104)

Demgegenüber gehen die Verwaltungsmitarbeitende der konfessionellen Familienbildungseinrichtung (2VMA2) und auch die Außenstellenleiterin (15AUSL) auf weitgehend alle Fragen der Anrufer ein. Diese beiden Befragten melden Interessierte an, daher entwickeln sich Gespräche vom Informieren in ein Spannungsfeld zwischen Verkaufen und Beraten. Hier gehen die Verwaltungsmitarbeitenden näher auf die Anliegen der Anrufer ein und fragen nach (vgl. 2VMA2, 9, 99). Die Anrufer erklären infolgedessen z.b. gesundheitliche Probleme (vgl. 2VMA2, 109-113), ihre Familiensituation (vgl. 2VMA2, 43, 113) und persönliche Schwächen, etwa nicht musikalisch zu sein (vgl. 2VMA2, 83). Sie greifen gewissermaßen der Kurssituation vor und thematisieren vieles, was später auf der Mikroebene zwischen Kursleitenden und Teilnehmenden bearbeitet wird. Hinzu kommt eine Aufmerksamkeit für die wirtschaftliche Seite des „Verkaufsgesprächs". So erhöht 2VMA2 ihr Engagement bei Kursen, die knapp belegt sind (vgl. 2VMA2, 107) und sagt: „es ärgert mich immer, wenn ich soviel Redezeit investiere und so ein Kurs wird dann doch abgesagt" (2VMA2, 89, vgl. auch 99) Die Außenstellenleiterin betont ihrerseits im Interview, dass sie auf die (zahlungs-)verbindliche Unterschrift bei der Anmeldung achte (vgl. 15AUSL, 72).

Schematisiert man nun unter Zuhilfenahme der benutzten Differenz „Inhaltliches" (I) vs. „Organisatorisches" (O) die Kommunikationsinhalte in weiteren Rollenpartnerschaften der Einrichtungen, so zeigt sich (vgl. Abbildung 27), dass es verschiedene Kombinationen von Kommunikationsinhalten zwischen Berufspositionen gibt.[106]

In der städtischen VHS ist die strikte Differenzierung der Positionen (trotz bestehendem Arbeitsgruppenmodell) auch in den getrennten Gesprächsinhalten sichtbar. In der VHS mit Außenstellen sehen wir eine Kombination aus Differenzierung zwischen HPM und VMA (bei bestehendem KGSt-Modell) und Integration durch die Schnittstellenposition der Außenstellenleitung. In der Familienbildungseinrichtung, in der sowohl die befragte Verwaltungsmitarbeiterin als auch die befragte pädagogische Mitarbeiterin sich Gedanken darüber machen, wer wann welche Information braucht und es ein hohes Relationsbewusstsein (vgl. Küchler, Schäffter 1997, S. 61ff) zu geben scheint, sehen wir die Kombination von organisatorischen und inhaltlichen Gesprächsinhalten in mehreren Rol-

---

106 In dieser Darstellung werden also Interviews mit allen Befragten einer Einrichtung als Ganzes berücksichtigt und Schematisierungen verstärkt. Die schwächeren Pfeile sollen zeigen, dass diese Kommunikation insgesamt wohl seltener vorkommt

lenpartnerschaften. Hier liegt ein Beispiel für ein „pädagogisch" ausgeweitetes Tätigkeitsprofil einer Verwaltungsmitarbeiterin vor, die als organisatorisch-pädagogische Mitarbeiterin (vgl. Fuchs, Schwickerath et al. 2009, S. 75; Meisel 2009, S. 434) bei Berücksichtigung der wirtschaftlichen Perspektive auch als „Bildungskauffrau" (vgl. Dietsche 2002a) bezeichnet werden könnte. Rollentheoretisch könnte man hier möglicherweise von einer „Rollenverschmelzung" (vgl. Wiswede 1977, S. 130 nach Turner 1962, S. 26) sprechen.

Bemerkenswert ist, dass die Mitarbeiterin (2VMA2) „an der Schnittstelle zwischen Verwaltung und Pädagogik" (Hippel 2010) hier nun in einen Zwiespalt von Erwartungen gerät. Sie muss also ebenfalls verschiedene Rollenelemente ausbalancieren (vgl. Kapitel 7.2). Dies scheint sie persönlich zu beschäftigen, so sagt sie:

> „Also dann ist jede Menge Redebedarf und ich frag mich dann oft im Nachhinein, hab ich der Frau jetzt ehrlich gute Ratschläge gegeben, ehrliche Beratung zum Teilnehmen gegeben, oder hab ich die einfach bequatscht, um es mal platt auszudrücken." (2VMA2, 83)

Städtische VHS	Kreis-VHS mit Außenstellen	Konfessionelle Familienbildungseinrichtung
(Diagramm: HPM – KL – VMA – TN)	(Diagramm: HPM – KL – AUSL – VMA (L) – TN)	(Diagramm: HPM – VMA – KL – TN)
Trennung der Gesprächsinhalte zwischen den Positionen:	*Kombination aus Trennung und Mischung von Gesprächsinhalten zwischen den Positionen:*	*Mischung der Gesprächsinhalte zwischen den Positionen:*
Verwaltungsmitarbeitende beantworten nur die organisatorischen Fragen der Teilnehmenden. Pädagogische Fragen werden von HPM mit Teilnehmenden geklärt.	Wir sehen hier die Schnittstellenposition der Außenstellenleitung, die stets über alle Fragen mit den Beteiligten kommuniziert. Verwaltungsmitarbeitende halten sich jedoch bei inhaltlichen Fragen zurück.	Damit die Verwaltungsmitarbeiterin sowohl pädagogische als auch organisatorische Fragen beantworten kann, muss diese Information auch von Kursleitenden und HPM an die Verwaltungsmitarbeiterin fließen.

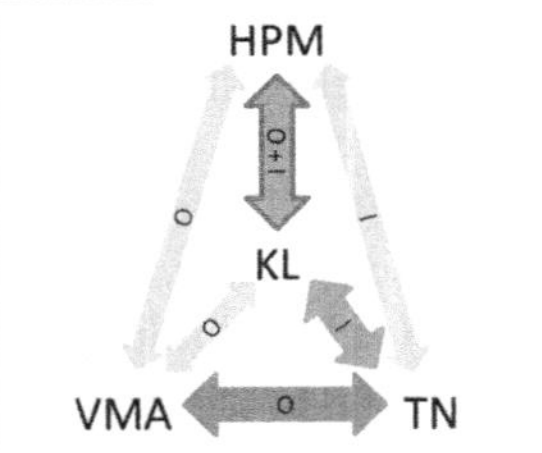

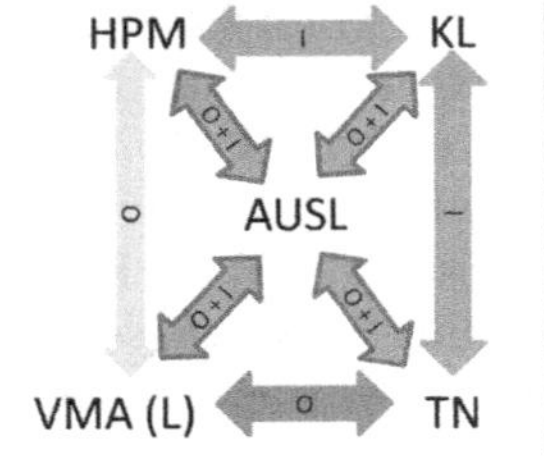

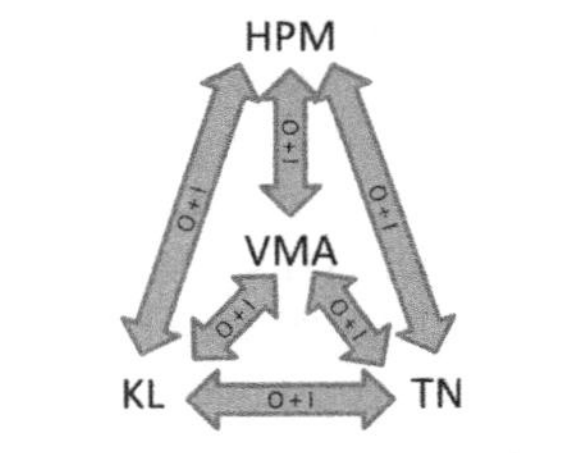

Abbildung 27: Veränderung der Kommunikationsinhalte verschiedener Berufspositionen bei unterschiedlichen Reaktionen auf Kundentelefonate

Aus dem Vergleich der Einrichtungen lässt sich dreierlei folgern: Wenn Anrufer sich für Kursangebote interessieren, Fragen dazu haben oder sich anmelden wollen, hat erstens der Inhalt der Kundengespräche auf die Ausgestaltung der Rollenpartnerschaften der Weiterbildungseinrichtung insgesamt Auswirkungen. Zweitens scheint die organisationskulturell geprägte Relation zwischen den Verwaltungsmitarbeitenden und den pädagogischen Mitarbeitenden in der jeweiligen Weiterbildungseinrichtung in weiteren Rollenpartnerschaften wirksam zu werden. Drittens sehen wir in den beratenden Kundentelefonaten ein konkretes Beispiel für Schäffters Konzept der „Schlüsselsituation". Soziale Ereignisse in Weiterbildungseinrichtungen sind nach Schäffter Schlüsselsituationen, wenn darin verschiedene relevante Perspektiven „verschränkt" (Schäffter 2003b, S. 176) werden (vgl. Schäffter 2003b, S. 176f; PAS-DVV 1989). „Eine Schlüsselsituation [braucht, B.D.] nicht notwendigerweise Bestandteil der Formalorganisation zu sein" (Schäffter 2003b, S. 176) und findet dem Autor zufolge auch nicht unbedingt in einer strukturell geschaffenen Besprechungssituation statt (vgl. Schäffter 2003b, S. 176). Die Reaktion auf diese Anrufe ist eine solche Schlüsselsituation, die von diesen Einrichtungen jeweils unterschiedlich inszeniert wird. Betrifft die Schlüsselsituation einen Mitarbeitenden, so müssen zwei Rollenelemente in Balance gehalten werden. Dies wird nun vertiefend ausgeführt.

7.2 Balance von Rollenelementen/Teilrollen

Neben der Analyse des Verwaltungsverständnisses und der Verwaltungstätigkeiten war es ein Ziel dieser Forschungsarbeit, auf der Mikro-Ebene der Mitarbeiter Relationierungen von Verwaltung und Pädagogik zu beschreiben. Der Begriff der Rollenelemente/Teilrollen, der verdeutlicht, dass an ein und dieselbe Person verschiedene Bündel von Erwartungen (Rollen) gestellt werden, wurde für die Darstellung bereits genutzt (zur Erklärung des Begriffs vgl. Kapitel 2.1.4). Wie die positionsbezogene Analyse der Interviews gezeigt hat, integrieren und differenzieren die Mitarbeitenden in Weiterbildungseinrichtungen administrative, pädagogische (und wirtschaftliche) Erwartungen.

Wie die Verwaltungsmitarbeiterin, welche in ihren Telefonaten mit potenziellen Teilnehmenden Inhaltliches und Organisatorisches bespricht, in die Situation kommt, wirtschaftliche und pädagogisch-beraterische Anforderungen auszubalancieren wurde mit dem obigen Zitat („beraten oder bequatscht"?) bereits illustriert. Die produktive Auseinandersetzung mit verschiedenen Anforderungen ist bei den HPM in der Literatur zu Programmplanungsprozessen ausgeführt worden (vgl. Kapitel 3.2.1 und 3.3.1). Auch im vorliegenden Material wird diese Auseinandersetzung erkennbar, insbesondere wenn HPM Tätigkeiten für Kooperationsangebote oder Veranstaltungen außerhalb des Programmplans beschreiben. Die HPM gleichen dann Perspektiven mit- und gegeneinander ab und erarbeiten und kommunizieren das Angebot aus verschiedenen Blickwinkeln. Die Auseinandersetzung mit Rollenelementen scheint darüber hinaus insbesondere dann stattzufinden, wenn Mischtätigkeiten nicht mehr delegiert werden können. Bei Leitenden tauchen zu integrierende Rollenelemente zudem im Zusammenhang mit „Rahmenbedingungen" auf. Anforderungen von der Makro-Ebene des Trägers werden durch sie in die Weiterbildungseinrichtung gebracht. Eine Konkretisierung ist die Erarbeitung von Kalkulationsschemata, also Regeln für die Kalkulation von Angeboten. Bei solchen Überlegungen denken sie das Profil und das Programm der Einrichtung immer mit. Eine Leiterin sagt: „Ich koordiniere eigentlich, mein Fokus liegt immer auf unserem Programm. Ja, was haben wir auf den Weg zu bringen, wofür stehen wir grade (…) auch immer visionär" (6L1, 78). In der Formulierung „geradestehen" werden die verschiedenen Erwartungen gefasst.

Weniger deutlich ist eine Auseinandersetzung mit verschiedenen Rollenelementen bei Kursleitenden und Verwaltungsmitarbeitenden. Das Interviewmaterial zum Umgang mit der Kursliste und den damit verbundenen Abrechnungsvorgängen ist jedoch durchaus aufschlussreich.

Kritisches Ereignis: Kursleiter versteht Akribie einer Kursabrechnung nicht
Eine Kursliste kam nicht nachvollziehbar ausgefüllt zur Verwaltungsmitarbeitenden (10VMA4) zur Bearbeitung. Weil Einzelinformationen fehlten verzögerte sich die Honorarabrechnung. Die Kursleiterin erkundigt sich, wo das Geld bleibe. Das Telefongespräch entwickelt sich kritisch, weil die Kursleiterin es „kleinkariert" (10VMA4, 284) findet, die Einzelinformationen geben zu müssen. Die Verwaltungsmitarbeiterin erklärt ihr daraufhin, dass die Programmierung der EDV die Genauigkeit erzwingt. Das sei notwendig, weil sonst eine Kontrollinstanz die Mittelverwendung nicht nachvollziehen kann (vgl. 10VMA4, 292). Resümierend sagt sie: „wenn ich gutes Geld verdiene, dann muss ich auch gute Arbeit abliefern. <I: Hm, hm.> Dazu gehört nicht nur der Kurs, sondern gehört halt auch diese Liste dazu" (10VMA4, 280).

Wie Kursleitende mit Anforderungen der Kursliste umgehen, und was das mit Rollenelementen/Teilrollen zu tun hat, wird unten nochmal aufgegriffen.

Indem die Relationskonzeption theoretisch als auszubalancierende, institutionalisierte Rollenelemente/Teilrollen bearbeitet wird, kann sie für alle Berufspositionen (in öffentliche Weiterbildungseinrichtungen) generalisiert werden.

7.2.1 Hinweise in der erwachsenpädagogischen Literatur

Einige Beiträge aus der erwachsenenpädagogischen Literatur entwerfen – stets in Bezug auf pädagogische Mitarbeiter – Problembeschreibungen widersprüchlicher Erwartungen auf der Mikroebene des Mitarbeiters.[107] Wie oben erwähnt, konnten in der organisationsdiagnostischen Studie von Kil Rollenunklarheiten als Belastungsfaktor nachgewiesen werden (vgl. Kil 1998, S. 214, 221). Erinnert sei zunächst an die Karikatur (vgl. Kapitel 2.1.4), die das „Verhältnis von Verwaltung und Pädagogik" als einen Körper mit zwei Köpfen und je zwei Paar Händen und Füßen darstellt. Dazu passt die Aussage: „Das Selbstverständnis von HPM bewegt sich in einem Spannungsbogen, der von Pädagoge bis Bürokrat reicht" (Ufermann 1987, S. 180).[108] Kade/Nittel/Seitter stellen in Bezug auf differierende Erwartungen fest:

> „die Professionalität des planend-disponierende Personal (...) [ist, B.D.] mit dem notorischen Problem einer diffusen Anforderungsstruktur bzw. einer nur schwer faßbaren Tätigkeitsmixtur belastet. Das hängt im wesentlichen damit zusammen, daß die jeweiligen Themen und Anforderungen sich gleichsam doppelt stellen, nämlich unter einem professionell-pädagogischen und einem organisatorischen Fokus" (Kade, Nittel, Seitter 1999, S. 134).

Seitter greift in einem Artikel die Differenz zwischen Dozieren und Disponieren gesondert auf und bietet an, die Lage so zu verstehen, dass Erwachsenenbildung versucht, „je unterschiedliche Handlungslogiken auszubilden *und* sie in unterschiedlicher Gewichtung miteinander zu relationieren" (Seitter 1999, S. 400, Hervorhebung im Original). Hervorzuheben ist, dass Seitter von der gegenseitigen Bezugnahme, nicht von der Gegenüberstellung ausgeht.[109] In Abgrenzung zu einer Gegenüberstellung geht es in dieser Sichtweise nämlich darum, dass die jeweiligen Pole nur angenähert aber nie voll eigenommen werden. Die folgende Textstelle aus Schäffters Theoriebeitrag steht für diese Sichtweise:

> „Jeder Teilnehmer, Kursleiter, Mitarbeiter als ‚Person' sowie jede Berufsgruppe oder Teilbereich als Kommunikationszusammenhang haben immer Anteil an mehreren und häufig auch schwer miteinander in Einklang zu bringenden Relevanzbereichen, die sie auf eine für sie

---

107 Im Kapitel 3.2.1 wurden zwei aktuelle Arbeiten angeführt, die sich auch mit der Bearbeitung von makrostrukturellen Widersprüchen auf der Meso-Ebene beschäftigen.
108 Vergleichbar Kuper zu Rollenmodellen des Schulleiters als „Behördenchef" oder als „instructional leader" (vgl. Kuper 2008, S. 159f).
109 Der Dualismus zwischen Verwaltung bzw. Organisation und Pädagogik ist in einschlägigen organisationstheoretischen Beiträgen in diese Richtung „entkräftet" worden (vgl. Terhart 1986; Schäffter 1987; Fuhr 1994; Kuper 2001). Für dualistische Erklärungen wird in manchen Texten Scotts Beschreibung von „Spezialisten" und „Bürokraten" (vgl. Scott 1971) herangezogen (vgl. Wittpoth 1987, S. 95; in Bezug auf die Schule Brüsemeister, Göppert, Unger 2008, S. 179-183; Ansatz sichtbar auch bei Nittel 1999, S. 167).

funktionale Weise verknüpfen. Es wäre daher falsch, Relevanzen, die man institutionell als ‚pädagogisch' zusammenfasst, nur bestimmten Berufsgruppen zuzuschreiben oder umgekehrt die administrative Perspektivität pädagogischer Organisationstätigkeit leugnen zu wollen. Interessanter sind vielmehr die Mischungsverhältnisse unterschiedlicher Relevanzen in einzelnen Tätigkeitsbereichen. Zu untersuchen wäre daher, welche institutionell bedeutsamen Regel- und Wertsysteme (Relevanzen) in einer Einrichtung manifest und wo, wie, von wem sie aufeinander bezogen werden." (Schäffter 1987, S. 165)

7.2.2 Institution „Bürokratie" definiert eine Teilrolle/ein Rollenelement

Obschon sich die angeführten Beschreibungen auf die Mikro-Ebene des Mitarbeiters beziehen, so stellen sie dennoch eine Verbindung zur Makroebene her. Es wird davon ausgegangen, dass Erwartungen den Mitarbeitenden nicht „einfach so" erreichen, sondern auch einen Hintergrund haben. Wie kann Verwaltung in diesem Mikro-Makro-Zusammenhang „gefasst" werden? Und welche Bedeutung haben dabei Rollenelemente?

Um dies weiter zu vertiefen, wird nun erstens vorgeschlagen, das was Schäffter „Relevanzen" nennt, als „Institutionen" zu verstehen und die Frage nach der Herkunft von Rollenelementen aus neo-institutionalistischer Perspektive anzugehen. Demnach definieren Institutionen Rollen (vgl. Meyer, Hammerschmidt 2006, S. 163). Der Prozess der Institutionalisierung nach Berger/Luckmann geht dabei auf den Brückenschlag von Handeln – Rollen – Institutionen ein. Knapp beschrieben entstehen in einem solchen Prozess aus einer wechselseitigen Handlung zwischen Akteuren, die über die Wiederholung habitualisiert wird, eine Regel und aufeinander bezogene Rollen/Rollengefüge. Diese Regel wird mit der Übergabe an Dritte objektiviert (also von den ursprünglich Handelnden getrennt) und damit zur Institution. In diesem Schritt wird die Regel auch mit legitimierenden Begründungen verfestigt und mit Kontrollmechanismen ausgestattet (vgl. Berger, Luckmann 2010, Kap. I. und zu Rollen speziell S. 76ff, vgl. auch Brüsemeister, Göppert, Unger 2008, S. 34-39; Abels 2009, S. 165-169).

Die vorliegende Forschungsarbeit nahm ausführlich Tätigkeiten und Handeln in konkreten Situationen und Rollenbeziehungen in den Blick. Es wurde deutlich, dass Mitarbeitende in Weiterbildungseinrichtungen auf Handlungsmöglichkeiten und -beschränkungen stoßen, und dass an die Positionen bestimmte Erwartungen aber auch Bündel von Erwartungen gestellt werden. Aus neo-institutionalistischer Perspektive werden damit Institutionen wirksam (vgl. Meyer, Hammerschmidt 2006, S. 164). Die rollentheoretische Perspektive thematisiert zudem den Einfluss der jeweiligen Positionen auf die gegenseitigen Erwartungen in Rollenbeziehungen (vgl. Esser 2002, S. 152f). D.h. dass z.B. in der Rollenbeziehung der Leitenden zu Repräsentanten des Trägers der Einrichtung die Erwartungen des Trägers gegenüber der Weiterbildungseinrichtung auf die Leitungsperson gerichtet werden.

In Bezug auf die Fragestellung der Arbeit wird zweitens eine These von Johan P. Olsen aufgegriffen, dass „Bürokratie" eine Institution ist (vgl. Olsen 2006, S. 3; Olsen 2008, S. 17). Olsen entwickelt diese Sichtweise aus der Beobachtung, dass Bürokratie trotz aller Kritik überdauert hat (vgl. Olsen 2006, S. 2, S. 12ff). Ein deutliches Zeichen für den Fortbestand von Bürokratie ist ihm zufolge z.B. die Europäische Union: „The European Union also illustrates that market building and network building do not exclude bureaucratic organization (…) and strengthening markets and networks have produced more, not fewer, rules" (Olsen 2006, S. 14; annähernd wörtlich auch in Olsen 2008, S. 23). In Bezug auf den Einfluss von „Markt" und „Netzwerke" auf die Weiterbildung und der Weiterbildungseinrichtungen sei auf die Darstellung in Kapitel 8 verwiesen.

Informationstechnologien, so Olsen in seinem späteren Beitrag weiter, sind nur vordergründig der Entbürokratisierung verbunden, dahinterliegende Prinzipien entsprechen jedoch der Standardisierung und dem regelorientierten Verhalten (vgl. Olsen 2008, S. 23). Diese Feststellungen können durch die vorliegende Studie bestätigt werden. So begründet die Assoziation „Verwaltung – EDV" einen Teilbereich des Verwaltungsverständnisses in Weiterbildungseinrichtungen. Die informationstechnologische Abbildung von Kernprozessen der Programmplanung und Kursumsetzung werden mit Verwaltung in Verbindung gebracht und mit EDV die wahrgenommene Zunahme an Verwaltung. Die Schilderung des Abrechnungsvorgangs (vgl. 10VMA4), bei dem bei Unregelmäßigkeiten das „System meckert", zeigt z.B. die Institutionalisierung bürokratischer Herangehensweisen in EDV-Systemen.

Die Dokumentationsaufgaben machen, wie dargestellt, ein wesentliches Element des Verwaltungsverständnisses aus. Durch Dokumentation wird wiederum Kontrolle und Überprüfung, aber auch Evaluation und Berichterstattung möglich. Ein Zitat von Jann stellt hier einen Zusammenhang zu Entwicklungen der Verwaltung in den letzten Jahrzehnten her, was im Kapitel 8 weiter vertieft wird.

> „Auch die Ablösung klassischen Vertrauens in das ‚angemessene Verhalten' z.B. von Lehrern, Sozialarbeitern oder im Gesundheitsbereich, hat im Rahmen von NPM Reformen ja gerade nicht zu weniger Regeln und weniger Kontrolle geführt, sondern zu einer *audit explosion*, und zum *auditory state*." (Jann 2006, S. 141, Hervorhebungen im Original)[110]

Eine Kritik an „zuviel Verwaltung", die wir auch von den Weiterbildungseinrichtungen kennen, wird hier erkennbar.

---

110 Olsen (vgl. Olsen 2008, S. 22) verweist in Verbindung mit dem Bild „audit explosion" auf den 1994 erstmals veröffentlichten Titel von Michael Power (vgl. Power 1996).

Die Wirkmacht der Institution „Bürokratie" ist jedoch auch durch bestimmte Werte begründet. Sie sind – so die Darstellung von Olsen – an die Merkmale des Idealtypus der Bürokratie angelehnt (vgl. Olsen 2008; Olsen 2006; rezipierend Jann 2006, S. 140). Diese „Institution Bürokratie" steht nach Jann für „Werte (...) prozeduraler Rationalität und Verlässlichkeit, Rechtsstaatlichkeit und professionelle Standards. (...) bürokratisch strukturierte Organisationen (...) [stärken, B.D.] Vorstellungen von (...) Gleichbehandlung, Fairness, Verantwortlichkeit und Berechenbarkeit (...), Akzeptanz und Befolgung von allgemeinen Regeln (...) als Grundlage für Zivilisation und Demokratie." (Jann 2006, S. 140f). Und wer wird in einer „öffentlichen Weiterbildungseinrichtung" solche Werte vollends ausblenden (wollen/können/dürfen[111])? Hinweise aus dem Interviewmaterial, wie die Legitimation der Aktenführung, den die Leiterin 6L1 als Ausdruck einer Demokratie verpflichteten Transparenz bezeichnet (vgl. 6L1, 78), können damit eingeordnet werden. Auch Akribie bei Abrechnungsvorgängen (vgl. 7VMA3, 84; 11VMAL, 110; 20L4, 60; 10VMA4, 72ff; 3HPM2, 134ff) wird mit der Möglichkeit einer (externen oder internen) Prüfung begründet (vgl. 3HPM2, 140ff; 10VMA4, 292). Nicht zuletzt kann die Gewichtigkeit der Institution Bürokratie als Auslöser für den Druck gesehen werden, der mit dem kontrollierenden und dokumentierenden Modus von Verwaltung beschrieben wurde (vgl. Kapitel 5.2).

Bürokratie sieht Olsen jedoch eher als ein Bestandteil eines Repertoires denn als ein dominantes Prinzip (vgl. Olsen 2006, S. 18). Praktiker in der öffentlichen Verwaltung seien sowohl „rule-driven bureaucrats and also managers calculating expected utility (...) problem-solving servants as well as powerful masters" (Olsen 2006, S. 18).[112] Dieses Zitat umschreibt unter Berücksichtigung von Bürokratie und Wirtschaft verschiedene Teilrollen/Rollenelemente ebenso, wie die Quellen der erwachsenpädagogischen Literatur zu Beginn des Kapitels.

Die bisherigen Ausführungen generieren daher die These:

---

111 Neo-Institutionalistisch könnte hier mit Isomorphie argumentiert werden. Auch Sanktionen sind ein Thema der Rollentheorie (vgl. Miebach 2010, S. 50). Und Siebert hat z.B. aus Gesprächsrunden notiert: „Für einen pädagogischen Mitarbeiter hat es negative Folgen, wenn er Fehler im Verwaltungsbereich macht, aber nicht, wenn er pädagogisch schlechte Arbeit leistet." (Siebert 1979, S. 108)
112 Eine ähnliche Mehrperspektivität kann auch auf der Ebene der Einrichtung geltend gemacht werden. Beispielsweise könne ein und dieselbe Universität betrachtet werden a) als autonome „Gelehrtenrepublik", b) als „nachgeordnete Behörde", c) als „vernetzte Universität" oder d) als „Dienstleistungsbetrieb" (vgl. Bogumil, Jann 2009, S. 207-209, Begrifflichkeiten der Marginalienspalte wörtlich übernommen)

→ Verwaltung ist eine institutionalisierte Erwartung, die in Rollenelementen/ Teilrollen die Institution „Bürokratie" repräsentiert. Diese institutionalisierte Erwartung hat für alle Berufspositionen in öffentlichen Weiterbildungseinrichtungen eine Bedeutung und wird mit anderen institutionalisierten Erwartungen in Relation gesetzt.

7.2.3 Situationen und Strategien des Ausbalancierens verschiedener Rollenelemente/Teilrollen

Wie können andere institutionalisierte Erwartungen in die Erklärung aufgenommen werden? Im Zusammenhang mit dem Prozess der Institutionalisierung wurde gesagt, dass Handlungen zwischen Akteuren wechselseitig sind. Unter Berücksichtigung des interaktionalen Aspekts wird in der Rollentheorie von „Komplementarität" ausgegangen, so dass im konkreten Handeln zwei aufeinander bezogene Akteure (Rollenbeziehung) sich aneinander orientieren (vgl. Miebach 2010, S. 51f; Turner 1962, S. 23). Miebach führt hier als Beispiel die Rollen „Dozent" und „Lerner" an, die sich verschränken. In zwei Interviews konnte eine systematische Verwendung der Bezeichnungen „Kunde" oder „Teilnehmer" erkannt werden (explizit 6L1; implizit 10VMA4[113]). Sind diese vielleicht auch Ausdruck für komplementäre Rollenbeziehungen – aber von unterschiedlichen Teilrollen? Wenn man nun davon ausgeht, dass pädagogische, wirtschaftliche und bürokratische Erwartungen in Rollen an Mitarbeitende öffentlicher Weitbildungseinrichtungen herangetragen werden, so könnten dementsprechend von Institutionen geprägte Komplementärrollen gegenüber den potenziellen Lernenden folgendermaßen schematisiert werden:

Pädagogik	Wirtschaftlichkeit	Bürokratie
Teilnehmer/Lerner	Kunde	Bürger
Pädagoge (Makrodidakt, Lehrender, Beratender)	Dienstleister	Staatsdiener

Tabelle 17: Schema institutionell geprägter Teilrollen/Rollenelemente

Mitarbeitende in (öffentlichen) Weiterbildungseinrichtungen begegnen ihren Teilnehmern/Kunden/Bürgern als Pädagogen/Dienstleistern/Staatsdienern (vgl. Tabelle 17), je nachdem welche institutionalisierten Erwartungen die Hand-

---

113 10VMA4 spricht in der Regel von „Kunden" am Telefon (vgl. 10VMA4, 12ff). Von „Teilnehmenden" spricht sie in Verbindung mit Abrechnungsvorgängen, also wenn diese tatsächlich in einem Kursangebot Teilnehmer waren (vgl. 10VMA4, 30).

lungssituation/Schlüsselsituation bestimmen (vgl. Abbildung 28). Dies könnte in den Situationen Anmeldeberatung, Unterricht, Programmplanungsbesprechung und Kursabrechnung folgendermaßen aussehen:

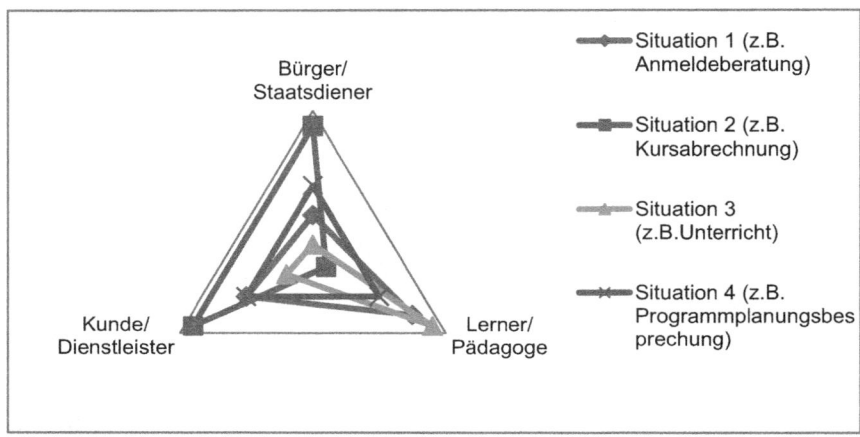

Abbildung 28: Beispielhafte Balancen von Teilrollen von Mitarbeitenden in Weiterbildungseinrichtungen in Verbindung zu Lernenden in vier Situationen

Die Abbildung verweist auf das Konzept der Schlüsselsituation, das im Zusammenhang mit Schäffters oben (Kapitel 7.2.1) angeführten Theoriebeitrag steht. Schäffter definiert Schlüsselsituationen im Jahre 2003[114] folgendermaßen:

> „Schlüsselsituationen institutionellen Handelns (…) als ‚soziale Inszenierungen erwünschter Perspektivenverschränkungen' (…), in denen die Verknüpfung divergenter Relevanzbereiche als Entscheidungsproblem operationalisiert und kleingearbeitet wird." (Schäffter 2003b, S. 175).

Mit dem Konzept der Schlüsselsituationen macht er deutlich, dass es nicht um das Zusammenspiel von Personen, Positionen oder Abteilungen geht, sondern dass sich die Relevanzbereiche überschneiden müssen (vgl. Schäffter 1987, S. 165 und S. 155; auch Schäffter 2003b, S. 176).

---

114 Schäffter hatte erstmals im Rahmen seiner Dissertation das Konzept der „Schlüsselsituation" erarbeitet und griff dabei auf Berger/Luckmann und den symbolischen Interaktionismus zurück (vgl. Schäffter 1979, S. 534-538). Später entwickelt er das Konzept mit der „losen Kopplung" weiter (vgl. Schäffter 1987). Beispiele zu Schlüsselsituationen: Hufer, Landscheidt et al. 1992, S. 15; PAS-DVV 1989; Schäffter 1985, S. 17. Anwendungsbereiche des Konzepts waren Berufseinführung (vgl. PAS-DVV 1989), sowie Fortbildung, und Organisationsentwicklung, wobei das Konzept auch zu Ortfried Schäffters Forschungsprogramm gehörte (vgl. Antrittsvorlesung Schäffter 1993, S. 29).

Im Weiterbildungseinrichtungs-internen Gebrauch kann die Zuschreibung von dominanten Rollenelementen, wie oben erläutert (vgl. Kapitel 7.1.4) zwar auch entlastend wirken. Denn damit werden institutionell geprägte Erwartungen an Berufspositionen geknüpft. Gegenüber potenziellen Lernenden und mit einem gesamtgesellschaftlichen Blick auf Weiterbildung ist das Wechselspiel der Teilrollen bedeutungsvoller. Dann können Institutionen, die auf Weiterbildungseinrichtungen wirken, nicht mehr ausgeblendet werden. Hier könnte die Forschungsfrage anschließen, ob sich kritische Entscheidungssituationen bzw. „Schlüsselsituationen" im Schäfferschen Sinne in Weiterbildungseinrichtungen im Hinblick auf die genannten drei Institutionen bereits hinreichend abbilden ließen.

Im Umgang mit den auszubalancierenden Rollenelementen/Teilrollen ist der bewusste Einsatz von Bezeichnungen „Teilnehmer/Kunde" bereits eine Strategie (vgl. 10VMA4, 198; 6L1, 160). Die Inszenierung des Empfangs und der Abgabe der Kursliste/Teilnehmerliste durch Kursleitende (vgl. S.145) soll ergänzend unter Verwendung des Begriffs „Rollendistanz" als Strategie des Umgangs mit der Relation interpretiert werden. Rollendistanz geht von den Handlungsmöglichkeiten des Akteurs aus (interpretativ-interaktionistischer Ansatz der Rollentheorie) und „drückt die Relation eines Individuums zu seiner Rolle aus" (Miebach 2010, S. 108, zur Thematik S. 107ff; vgl. auch Esser 2002, S. 175-184).[115] Auch im Rahmen des Neo-Institutionalismus werden auf der Mikro-Ebene des Akteurs die Handlungsspielräume untersucht, weil der Akteur „durch Institutionen definiert aber nicht determiniert zu konzeptionalisieren" (Meyer, Hammerschmidt 2006, S. 161) ist.

Die Auswertung des Materials legt den Schluss nahe, dass Kursleitende für sich kaum Verwaltungstätigkeiten sehen. Jedoch, die Kursliste ist Kristallisationspunkt ihres Verständnisses von Verwaltung. Unter der Überschrift „Verwaltung reguliert Nähe und Distanz zu Teilnehmenden" wurde oben (vgl. S. 144) beschrieben, wie sich mit Empfang und Rückgabe der Teilnehmerliste Rollenerwartungen zwischen Kursleitenden und Teilnehmenden ändern. Wenn aus Interessierten Teilnehmende werden und sich eine Lehr-Lern-Situation etabliert, sehen die Kursleitenden für sich andere Aufgaben.[116] Auch in einer von Sigrid

---

115 Die Fragestellung führt in der Soziologie zum Verhältnis von Individuum, Identität und Rolle, was nicht vertieft dargestellt werden kann. Hier stößt das Interviewmaterial an seine Grenzen. Dies ist auch der Grund, warum z.B. Person-Rollen-Konflikte, die es in Weiterbildungseinrichtungen geben kann, wenn Mitarbeitende sich fragen „Wie passen die Erwartungen zu meinen Vorstellungen?", nicht weiter bearbeitet werden. Oben (vgl. S. 146) wurde die Veränderung mit Verschiebungen von Anteilen „spezifischer" und „diffuser" Rollenbeziehung in Verbindung gebracht (zur Unterscheidung vgl. Oevermann 1999).
116 Wie das die Teilnehmenden sehen, kann mangels Material nicht beschrieben werden.

Nolda aufgezeichneten und interpretierten Sequenz aus einer Kurssituation wurde beim „rumgeben" der Anwesenheitsliste eine Zäsur gesetzt (vgl. Nolda 1996, S. 31ff). Nittel hat darin gesehen, „dass die Kursleiterin – stellvertretend für die Organisation – eine Aktivität durchführt, die letztlich der Kontrolle des eigenen Arbeitshandelns dient." (Nittel 1999, S. 170). Wenn die Verantwortung für die Kursliste (siehe Zitat der Verwaltungsmitarbeitenden oben) ein „lästiges, aber notwendiges Übel" (Nittel 1999, S. 169) ist, hat der Kursleitende nach der Argumentation dieser Arbeit eine bürokratische Teilrolle. Von dieser gewinnt er aber wieder Abstand indem er damit verbundene Tätigkeiten vom Unterrichtsgeschehen zeitlich und verbal-kommunikativ abgrenzt. Diese Zäsur zeigt ein Moment der Rollendistanzgewinns (vgl. auch Nolda 1996, S. 333), so dass die pädagogisch-lehrenden Rollenelemente wieder Gewicht bekommen.

Zusammenfassend bedeutet dies, dass für Mitarbeitende situationsspezifisch und individuell die Fragen wichtig sind: Welches meiner Rollenelemente/welche meiner Teilrollen ist hier wie gefordert? Wie wichtig ist welche institutionelle Erwartung für die konkrete Situation? Welche Bedeutung hat die dahinterliegende Institution für die Fragestellung/Entscheidung?

Die Konzepte „Schlüsselsituation", „Relationsbewußtsein" (Küchler, Schäffter 1997, S. 63f) und „Kontextwissen" (Küchler, Schäffter 1997, S. 62f) können auf der Grundlage der Ergebnisse dieser Arbeit als hilfreich bewertet werden. Auch hier gilt, dass Hintergrundwissen Mitarbeitende in Konfliktsituationen eher entlastet, weil ein reflektierter Umgang mit widersprüchlichen Erwartungen die Professionalität erhöht (vgl. Hippel 2011, S. 53f). Die Ergebnisse dieser Arbeit legen es nahe, sich insbesondere „Hybriddokumente" und ihre Verflechtungen anzuschauen: Ausschreibungstexte, Anmeldelisten, Projektanträge, Beratungsdokumentationen, Kursberichte etc. repräsentieren oftmals nicht nur eine Sichtweise. Eine Bewertung erfordert jedoch Einblick in die dahinterliegenden Institutionen, so dass man wie die Leiterin 6L1 ein Fazit ziehen kann:

> „Verwaltung ist dann gut, wenn es angemessen ist sozusagen am Vorgang (…) 10€ <Bezeichnung finanzieller Vorgang>, die kann sich entwickeln zu so einem Packen, ja, man kann es auch lassen, im Sinne der Sache." (6L1, 164)

7.3 Verwaltung wirkt transferierend an Übergängen

Eben wurde empfohlen, sich in Weiterbildungseinrichtungen Dokumente genauer anzuschauen. Diese Empfehlung hat auch mit der folgenden Schwerpunktsetzung zu tun. Ein weiteres Ergebnis der Arbeit ist, dass Verwaltung in Weiterbildungseinrichtungen an Übergängen wirkt und (in der Regel durch schriftliche oder elektronische Dokumentationen) Anschlüsse sowie Trennungen vermittelt. Die zusammenfassende Darstellung von Transferverhältnissen geht hier einerseits auf die Verortung und andererseits auf darin ersichtliche Funktionen von Verwaltung ein.

7.3.1 Verortung der Übergänge

Die Auswertung der Relationskonzeptionen hat gezeigt, dass Befragte Transferverhältnisse in drei Zwischenräumen konzipieren.

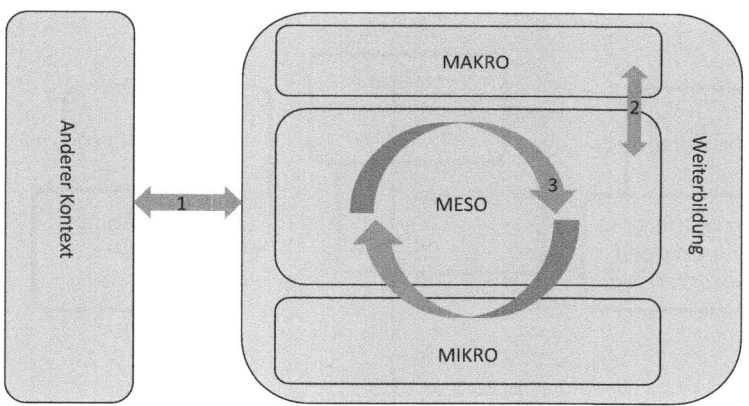

Abbildung 29: Verortung der Transferverhältnisse

Die Interviews zeigen, dass Verwaltung Anschlüsse zwischen dem Weiterbildungskontext und anderen Kontexten (1) formt. Es wird von verschiedenen Dokumenten oder Übersichtsdarstellungen (z.B. Teilnahmebescheinigungen, Evaluationsberichten oder Dokumentationen, Angeboten, Rentenbescheinigungen) gesprochen, die den Transfer in oder von anderen Umgebungen vergegenständlichen. Dies korrespondiert damit, dass z.B. die Position der pädagogischen Mitarbeitenden durch Rollenpartnerschaften mit Kooperationspartnern geprägt ist.

Zudem wird ein Transferverhältnis zwischen der Makro-Ebene des Trägers und der Meso-Ebene der Einrichtung (2) konzipiert, was vorwiegend die Leitenden und die Verwaltungsleitung betrifft. Verwaltung wird hier durch Dokumente repräsentiert, die mit der Ressourcensicherung zu tun haben (z.B. Haushaltsplan, Projektanträge) oder die Verbindung herstellen (z.B. Einladung, Tagesordnung).

Zwischen der Meso- und der Mikro-Ebene (3) kann einerseits von einem Transferverhältnis gesprochen werden, das pädagogisch-konzeptionelle Überlegungen in die Umsetzung bringt und andererseits von einem Transferverhältnis, womit mikrodidaktisches Kursgeschehen in die Weiterbildungseinrichtung aufgenommen wird. In diesem Übergang spielen die Kopplungen und Entkopplungen von relevanten Positionen und Prozessen eine große Rolle, dementsprechend wurde die Konzeption in allen Positionen sichtbar. Das zeigt folgender Ablauf, der die verbindenden administrativen Elemente (i.e.S. Formulare, Vorgänge) verdeutlicht.

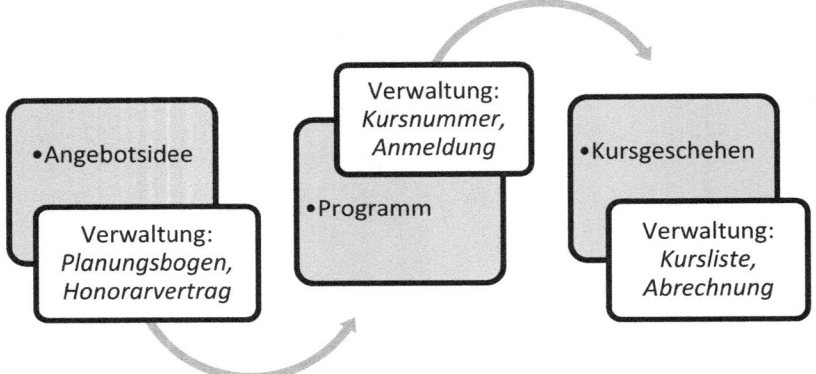

Abbildung 30: Verwaltung verbindet Kernprozesse

Die geschilderten Übergänge haben mit den als „Verwaltung" bezeichneten dokumentierenden (elektronischen) Kommunikationsformen wie Planungsbögen, Kursausschreibungen, Kursnummern, Anmeldeformularen, Kurs- oder Teilnehmerlisten zu tun. Wenn man diese Beobachtung mit Hilfe komplementärer Teilrollen umschreibt, werden in den Kernprozessen verschiedene komplementäre Teilrollen mit Hilfe von Verwaltung „geformt" und „akzentuiert":

Im Programmplanungsprozess wird beispielsweise aus einem Bedarf, was irgendwer vielleicht gerne lernen möchte ein Angebot an potenzielle Teilnehmende. Dieses wird in einem Programm veröffentlicht und stellt ggf. den Bürgern ein Grundangebot zur Verfügung. Interessierte Bürger bzw. potenzielle Lerner können sich dann dafür anmelden. Mit dem Anmeldeprozess werden die Interessierten zu Teilnehmenden und damit zu Lernenden und gleichzeitig zu Kunden der Weiterbildungseinrichtung. Als Lernende besuchen sie die Veranstaltung und gehen mit Kursleitenden einen Lehr-Lern-Prozess ein. Als Kunden erhalten sie eine Leistung und bezahlen dafür. Die Abrechnungsvorgänge sind „öffentlich" kontrollierbar.

7.3.2 Funktionen von Verwaltung an den Übergängen

Die Funktion von Verwaltung in den Transferverhältnissen scheint darin zu liegen, Perspektiven an- bzw. abzukoppeln, Informationen nutzbar zu machen und überindividuelle bzw. zeitunabhängige Nachvollziehbarkeit herzustellen.

Mit Hilfe von Verwaltung können erstens Perspektiven aneinander gekoppelt oder voneinander abgekoppelt werden. Ein Abrechnungsvorgang beispielsweise, der sich auf die Anwesenheits- oder Kursliste stützt, hat keine Verbindung mehr zum Lehr-Lern-Prozess, der Grundlage für die Erstellung der Liste war oder zu den Personen, die diese Liste erstellt haben. Die wirtschaftliche und rechtliche Perspektive bewertet in diesem Moment unabhängig von der pädagogischen Perspektive den Informationsgehalt der Liste. Daher ist es auch bedeutsam, dass Kursleitende den Empfang oder die Abgabe der Liste als Zäsur in Bezug auf ihre Beziehung zu Teilnehmenden inszenieren und einen (Ent-)Koppelungsvorgang daran festmachen. Über diese Liste wird der Teilnehmer in die Weiterbildungsorganisation einbezogen. Auch die Hinweise von Verwaltungsmitarbeitenden, dass ihre Leistung nicht sichtbar sei (vgl. 10VMA4, 346; auch 7VMA3, 94) hat damit zu tun, dass die Lehr-Lern-Situation und infrastrukturelle Basis ab- bzw. angekoppelt werden.

Offensichtlich hat Verwaltung im Transferverhältnis zweitens die Funktion, Information für verschiedene Zusammenhänge nutzbar zu machen. Zum Beispiel enthält ein Ausschreibungstext in einem Programmheft in der Regel gleichzeitig Lerninhalte, finanzielle Vertragsbedingungen sowie Zeit- und Ortsangaben.[117] Daraus ergeben sich für die Beteiligten verschiedene Anschlussoperationen. Möglicherweise ist eine Verwaltungsmitarbeiterin mit der Bereitstellung von Infrastruktur, ein Kursleiter mit der Seminarvorbereitung befasst. Aus der Mikroperspektive des Teilnehmenden wird dieser Text zudem anders bewertet als aus der Makroperspektive des Weiterbildungsträgers. Der potenzielle Teilnehmende z.B. beurteilt anhand seiner persönlichen Motivation, ob er sich anmeldet – ein Volkhochschulbeirat bewertet die Ausschreibung nach gesellschaftlichen Bedarfen.

Drittens – und das ist die wohl am deutlichsten auf „Bürokratie" verweisende Funktion – wird ersichtlich, dass Verwaltung überindividuell und zeitungebunden Nachvollziehbarkeit und Überschaubarkeit für andere Positionen, Ebenen und Kontexte herstellt. Die Befragten nennen Verwaltungstätigkeiten die dazu führen, dass ein Überblick geschaffen wird. Das können Übersichten zur Raumauslastung, zum Teilnehmerstatus für beginnende Kurse oder zum

---

117 Wegen des „Zusammenfügens" könnte auch von „Organisation" gesprochen werden (vgl. Kapitel 2.2.2).

Kursumfang pro Mitarbeiter sein, um nur einige wenige Beispiele zu nennen. Die durch Verwaltungstätigkeiten und auch mit Hilfe von Datenbankanwendungen gewonnenen Übersichten stellen i.d.R. eine Informationsgrundlage dar, die von den Befragten oder Dritten zu Vergleich und Kontrolle, zu Bewertung und Entscheidung herangezogen werden. Sie sprechen auch ganz konkret davon, dass Sachverhalte nachvollziehbar sein müssen (vgl. 12KL2, 128; 10VMA4, 284; 11VMAL, 110). Die Leitende 6L1 sagt, die „Aktenablage (...) dient (...) der Transparenz und es entspricht auch einem gewissen demokratischen Verständnis. Wenn du dir vorstellst, du kannst in allen Fachbereichen alle Vorgänge nachvollziehen, mit einem Griff in die Akte rein." (6L1, 78).

Aus neo-institutionalistischer Perspektive geht es hier um die Referenzen und die strukturellen Angleichungen der Weiterbildungseinrichtungen an ihre Umwelt, denn: „Die Form der Kommunikation pädagogischer Organisationen an diesen Verbindungsstellen zur Umwelt [zum Wirtschaftssystem, zum politischen System und dessen Administration, B.D.] ist in der Regel bürokratisiert." (Kuper 2001, S. 95). Dafür sprechen auch die Ergebnisse dieser Untersuchung.

Hier könnte die Arbeit den Schlusspunkt setzen, weil die drei Forschungsfragen beantwortet wurden. Da Verwaltungspraxis jedoch auch zeitgeschichtliche Bezüge aufweist, folgt noch ein Ansatz einer solchen Einbindung des Themas „Verwaltung in Weiterbildungseinrichtungen" im achten Kapitel.

Es entstand aus der Literaturarbeit, die gerade auch wegen der Überschneidung der Tätigkeiten verwalten, organisieren, disponieren, managen (thematisch wie zeitlich) breit angelegt war. Es stellte sich in der Auseinandersetzung mit der Literatur immer wieder die Frage, ob die darin getroffenen Aussagen im heutigen Kontext relevant sind. Im Interviewmaterial wurden z.B. das über 30 Jahre alte KGSt-Modell und die damit verbundenen Themen sichtbar.

Ein strukturierender Zugang zur verzweigten Literatur der Erwachsenbildungswissenschaft konnte durch verwaltungswissenschaftliche Literatur, die sich mit den Veränderungen des Verwaltungshandelns befasste, gewonnen werden. Denn die Beobachtungen von Jann zum Wandel verwaltungspolitischer Leitbilder (vgl. Jann 2002) wiesen Parallelen zur Weiterbildung auf. Diese wurden aufgegriffen und systematisch verfolgt. Im Ergebnis konnten Literaturbeiträge und Dokumente – insbesondere zu Rechtsformfragen und zu binnenstrukturellen Empfehlungen für Weiterbildungseinrichtungen sowie bildungspolitische Dokumente – einerseits und Hinweise aus im Interviewmaterial andererseits besser eingeordnet werden. Da diese Sicht weitere Reflexionsmöglichkeiten für die Weiterbildungspraxis bietet, wird sie hier abschließend vorgestellt.

8 Weiterbildungseinrichtungen und der Wandel verwaltungspolitischer Leitbilder

Im einleitenden Begriffskapitel wurde darauf hingewiesen, dass sich die Vorstellungen über die Erfüllung der öffentlichen Aufgabe Weiterbildung gewandelt haben. Zur Einordnung der Arbeit in die heutige Situation der Weiterbildung wird das Thema „Verwaltung in Weiterbildungseinrichtungen" mit verwaltungspolitischen Themenkonjunkturen in Verbindung gebracht.[118] Diese lassen sich nach Jann (vgl. Jann 2002) als „Wandel verwaltungspolitischer Leitbilder" vom „demokratischen Staat" über den „aktiven Staat", zum „schlanken Staat" und zum „aktivierenden Staat" nachzeichnen. Hinsichtlich der Einbettung von Weiterbildungseinrichtungen in die Makroebene sind in der Weiterbildung/Erwachsenenbildung die Schlagworte „Weiterbildung als vierte Säule", „Weiterbildungsmarkt" und „Weiterbildung in Netzwerken" bekannt, deren Parallelen zu drei Leitbildern hier thematisiert werden.

Nach Jann richtet sich Verwaltungspolitik auf die Steuerung und Veränderung der Handlungsweisen der öffentlichen Verwaltung durch „Veränderung institutioneller und organisatorischer Strukturen und Leitbilder als Voraussetzung veränderten administrativen Handelns" (Jann 2002, S. 282). Nach Jann lassen sich für die Leitbilder jeweils Schlagworte, Probleme, Theorien, Lösungen sowie Vorstellungen über das Verhältnis von Politik und Verwaltung und über die Möglichkeiten und Grenzen staatlicher Steuerung unterscheiden (vgl. Jann 2002, Abb. 1; siehe unten Tabelle 18). Diese Aspekte fügen sich zu „Ideensystemen" (Jann 2002, S. 283) zusammen, die für die Akteure Begründungen und Handlungsgrundsätze bieten (vgl. Jann 2002, S. 283).

---

118 Es wäre sicherlich auch lehrreich, Bildungsgeschichte und historische Verwaltungswissenschaften (vgl. z.B. Seckelmann 2008) zu verbinden. So ist es interessant, dass während des Ausbaus der öffentlichen Verwaltung Ende des 19. Jahrhunderts (vgl. Mayntz 1985, S. 45ff) auch Erwachsenenbildung eine „institutionelle Verdichtung" (Seitter 2007, S. 24) erfahren hat. Es könnte argumentiert werden, dass das Volksbildungswesen mit seiner teilweisen öffentlichen finanziellen Förderung (vgl. Seitter 2007, S. 23) und der Aufnahme in die Weimarer Reichsverfassung schon damals zur öffentlichen Aufgabe wurde.

	Demokratischer Staat	Aktiver Staat	Schlanker Staat	Aktivierender Staat
Periode	Ab Beginn 1950er Jahre	Ab Mitte 1960er Jahre	Ab Ende 1970er Jahre	Ab Mitte 1990er Jahre
Schlagworte	Rechtsstaat, Demokratie	Planung, Innere Reformen	Management, Entbürokratisierung	Governance, Zivil-/Bürgergesellschaft
Politische Probleme und Ziele	Überwindung von Demokratieversagen und Obrigkeitsstaat	Ausbau des Wohlfahrtsstaates, Informationsverarbeitung, Konfliktlösung	Staatsversagen, Entbürokratisierung/Verwaltungsvereinfachung, Dienstleistung, Privatisierung	Ko-Produktion, Beteiligung, neue Aufgabenteilung/Gemeinwohlverantwortung
Theoretische Grundlagen	Verwaltungsrecht, Bürokratietheorie	Policy-Forschung, Makro-Ökonomie	New Public Management, Public Choice	Institutionentheorie/Neo-Institutionalismus, Kommunitarismus
Zentrale Konzepte	Bürokratie, Hierarchie, politische Beamte	Globalsteuerung, Regierungs- und Verwaltungsreform, Planning-Programming-Budgeting-System	Aufgabenkritik, Neues Steuerungsmodell, Outsourcing, Privatisierung	Gewährleistungsstaat, Verantwortungsteilung, Regulierung

Tabelle 18: Verwaltungspolitische Leitbilder zusammengestellt sowohl nach Jann 2002, S. 286 als auch Bogumil, Jann 2009, S. 54

Jann geht davon aus, dass für die Beteiligten die Reichweite dieser Aspekte nicht immer erkennbar ist: „Insider und Outsider diskutieren technische Fragen des Verwaltungsaufbaus und administrativer Steuerung und bemerken oft nicht, dass sie sich (...) in einer Debatte über Sinn, Zweck und Ausgestaltung des Staates" (vgl. Jann 2002, S. 284) befinden. In einer Zusammenschau werden für die Weiterbildung drei Phasen für die Entwicklung der Weiterbildungseinrichtungen der BRD in ihrem makrostrukturellen Kontext relevant. So skizziert auch Jäger drei Schwerpunkte der bildungspolitischen Aussagen zur öffentlichen Verantwortung für Weiterbildung und zur Rolle des Staates (vgl. Jäger 2005) und Gnahs drei Phasen der Veränderung der Weiterbildungsberichterstattung (vgl. Gnahs 2010c) von der Bildungsplanung über die Marktorientierung zur politischen Steuerung.

Die Leitbilder „aktiver Staat", „schlanker Staat" und „aktivierender Staat" werden daher jeweils vorgestellt und dann auf die Weiterbildung bezogen. Es geht darum zu zeigen, dass (öffentlich geförderte) Weiterbildung mit ihren Entwicklungslinien und Themenschwerpunkten im Zusammenhang mit verwaltungspolitischen Entwicklungen gesehen werden können. Für die Darstellung werden einerseits Literaturbeiträge (insbesondere zur Rechtsformfrage und zu binnenstrukturellen Empfehlungen für Weiterbildungseinrichtungen) sowie bildungspolitische Dokumente herangezogen. Andererseits wird gezeigt, wie die Spuren der verwaltungspolitischen Leitbilder in den Ergebnissen dieser Untersuchung bemerkbar sind. Damit werden Beobachtungen der Untersuchung in eine (geschichtsbewusste) Makro-Perspektive eingebettet. [119]

8.1 „Aktiver Staat" – Weiterbildung als „vierte Säule"

Der „aktive Staat" ab Mitte der 1960er Jahre war „die Zeit des optimistischen Ausbaus eines modernen Wohlfahrts- und Interventionsstaates" (Bogumil, Jann 2009, S. 46). Das bedeutete, dass sich die Bereiche staatlicher Daseinsvorsorge ausweiteten (vgl. Jann 2002, S. 288). Durch staatliche *Planung* sollten Ziele erreicht werden, was zu einer „Planungseuphorie" und dem Anstoß etlicher Reformen führte, die jedoch teilweise scheiterten (vgl. Bogumil, Jann 2009, S. 46f; Jann 2002, S. 288f).

Im Folgenden wird dargestellt, wie in dieser Phase in bildungspolitischen Dokumenten expliziert wird, dass Weiterbildung eine öffentliche Aufgabe ist, für die der Staat auch teilweise die Durchführungsverantwortung übernehmen soll. Weiterbildung wird daraufhin in „Plänen" weiter ausdifferenziert und in Gesetzgebungen fixiert. In Gesetzen wird auch die Frage förderungswürdiger Trägerschaft geklärt. Je nach politischer Situation in den Bundesländern wurden Volkshochschulen zu dieser Zeit kommunalisiert d.h. in die bestehende kommunale Verwaltung integriert. Mit der Kommunalisierung kamen einerseits Diskussionen um die „relative Autonomie" der Weiterbildungseinrichtungen auf. Andererseits ging damit ein Modell der damaligen Kommunalen Gemeinschaftsstelle für Verwaltungsvereinfachung (KGSt) für den organisations-strukturellen Aufbau von Volkshochschulen einher. Dieses Modell hatte für die Binnenstruktur

---

119 Themen und Diskussionsstränge wurden zur Komplexitätsreduzierung notwendigerweise schematisiert und leider auch verkürzt, zumal zwischen den Phasen auch fließende Übergänge bestehen (vgl. Jann 2002, S. 285). Vor allem beziehen sich die Ausführungen auf öffentliche Weiterbildungseinrichtungen.

der Weiterbildungseinrichtungen prägende Wirkung bis heute (im Material die Kreis-VHS).

8.1.1 Anerkennung von Weiterbildung als öffentliche Aufgabe

Die Anerkennung von Weiterbildung als öffentlicher Aufgabe ist im Gutachten des Deutschen Ausschusses für das Erziehungs- und Bildungswesen „Zur Situation und Aufgabe der deutschen Erwachsenenbildung" von 1960 (Deutscher Ausschuss für das Erziehungs- und Bildungswesen 1960) und im „Strukturplan für das Bildungswesen" des Deutschen Bildungsrates von 1970 (Deutscher Bildungsrat 1971) ausgesprochen worden (vgl. Arnold 2001, S. 26; Seitter 2007, S. 27; Kade, Nittel, Seitter 1999, S. 53). Darin heißt es:

> „Die freien und freiwilligen Veranstaltungen für Erwachsene, die dem Lebenswillen des Bürgers ebenso wie dem Lebensinteresse der Gesellschaft entsprechen, gehören wie die allgemeinbildenden Schulen zum öffentlichen Erziehungs- und Bildungswesen." (Deutscher Ausschuss für das Erziehungs- und Bildungswesen 1960, S. 48)
> „Weiterbildung unterliegt damit der öffentlichen Verantwortung wie alle anderen Teile des Bildungssystems." (Deutscher Bildungsrat 1971, S. 208)

Optimistisch wird diese Perspektive aufgegriffen, um die Weiterbildung als „vierte Säule des öffentlichen Bildungswesens zu etablieren (…). Die organisierte Erwachsenenbildung wurde als Teilsystem des öffentlichen Bildungswesens mit der Volkshochschule als seinem institutionellen Zentrum begriffen" (Seitter 2007, S. 27; vgl. Kade, Nittel, Seitter 1999, S. 53). „Weiterbildung ist Daseinsvorsorge" tituliert so auch Johannes Weinberg 1979 (vgl. Weinberg 1979). Konkrete Vorschläge wurden in sogenannten Plänen, wie dem „Bochumer Plan", „Picht-Plan", oder „Schulenberg-Plan" (vgl. Olbrich, Siebert 2001, S. 359) gemacht. Flankierend zum Ausbau der Weiterbildungsinfrastruktur wurde auch die Entwicklung von Weiterbildungsberichterstattung vorangetrieben (vgl. ausführlich Gnahs 2010c, S. 25-27).

8.1.2 Weiterbildungsgesetzgebung

Außerdem ist die Weiterbildungsgesetzgebung konkretisierender Ausdruck eines öffentlichen Auftrages Weiterbildung/Erwachsenenbildung, die mit den oben genannten Dokumenten und Kommissionen in Verbindung gebracht wird (vgl.

Rohlmann 1999, S. 403; Kuhlenkamp 1997, S. 31f).[120] Zwei Aspekte sollen hier kurz vertieft werden: zum einen die Kontroverse darum, wie die im Strukturplan formulierte „öffentliche Verantwortung" gefasst werden sollte und zum anderen die Trägerorientierung der Weiterbildungsgesetzgebung.

Eine Kontroverse spannte sich in der Auffassung von „öffentlicher Verantwortung" zwischen der Kommunalisierung von Weiterbildungseinrichtungen oder der „Übertragung der Erfüllung öffentlicher Aufgaben an nichtöffentliche (private) Einrichtung" (Bocklet 1975, S. 112; vgl. auch Sauter 2008, S. 185) auf. Wenn also von der Kommunalisierung gesprochen wird, so galt dies nicht in allen Bundesländern gleich in Form und Ausmaß. Bockemühl analysierte 1978 die Ordnungsmodelle der Länder in der Weiterbildungsgesetzgebung und beschreibt einerseits das Modell „Zurückhaltung des Staates" (Bockemühl 1978, S. 39ff) und andererseits das Modell „Ordnendes Eingreifen des Staates" (Bockemühl 1978, S. 42ff), womit durchaus auch parteipolitische Mehrheiten in den gesetzgebenden Organen verbunden gewesen seien (vgl. Bockemühl 1978, S. 42 und 45). Im Strukturplan selbst wird eine „wirksamere Kooperation der Träger" (Deutscher Bildungsrat 1971, S. 208) gefordert (vgl. auch Jäger 2005, S. 42f).

Rechtlich geklärt wird in den Weiterbildungsgesetzen förderungswürdige Trägerschaft (vgl. Köttgen, Dolff, Küchenhoff 1962). Mit der Konzipierung des Weiterbildungsfeldes anhand der Trägerschaft werden auch Strukturen geschaffen, die die Möglichkeiten und den Zugang zu Steuergeldern bestimmten (vgl. Harney 1998, S. 189-192). Die Steuerungsbemühungen des aktiven Staates galten den Trägern, nicht den Lernenden.

8.1.3 Rechtsformfrage: Kommunalisierung und damit verbundene Hoffnungen und Vorbehalte

In der Rechtsform einer Weiterbildungseinrichtung wird auch festgelegt, in welchem Verhältnis eine Weiterbildungseinrichtung zur öffentlichen Verwaltung steht. In der oben beschriebenen Fokussierung auf Trägerschaft bei der Entwicklung von Weiterbildungsgesetzen ist die Diskussion um die Rechtsform bereits angelegt. Ausgangslage für das Thema Kommunalisierung nach der Bildungsreform war eine Struktur, in der etwa die Hälfte der Volkshochschulen eine kommunale Trägerschaft hatte, etwa 40% von (eingetragenen) Vereinen und die übrigen Volkshochschulen durch andere Vereine und Stiftungen getragen wurden (vgl. PAS-DVV 1968a).

---

120 Den Schwerpunkt auf Gesetzgebung (vgl. Köttgen, Dolff, Küchenhoff 1962) könnte man auch im Rahmen des Verwaltungsleitbilds des „demokratischen Staates" interpretieren.

Es verband sich mit der Kommunalisierung die Hoffnung und Aussicht auf eine stabilere finanzielle Absicherung (vgl. Pöggeler 1975, S. 99) und „damit stärkerer Institutionalisierung (...) [was, B.D.] mehr und mehr eine systematische Arbeit verlangt" (PAS-DVV 1968a). Von Seiten der Mitarbeiter bedeutete Kommunalisierung für die Hauptamtlichen eine Klärung der arbeits- und sozialrechtlichen Position im öffentlich-rechtlichen Angestelltenverhältnis (vgl. PAS-DVV 1970).

Es gab jedoch auch Vorbehalte, die als „Gefahr der verwalteten VHS"[121] (vgl. z.B. PAS-DVV 1968a, auch Köttgen, Dolff, Küchenhoff 1962, S. 31) bezeichneten und ein Zuviel an bürokratischen Strukturen und Verhaltensweisen benannten.[122]

Damit einher ging der Terminus „relative Autonomie (...) [als, B.D.] richtige Form institutioneller Freiheit" (Pöggeler 1959, S. 217), der in seinem Artikel für Formen öffentlicher Kontrolle bei großer pädagogischer Autonomie benutzt wurde. Der Terminus beachte, so Pöggeler weiter, die Verortung in der jeweiligen sozialen, politischen und geistigen kommunalen Wirklichkeit. Mit dem Begriff werden also die kommunalpolitisch geprägten Handlungsoptionen und die demokratisch-parlamentarische Kontrolle als Rahmenbedingung thematisiert (vgl. Tietgens 1984a, S. 298; Hufer, Landscheidt et al. 1992, S. 206ff; PAS-DVV 1991a; mit Verweis auf die Position des Deutschen Städtetags Jüchter 1979, S. 335). Damit verbunden sind Fragen der Satzung; aber mit „relativer Autonomie" wird auch die „Garantie der Freiheit in Lehre, Information und Programmgestaltung" (Deutscher Volkshochschulverband 1978, S. 40) gemeint. Die Grenzen der freien Lehrplangestaltung führten für Mitarbeitende in Volkshochschulen als Mitarbeiter in einer öffentlichen Verwaltung auch zu Loyalitätskonflikten (vgl. Frymark 1979; Frymark 1977; Frymark 1983).[123]

---

121 Nach Senzky prägte Adorno die Formel „Verwaltete Welt", Hellmuth Becker im Anschluss dazu „Verwaltete Schule" (Senzky 1979, S. 303; vgl. Köttgen, Dolff, Küchenhoff 1962, S. 31). Weiterführende Literatur: Die Zeitschrift „Hessische Blätter für Volksbildung" widmete dem Thema „Verwaltete Volkshochschule" einen eigenen Band (Heft 4, Jg. 1979) mit Beiträgen u.a. von Klaus Senzky, Heinz Theodor Jüchter, Rudi Rohlmann und Johannes Weinberg. Zur „relativen Autonomie": meinen Recherchen nach erstmals Pöggeler 1959; vgl. auch Deutscher Volkshochschulverband 1978, S. 40; Köttgen, Dolff, Küchenhoff 1962, S. 31; PAS-DVV 1968; PAS-DVV 1970.
122 Dies war eins der Motive für Frymarks Dissertation (siehe Kapitel 3.1).
123 Der Konflikt zwischen „professionaler Verpflichtung und Loyalität zur Organisation" (Arnold 2001, S. 82 mit Verweis auf Hufer, Landscheidt et al. 1992) hat eine Welle von Veröffentlichungen nach sich gezogen. Verschiedenste Erklärungen und Lösungen wurden dazu erarbeitet. *Erklärungen*: 1.: Unterschiedliche Orientierung von Spezialisten und Bürokraten (vgl. Scott 1971; Wittpoth 2003a, S. 185; Wittpoth 1987, S. 95). 2.: Wer sich (eher kosmopolitisch) an seiner professionellen Bezugsgruppe orientiert, würde die (eher lokal orientierte) Loyalität zur Organisation als zweitrangig einstufen (vgl. Merton 1995, S. 376ff; Dewe, Ferchhoff 1988, S. 140; Arnold 2001, S. 82). 3.: Problem im Zusammenhang mit der Norm der „Einheit der Ver-

8.1.4 Organisationsstrukturelles KGSt-Modell mit Wirkung auf die Zusammenarbeit von Berufspositionen bis heute

Weiterhin wurde in dieser Zeit ein organisationsstrukturelles Modell für die Volkshochschulen entworfen, das KGSt-Modell, auf das bereits im Begriffskapitel verwiesen wurde. Das KGSt-Gutachten „Volkshochschule" beruft sich ebenfalls auf den Bildungsgesamtplan (Kommunale Gemeinschaftsstelle für Verwaltungsvereinfachung 1973, S. 3). Die Aufgabe der Gemeinden und Gemeindeverbände sei es, „Volkshochschulen organisatorisch, sachlich und personell (…) einzurichten, auszustatten und mit den dazu notwendigen Mitteln (…) zu unterhalten" (Kommunale Gemeinschaftsstelle für Verwaltungsvereinfachung 1973, S. 17). Es gingen mit dem Gutachten Überlegungen einher, wie die Verwaltungsgliederung, d.h. der Aufbau der Volkshochschule aussehen solle. Für den Aufbau einer Volkhochschule wurde empfohlen, die „allgemeinen Organisationsgrundlagen der Kommunalverwaltung anzuwenden" (Kommunale Gemeinschaftsstelle für Verwaltungsvereinfachung 1973, S. 24[124]).

Außerdem wurde das in Kapitel 2.1.3 abgebildete Organigramm eingeführt (vgl. Abbildung 4). Das Modell hat die Struktur von Volkshochschulen lange geprägt. Zwar ist empirisch nicht bekannt, wie viele Volkshochschulen nach dem KGSt-Modell funktional differenziert waren oder sind. So schließt Friedhelm Ufermann (VHS Duisburg) aus den Programmen größerer Volkshochschulen, dass diese im Jahr 2001 dem KGSt-Modell noch entsprächen (vgl. Ufermann 2001, S. 5; auch Ufermann 1987, S. 176), wenn auch kleinere Einrichtungen „weniger formalisiert" (Ufermann 1987, S. 177) seien. Auch Ehses und Zech haben im Jahr 1999 im Rahmen der Qualitäts- und Organisationsentwicklung Anlass genug, kritisch auf den Aufbau einzugehen und „die starre Trennung zwischen Verwaltung und Pädagogik, wie sie derzeit noch im Aufbau der Volkshochschulen verankert ist (…) als zwei getrennte Säulen" (Ehses, Zech 1999, S. 38f) als dysfunktional und Ressourcen verschenkend zu bewerten. Es kann bis dahin davon ausgegangen werden, dass solche Organisationsstrukturen beständig sind, was durch verwaltungswissenschaftliche Beobachtungen gestützt wird. Denn bis

---

waltung", was nach den Hufer/Klier/Tietgens/Zierer bedeutet, dass die Einrichtung „nicht gegen die Bestimmungen verstoßen darf, die vom obersten Verwaltungsbeamten verantwortet werden oder die von der kommunalen Vertretung gesetzt worden sind."(Hufer, Klier et al. 1982, S. 32). *Lösungen*: Einbeziehung von weiteren fachlich betroffenen Partnern (vgl. Krings 1979, S. 342); Zurückdelegieren der Aushandlung von Interessen an die Beteiligten und damit den Inter-Sender-Rollenkonflikt sichtbar machen (vgl. Hufer, Landscheidt et al. 1992, S. 162-177), sich „Einblick in die Abläufe und Zusammenhänge verschaffen" (Hufer, Klier et al. 1982, S. 33).

124 Das heißt der Linienaufbau schloss sich an den Verwaltungsgliederungsplan der KGSt an (vgl. Kommunale Gemeinschaftsstelle für Verwaltungsvereinfachung 1968; vgl. auch Bogumil, Jann 2009, S. 160). Damit könnte man dieses Modell auch dem „demokratischen Staat" zuordnen.

vor einigen Jahren orientierte sich die allgemeine „Aufbauorganisation in Kommunalverwaltungen (...) in etwas mehr als der Hälfte der Kommunen immer noch weitgehend an dem schon in den 50er Jahren entwickelten, aber mehrfach neueren Entwicklungen angepassten Verwaltungsgliederungsplan der Kommunalen Gemeinschaftsstelle" (Bogumil, Jann 2009, S. 160). So ist die in die Kommunalverwaltung eingegliederte Kreis-VHS der Untersuchung ebenfalls nach diesem Modell strukturiert.

Wichtig für die Ergebnisse dieser Arbeit ist, dass mit dem KGSt-Modell das Verhältnis von Verwaltung und Pädagogik ein Thema der arbeitsteiligen Prozesse zwischen Berufspositionen wurde, und zur „Dualität von Pädagogik und Verwaltung" (Ufermann 2001, S. 2) führte. Mit dem Modell war eine Trennung von Planung und Durchführung verbunden, sie führten zu Abhängigkeitsverhältnissen in der Zusammenarbeit, und mit dem KGSt-Gutachten wurden Tätigkeitsprofile normiert. Die Trennung von Planung und Durchführung bedeutet, dass vom pädagogischen Fachbereich ein Angebot geplant wurde, wofür die zentrale Verwaltungsabteilung dazu die Veranstaltungsorganisation wie Zeit- und Raumplanung, aber auch die Werbung und die Anmeldung bis hin zu den Teilnahmebescheinigungen übernahm (vgl. Kommunale Gemeinschaftsstelle für Verwaltungsvereinfachung 1973, S. 27-43; auch Ufermann 1987, S. 176).

Diese Trennung von Planung und Durchführung ist im Interviewmaterial deutlich zu sehen und hat Einfluss auf das Verwaltungsverständnis wie auch auf Relationskonzeptionen. Alle Berufspositionen, Leitende, pädagogische Mitarbeitende, Verwaltungsmitarbeitende und Kursleitende, gehen darauf ein. Besonders stark erscheint diese Differenzierung jedoch in der städtischen VHS zu sein, die innerhalb der Fachbereiche mit dem Arbeitsgruppenmodell arbeitet. Insofern legt dies den Schluss nahe, dass es nicht nur die Organisationsstruktur ist, die eine Gegenüberstellung der Gruppen bewirkt, wie an anderer Stelle argumentiert wird (vgl. Ufermann 2001, S. 2; differenzierter jedoch Ehses, Zech 1999, S. 38, 40).

Die damals als schwierig wahrgenommene Zusammenarbeit zwischen den Berufspositionen, die auch Thema der oben genannten Interviewstudie der PAS-DVV (vgl. PAS-DVV 1983; vgl. Kapitel 3.2.2) war, wurde auch in den hier vorliegenden Interviews der städtischen VHS besprochen. Damals wurde von einer gegenseitigen Abhängigkeit gesprochen (vgl. PAS-DVV 1983, S. 48; vgl. Hufer, Klier et al. 1982, S. 31; PAS-DVV 1985), die nach Senzky durch die vertikalen Entscheidungsprozesse in zwei sich gegenüber gestellten Abteilungen entstand (Senzky 1974, S. 67). Vertikale Abstimmung ist in den Ergebnissen in unterschiedlichen Konstellationen als Strukturprinzip gegeben, und wird z.B. sichtbar, wenn Leitende Kooperationsbeziehungen „anbahnen" und dann an Mitarbeitende delegieren. Die Untersuchungsergebnisse deuten weiterhin darauf hin, dass gerade im Programmhefterstellungsprozess die Abhängigkeit der Berufspositionen nach wie vor eine Rolle spielt, wenn Arbeitsergebnisse einer Position für die Weiterarbeit der anderen Position gebraucht werden. Dafür werden in den Einrichtungen Fristen und Termine gesetzt, die durchaus Druck erzeugen. Außerdem bedarf es gegenseitiger Information, wenn Verwaltungsmitarbeitende Kundeninformations- bzw. Anmeldeberatungsgespräche führen.

Eine grundsätzliche, normierende Wirkung der organisationsstrukturellen Setzungen in Richtung Berufsbilder der Erwachsenenbildung zeigt sich z.B. daran, dass die damals gängigen Tätigkeitskataloge mit dem Organisationsaufbau des KGSt-Modells korrespondierten (vgl. Tietgens 1972; PAS-DVV 1968ff). Für die jeweiligen Tätigkeitsprofile ist außerdem die Aussage aus dem KGSt-Gutachten relevant: „Es ist nicht vertretbar, Verwaltungsarbeiten von pädagogischen Mitarbeitern ausführen zu lassen." (Kommunale Gemeinschaftsstelle für Verwaltungsvereinfachung 1973, S. 44). Möglicherweise schürte dies Erwartungen, die – wenn sie überhaupt jemals so eingelöst wurden – spätestens mit der Einführung von EDV nicht mehr haltbar waren. Das haben die vorliegenden Ergebnisse zu Verwaltungstätigkeiten deutlich gezeigt.

8.1.5 Rückblick auf die Phase

Im Rückblick und Vergleich werden die Annahmen des verwaltungspolitischen Leitbildes des aktiven Staates gesehen:

> „Weiterbildung in öffentlicher Verantwortung wurde bei aller Ambivalenz bisher „etatistisch" gedeutet." (Schäffter 1998, S. 48)
> „Die Gutachten und bildungspolitischen Pläne waren gekennzeichnet durch eine gewisse Planungseuphorie, Bildungsoptimismus und den Glauben an die Veränderbarkeit von Politik und Gesellschaft." (Olbrich, Siebert 2001, S. 364).
> „Diese Phase lässt sich als prototypisches Beispiel für eine lineare, staatszentrierte Steuerung des Bildungswesens betrachten, eingebettet in die Vorstellung einer möglichen Globalsteuerung gesellschaftlicher Entwicklungen." (Hartz, Schrader 2008b, S. 12)

Dennoch wird hier ein „Ursprungsmodell" (Wittpoth 2003b, S. 55) der Weiterbildung lokalisiert, das als Maßstab für spätere Entwicklungen galt (vgl. auch Schäffter 1998, S. 48). Vor diesem Hintergrund begegnete man dem folgenden Einzug betriebswirtschaftlicher Konzepte in die öffentliche Verwaltung und in die öffentliche Weiterbildung teils abwehrend teils entgegenkommend.

8.2 „Schlanker Staat" – Weiterbildungsmarkt

Der „schlanke Staat" entstand als verwaltungspolitisches Leitbild, das die international beobachtbare „neo-liberale Staatskritik" (Jann 2002, S. 290) aufnahm, die ein „Staats- und Bürokratieversagen identifizierte" (Jann 2002, S. 290). Enger werdende finanzielle Spielräume waren der Hintergrund für die ökonomischen Sichtweisen ab Ende der 1970er Jahre, erklärt Jann an dieser Stelle weiter. Erst ab Ende der 1980er Jahre sind die Reformansätze „managerialistisch unterlegt" (Jann 2002, S. 290) worden. Sie firmieren dann auch unter der Bezeichnung „New Public Management". Darunter zu fassen sind „verwaltungspolitische Reformstrategien, die überwiegend von einer betriebswirtschaftlichen Interpretation des Verwaltungshandelns geleitet werden" (Schröter, Wollmann 2001, S. 71). Von Seiten der KGSt wurde das „Neue Steuerungsmodell" bzw. die „Dezentrale Ressourcenverantwortung" bekannt (vgl. Kommunale Gemeinschaftsstelle für Verwaltungsvereinfachung 1991).

Es werden bei diesen Reformstrategien zwei Dimensionen unterschieden (vgl. Schröter, Wollmann 2001, S. 71; Bogumil, Jann 2009, S. 238): Einerseits „die binnenstrukturelle (Mikro-) Dimension" (Schröter, Wollmann 2001, S. 71), bei der es um die „Einführung einer marktgesteuerten, kundenorientierten öffentlichen Dienstleistungsproduktion" (Bogumil, Jann 2009, S. 238) geht. Der Leitspruch hieß „Von der Behörde zum Dienstleistungsunternehmen" (Bogumil, Jann 2009, S. 347; vgl. auch Reichard 1993; Schuppert 1997).[125] Andererseits „die ordnungspolitische (Makro-) Dimension" (Schröter, Wollmann 2001, S. 71), welche die Aufgabendefinition der öffentlichen Verwaltung betrifft. In diesem Zusammenhang wird diskutiert, ob und inwieweit Leistungen vom öffentlichen Sektor selbst erstellt werden (vgl. Schröter, Wollmann 2001, S. 75f). Dementsprechend wird die „Aufgabenkritik" wichtig (vgl. Jann 2002, S. 289), die das „ob" und „wie" von Aufgaben auf den Prüfstand stellt (vgl. ausführlich Bundesministerium des Innern 2010, Kapitel 3).

Die Parallelen dieses Leitbildes zur Weiterbildung werden nachfolgend erstens anhand der bildungspolitischen Signale für einen Weiterbildungsmarkt, zweitens der dienstleistungsorientierten Entwicklung der Weiterbildungseinrichtungen und drittens der (theoretisch angereicherten) prozessorientierten Sichtweise auf Organisationsstrukturen erläutert.

---

125 Vor dem Hintergrund der Beobachtungen dieser Untersuchung ist es bedauerlich, dass Einführung elektronischer Datenverarbeitung, die in dieser Phase eine immer drängendere Frage wurde, bei Jann nicht berücksichtigt wird.

8.2.1 Bildungspolitisch gewollter Markt der Weiterbildung

Zwei bildungspolitische Dokumente können mit dem Leitbild des „schlanken Staates" verbunden werden: Der Bericht „Weiterbildung. Herausforderung und Chance" (Baden-Württemberg. Landesregierung. Kommission Weiterbildung 1984) aus Baden-Württemberg von 1984 sowie die „Thesen zur Weiterbildung" des Bundesministeriums für Bildung und Wissenschaft von 1985 (Bundesminister für Bildung und Wissenschaft 1985). Strunk analysiert aus dem Dokument aus Baden-Württemberg „Pluralität und Wettbewerb als Leitprinzipien" (vgl. Strunk 1988, S. 178ff; Baden-Württemberg. Landesregierung. Kommission Weiterbildung 1984, S. 50ff). Und auch im zweiten Dokument der Bundesregierung von 1985 heißt es:

> „Zielvorstellung der nachfolgenden Thesen ist ein offener Weiterbildungsmarkt mit einem vielfältigen Angebot, das sich im Wettbewerb bewähren muß und rasch auf neue Anforderungen und eine veränderte Nachfrage reagiert." (Bundesminister für Bildung und Wissenschaft 1985, S. 6).

Zur Marktdynamik gehört, dass das Individuum als selbstverantwortlich und Nachfrage bestimmend konzipiert wird (vgl. Bundesminister für Bildung und Wissenschaft 1985, S. 6, 9). Deutlich wird in den „Thesen zur Weiterbildung", dass die Qualifizierung für den Arbeitsmarkt gerade auch in informationstechnologischen Bereichen bildungspolitisch formuliert wird (vgl. Bundesminister für Bildung und Wissenschaft 1985, S. 5, 16). Den Dokumenten wird z.B. von Jäger in der Neudefinition des Verhältnisses zum Staat (vgl. Jäger 2005, S. 43) von Nittel auch in professionspolitischer Hinsicht (vgl. Nittel 2000, S. 125) eine zentrale Bedeutung zuerkannt. Schrader zeigt zudem auf, dass einerseits die arbeitsmarktpolitische Förderung und andererseits Initiativen und Vereine, die sich inhaltlich „Umwelt-, Gleichstellungs- und Friedensthemen" (Schrader 2011, S. 41) widmeten, die Weiterbildungslandschaft weiter ausdifferenzierten.

In der ordnungspolitischen Dimension wirkte die „Deregulierung" im Vergleich zu den Intentionen der vorhergegangenen Phase ernüchternd (vgl. Kuhlenkamp 1997). Dass in dieser Phase auch die Entwicklung einer kontinuierlichen Weiterbildungsstatistik nicht weiter vorangetrieben wurde (vgl. Gnahs 2010c, S. 27), passt zum Leitbild eines sich aus direkter Steuerung und Regulierung zurückziehenden Staates. Mit „New Public Management" und den Begriffen „Markt", „Dienstleistung" und „Wirtschaftlichkeit" hat sich die Weiterbildung auseinandergesetzt (vgl. z.B. Strunk 1988; auch Derichs-Kunstmann, Faulstich et al. 1997). Trotz aller Kritik wurden die Konzepte für die Binnendimension der Einrichtung auch konstruktiv aufgenommen und haben zu einer dienstleistungsorientierten Entwicklung der Weiterbildungseinrichtungen geführt.

8.2.2 Entwicklung von der Behörde zum Dienstleistungsunternehmen

Als Rudi Rohlmann in seiner Dissertation ein ökonomisches „Input-Output-Modell zur Analyse von Leistungserstellungsprozessen im Weiterbildungsbereich" (Rohlmann 1989, S. 82) anwendet, fasst er die Weiterbildungseinrichtung als „*Betrieb*" (Rohlmann 1989, S. 49, Hervorhebung im Original) und markiert damit eine ökonomische Sicht auf Weiterbildungseinrichtungen. Diese Sicht wird durch das neue Steuerungsmodell der dezentralen Ressourcenverantwortung (vgl. Kommunale Gemeinschaftsstelle für Verwaltungsvereinfachung 1991) verstärkt, indem es ab 1991 von der Weiterbildung aufgenommen und übertragen wird. Deutlich wird, dass diese Ansätze auch bei der Beratung von Weiterbildungseinrichtungen der neuen Bundesländer genutzt werden, die sich nach der Wiedervereinigung weiterentwickeln (vgl. Otto, Reichard et al. 1993).

Der 32. Band des REPORT von 1993 spiegelt die Rezeption des New Public Management wieder.[126] Der Band beginnt damit, dass Christoph Reichard[127] die neuen Steuerungsmodelle und die Zielvorstellung der Kommune als Dienstleistungsunternehmen vorstellt (vgl. Reichard 1993, S. 11-19) und Themen und Konsequenzen der Außen- wie Binnensteuerung am Beispiel VHS skizziert (vgl. Reichard 1993, S. 19ff). Hierzu führt Reichard die folgenden Bereiche näher aus: die Satzung, die Rechtsform, das Haushaltswesen, die Kosten- und Leistungsrechnung und die Professionalisierung des Managements (vgl. Reichard 1993, S. 20-23).

Erneut wurden also auch Rechtsformänderungen durchgeführt. Das dokumentierte Beispiel der Veränderungen in der VHS Hamburg Anfang der 1990er Jahre von einem Amt in einen Landesbetrieb zeigt, wie das Motto „Betrieb statt Behörde" (Nuissl, Schuldt 1993) aufgegriffen und umgesetzt wurde.[128] Die Volkshochschulstatistik weist solche Veränderungen innerhalb der öffentlichen Trägerschaft nicht aus (vgl. Meisel 2006, S. 200). Insgesamt ist jedoch ein Anstieg der privaten Rechtsformen zu verzeichnen (vgl. Küchler 2007b, S. 15), der nicht durch das spätere Leitbild unterbrochen wurde. So gab es unter den Volks-

---

126 Den Fokus auf Wirtschaftlichkeit greift zudem die DIE-Zeitschrift 2/1995 wie auch ein Studientext von 1996 auf (vgl. Meisel, Rohlmann, Schuldt 1998).
127 Reichard wirkte an der Erarbeitung der KGSt-Publikation zum Dezentralen Steuerungsmodell mit (vgl. Kommunale Gemeinschaftsstelle für Verwaltungsvereinfachung 1991, S. 45). Sein Beitrag zur Unterscheidung von Aufgabengewährleistung und Aufgabenvollzug wird im Rahmen der nächsten Phase des „aktivierenden Staates" besprochen.
128 In der Untersuchung war eine Einrichtung ein Eigenbetrieb.

hochschulen 1988 erst eine gemeinnützige GmbH (vgl. PAS-DVV 1988) im Jahre 2011 sind es 39 (vgl. Huntemann, Reichart, S. 17, inkl. anderer privater Träger).

Wenn Einrichtungen sich zu Dienstleistungsunternehmen entwickeln sollen, so ist der Dienstleistungsbegriff für Weiterbildung zu klären, zumal aus kritischer Perspektive die Frage aufgeworfen wurde: „Bildung als Ware?". Diese Klärung leistet vor allem Erhard Schlutz (vgl. Schlutz 1997). Erstrebenswert sei eine Vermittlung „zwischen betriebswirtschaftlichen und pädagogischen Perspektiven" (Schlutz 1997, S. 5). Der Dienstleistungsbegriff zeigt die Mitwirkung der Lernenden im Prozess auf (vgl. Schlutz 1997, S. 5ff). Außerdem ist nach Schlutz die „Unterscheidung zwischen Auftraggeber eines Programms oder einer Maßnahme zu denen der Staat ebenso wie die Arbeitsverwaltung oder Betriebe gehören können, und den Teilnehmern also den tatsächlich Lernenden (…) für die Dienstleistungsaufgabe fundamental" (Schlutz 1997, S. 13). Zufriedenheit beider – Kunden/Auftraggeber und Teilnehmender – könne nach wie vor am besten mit dem „professionsethischen Prinzip" (Schlutz 1997, S. 12) der Teilnehmerorientierung erreicht werden (vgl. Schlutz 1997, S. 14). Rogge legt außerdem dar, welche Dienstleistungsbereiche in Weiterbildungseinrichtungen vorkommen, nämlich Programmgestaltung, Gestaltung von Konditionen/Service, Kundenkommunikation und Veranstaltungsorganisation (vgl. Rogge 1994, S. 13). Auch die in Weiterbildungseinrichtungen zu leistenden „Auskunfts- und Beratungsaufgaben von Verwaltungsmitarbeitern", so der Titel eines Loseblattbeitrags, werden nach meinen Recherchen 1986 erstmals als Dienstleistung konkreter beschrieben (vgl. PAS-DVV 1986).

Im Zusammenhang mit der Rezeption des Dienstleistungsbegriffs zeigt sich in den Ergebnissen die differenzierte Bezeichnung „Kunden" und „Teilnehmer". Vor allem in der Kreis-VHS der Untersuchung wurden von den Interviewten diese Bezeichnungen bewusst gewählt, je nachdem welche Perspektive vorherrschend ist. Bezüglich des Anmelde- und Abrechnungsvorgangs wird eher von Kunden, bezüglich des Kursgeschehens wird von Teilnehmern gesprochen. Allgemein sind die Dienstleistungsorientierung und das Bewusstsein, auf einem Weiterbildungsmarkt tätig zu sein sowie wirtschaftliche Ergebnisse erzielen zu müssen, in den Interviews der meisten Einrichtungen deutlich geworden. So spielen bei zwei Befragten (15AUSL und 2VMA2) Überlegungen der effizienten Zeitverwendung bei der Anmeldeberatung eine bemerkenswerte Rolle. Wir sehen aber auch eine individuelle Auseinandersetzung mit der Thematik z.B. bei der pädagogischen Mitarbeiterin 3HPM2, wenn Sie über ihre Rolle spricht, wenn Kurse beworben werden müssen.

Schlutz und Rogge beginnen ihre Besprechung von Dienstleistung mit der Situation, dass in Weiterbildungseinrichtungen Leistungen durch verschiedene

Berufspositionen erbracht werden (vgl. Rogge 1994, S. 2; Schlutz 1997, S. 2f). Dies ist in dieser Phase, aber auch im Zusammenhang mit der „organisationsbezogenen Wende [im Original fett]" (vgl. Küchler, Schäffter 1997, S. 43) ein wichtiger Zugang zu innerorganisationalen Themen.

8.2.3 Verschränkte Prozesse und formalstruktureller Aufbau mit Arbeitsgruppen

Die Pädagogische Arbeitsstelle des Deutschen Volkshochschul-Verbandes (PAS-DVV) arbeitete daran, den beruflichen Arbeitsalltag in Weiterbildungseinrichtungen wissenschaftlich zu erarbeiten (vgl. Tietgens 1982, S. 1f). Daraus wurden in Projekten Materialien entwickelt, die für die Berufseinführung von pädagogischen Mitarbeitenden in Weiterbildungseinrichtungen genutzt wurden. Sie sind eine Quelle dafür, wie in der Phase des „schlanken Staates" auch organisationsstrukturelle Weiterentwicklungen betrieben wurden, die dem Ziel der Entbürokratisierung dienten.

So wurde in einem Arbeitstext zur Berufseinführung Senzkys Alternativvorschlag zum KGSt-Modell, das oben bereits erwähnte „Arbeitsgruppen-Modell" aufgegriffen (vgl. Arbeitstext: Landscheidt, Ufermann 1983, S. 15ff; Arbeitsgruppenmodell: Senzky 1974, S. 67; siehe auch Kapitel 2.1.3).[129] Nach diesem organisationsstrukturellen Vorschlag sind in einer zentralen Verwaltungseinheit dann nur noch zentrale Aufgaben (z.B. Gesamtfinanzierung, Personal) verortet (vgl. Landscheidt, Ufermann 1983, S. 14; Ufermann 1989ff, S. 5).
[130] In der Untersuchung war eine VHS so aufgestellt. Friedhelm Ufermann führt aus, dass die Verzahnung der Berufspositionen in Arbeitsgruppen, die den gesamten Prozess der Programmplanung und Kursdurchführung betreuen (vgl. Ufermann 1987, S. 178), sinnvoll ist, damit „pädagogische und bürokratische Rationalität miteinander konstruktiv konkurrieren" (Ufermann 1987, S. 178).

Zu ergänzen ist an dieser Stelle, dass der Alltag der Weiterbildungseinrichtungen auch Ausgangspunkt für die Entwicklung der organisationstheoretischen Grundlagen der Weiterbildung durch Ortfried Schäffter darstellt (vgl. Schäffter 1987). Zentral wurde für die Weiterbildung einerseits die (meist organisationsstrukturelle) Auffassung, dass sich Fachkompetenzen verbinden müssen, um „pädagogische Organisation" hervorzubringen (vgl. Küchler, Schäffter 1997, S.

---

129 Das Arbeitsgruppenmodell wurde auch vom Landesverband der Volkshochschulen Niedersachsens befürwortet (vgl. Landesverband der Volkshochschulen Niedersachsens e.V. 1993).
130 Ufermann zufolge hat sich der Tätigkeitskatalog insgesamt nicht verändert, aber in der Zuordnung zu den Mitarbeitergruppen hat es Verschiebungen gegeben, die mit der Einführung von EDV in Verbindung gebracht werden (vgl. Ufermann 1987, S. 179f; vgl. auch Bastian 2002, S. 254).

60). Andererseits lenkt Schäffter den Blick auf „Schlüsselsituationen" (z.B. die Auswahl von Kursleitern oder die Anmeldung) in denen verschiedene Sichtweisen *unabhängig* von organisationsstrukturellen Gegebenheiten zusammenkommen (vgl. Schäffter 1987, S. 166; Schäffter 2003b; vgl. Kapitel 7.2.3). Damit wurden auch Impulse für die Organisationsberatung (u.a. in den neuen Bundesländern) gelegt (vgl. Schäffter 1993).

In den Einrichtungen dieser Studie ist erkennbar, dass die Arbeit an verschränkten, effektiven und effizienten Prozessen Leitende und Mitarbeitende stets begleitet. Sie einigen sich auf Prozesse, sie fixieren Prozesse, sie informieren sich gegenseitig über Prozesse und reflektieren gemeinsam Prozesse, um sie nötigenfalls zu verändern. Insbesondere die Leitenden haben hier einen Blick auf die Integration der Arbeitsleistung aller Beteiligten, aber auch die Mitarbeitenden handeln teilweise unter der Fragestellung „Was brauchen die anderen von mir?" und „Was brauche ich von anderen?" (vgl. Kapitel 7.1.2) Andere Befragte erleben hier eher unbefriedigende Situationen. Dennoch ist mit den verschränkten Prozessen in den Einrichtungen dieser Studie die Verwendung von Seminarverwaltungssoftware untrennbar verbunden. Daher ist die Thematik der Einführung von EDV in dieser Zeit begründet. Seminarverwaltungssoftware ist für das Arbeiten in Einrichtungen sehr wichtig geworden. Das wird in den Untersuchungsergebnissen daran ersichtlich, dass die Thematik das Verwaltungsverständnis in Weiterbildungseinrichtungen prägt (vgl. Kapitel 5.1.3).

8.3 „Aktivierender Staat" – Weiterbildung in (gesteuerten) Netzwerken

Ab Mitte der 1990er Jahre richtete sich, nach Jann, der „aktivierende Staat auf eine „programmatische Neubestimmung des Verhältnisses von Staat, Markt und Zivilgesellschaft" (Jann 2002, S. 291; Bogumil, Jann 2009, S. 50). In den Blick kommen nun verschiedene „gesellschaftliche Akteure [um sie, B.D.] in die Problembewältigung einzubinden, sie zu motivieren und aktivieren" (Bogumil, Jann 2009, S. 51). Zentral im Leitbild des aktivierenden Staates ist daher die Neuverteilung von Verantwortung (vgl. Blanke 2009, dort auch zum politischen Hintergrund).[131] Die folgende Abbildung zeigt auf, wie Aufgabengewährleistung und Aufgabenvollzug für Aufgabentypen staatlichen Handelns differenziert werden:

---

131 Auf die Verbindung des Leitbildes zu den arbeitsmarktpolitischen Reformen (Gesetze zur Reform des Arbeitsmarktes) mit dem Wandel von Fürsorge zu Aktivierung gehe ich hier nicht ein. Einen darauf bezogenen Überblick gibt z.B. die Bundeszentrale für politische Bildung (vgl. Oschmiansky 2010). Die Einrichtung, die in diesem Feld tätig ist, berichtet jedoch von mehr Dokumentationsaufwänden.

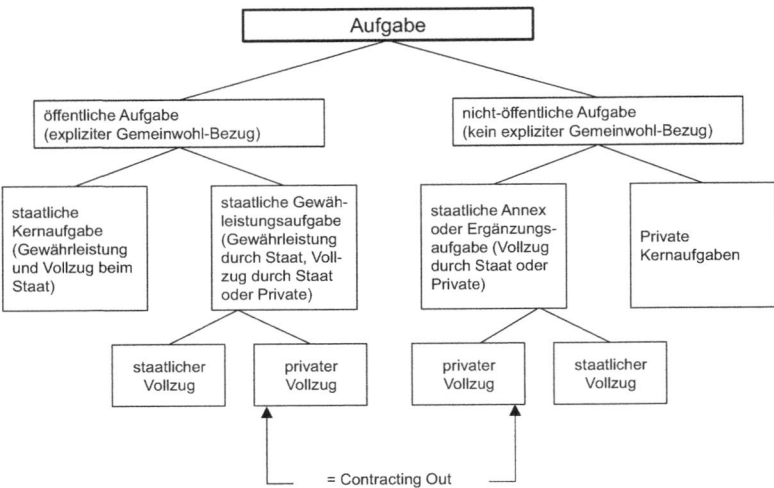

Abbildung 31: Aufgabentypen staatlichen Handelns (Reichard 1993)[132]

Die verstärkte Beauftragung Dritter zur Leistungserbringung ist zwar auch schon während der Phase des „schlanken Staates" und mit Konzepten des New Public Management Thema. Der Unterschied liegt nun darin, dass im „schlanken Staat" Aufgaben des Staates reduziert (Aufgabenkritik) und an den Markt übergeben werden während im „aktivierenden Staat" Aufgaben in geteilter Verantwortung mit Privaten *gemeinsam* in Netzwerken und Kooperationen geleistet werden sollen (vgl. Bogumil, Jann 2009, S. 50 und 72f; Schedler 2007, S. 96; weitere Verantwortungsstufen bei Schuppert 1997). Zu prüfen sei für die jeweilige Aufgabe, wie Gewährleistungsverantwortung, Finanzierungsverantwortung und Vollzugsverantwortung zwischen dem Staat und Dritten zu verteilen ist (vgl. Bogumil, Jann 2009, S. 74).

Die Verantwortungsteilung lenkt den Blick vom Staat weg, der dennoch die Gesamtverantwortung behält. Damit stellt sich die Frage nach der „Koordination unterschiedlicher öffentlicher und privater, gesellschaftlicher und ökonomischer Akteure" (Jann 2002, S. 297). Der „Governance"-Ansatz bietet dafür die theoretische Basis, um die Regelungsstrukturen zwischen den Akteuren in ihrem institutionellen Kontext zu analysieren (vgl. Jann 2002, S. 296-298; Bogumil, Jann 2009, S. 51f). Im Zusammenhang mit Governance sei wiederum ein sozi-

---

[132] Die Grafik findet sich im oben erwähnten Band der Zeitschrift REPORT – Literatur und Forschungsreport Weiterbildung (vgl. Reichard 1993, S. 16) und ist im verwaltungswissenschaftlichen Lehrbuch von Bogumil und Jann abgedruckt (vgl. Bogumil, Jann 2009, S. 71).

alwissenschaftlicher Institutionenbegriff (nach Scott 1995) tragfähiger, weil neben Gesetzen, Verträgen und Regeln auch normative Erwartungen und kognitive Annahmen institutionelle Strukturen setzen (vgl. Bogumil, Jann 2009, S. 52).

Der folgende Abschnitt soll die Parallelen des verwaltungspolitischen Leitbildes des „aktivierenden Staates" in der Erwachsenenbildung/Weiterbildung aufzeigen. Erstens sehen wir in bildungspolitischen Dokumenten eine Verschiebung hin zur Kooperation verschiedener Akteure in der Weiterbildung und von europäischer Seite die Forcierung einer auf Indikatoren gestützten Steuerung. Zweitens sehen wir auf der Ebene zwischen Träger und Einrichtungen erneute Rechtsformveränderungen und die geförderte Entwicklung von Netzwerken, sowie der Anstieg des Anteils an (temporären) Drittmitteln. Für die Einrichtungen gibt es nun keine organisationsstrukturelle Empfehlung. Allerdings wird eine Veränderung der Tätigkeitsprofile der Verwaltungsmitarbeitenden beobachtet, was als Folge der Dienstleistungsorientierung interpretiert werden könnte. Denn sie übernehmen mit der Anmeldeberatung zunehmend auch pädagogische Aufgaben. So wird auch von organisatorisch-pädagogischen Mitarbeitende (OPM) gesprochen, die in ihrem Profil sowohl administrativ-organisatorische als auch pädagogische Anforderungen verbinden (vgl. Hippel 2010).

8.3.1 Bildungspolitik: Netzwerke von Akteuren – Berichterstattung zur Steuerung

Der Unterschied zwischen der dritten (1994) zur vierten Empfehlung der Kultusministerkonferenz (KMK) zur Weiterbildung (2000) ist nicht groß (in weiten Teilen sind die Texte identisch), aber signifikant für den Wandel von Leitbildern. Während die Dritte Empfehlung (vgl. Kultusministerkonferenz 1994) nur auf die organisierte Weiterbildung eingegangen war, nahm die Vierte Empfehlung informelles und selbst organisiertes Lernen explizit auf; es wird außerdem argumentiert, dass selbstgesteuertes Lernen Vernetzung unterschiedlichster Akteure voraussetze (vgl. Kultusministerkonferenz 2001, S. 10). Vor dem Hintergrund einer Verantwortungsteilung (vgl. Kultusministerkonferenz 2001, Abschnitt 2) wird in beiden Texten quasi ein Kooperations*gebot* der (regionalen) Einrichtungen untereinander ausgedrückt (vgl. Kultusministerkonferenz 2001, S. 18f). Neu sind in der Vierten Empfehlung ferner die avisierten Möglichkeiten der „direkten Förderung der Individuen" (Kultusministerkonferenz 2001, S. 13).[133]

---

133 Zur Verlagerung der Aufmerksamkeit auf Lerner siehe z.B. auch Jäger 2005a, S. 44 und Harney 2002, S. 130.

Die Rezeption der Veränderung der öffentlichen Verantwortung hin zur Gewährleistungsverantwortung und die Aufnahme des Netzwerk-Begriffes spiegeln sich beispielsweise im Band „Weiterbildung zwischen Grundrecht und Markt" (Faulstich, Schiersmann, Tippelt 1997).[134] Statt entweder auf Markt oder Staat zu setzen (vgl. Teichler 1997, S. 70), formuliert Teichler die Perspektive, dass korporative Akteure in Netzwerken für die öffentliche Verantwortung für Weiterbildung beteiligt werden sollen: „Die potentiell staatlichen Aufgaben werden besser durch viele Beteiligte ‚in öffentlicher Verantwortung' wahrgenommen" (Teichler 1997, S. 74). Diese Sichtweise entspricht dem Leitbild des „aktivierenden Staates". Strategisch legt Faulstich in seinem Beitrag in diesem Band deutlich den Schwerpunkt auf Netzwerke (vgl. Faulstich 1997, S. 89ff), die durch „Support-Strukturen" (Faulstich 1997, S. 91) gefestigt werden.

Wenn Verantwortung zwischen den Akteuren geteilt, die Verantwortung für die Gewährleistung öffentlicher Aufgaben jedoch beim Staat bestehen bleibt, stellt sich die Frage der Steuerung. Es wird konstatiert, dass das Steuerungsmedium Wissen einen höheren Stellenwert bekommen hat, um Entscheidungen treffen oder evaluieren zu können (vgl. Schrader 2008b, S. 401; Ioannidou 2008, S. 98). Der Schwenk zur „evidenzbasierten Bildungspolitik" (vgl. Schrader 2008b, S. 389) ist bildungspolitisch mit europäischer Zusammenarbeit verbunden (vgl. Ioannidou 2008). Die Schlussfolgerungen des Europäischen Rates in Lissabon vom 23.-24. März 2000, die Lissabon-Strategie, mit dem Ziel Europa zu einem „wissensbasierten Wirtschaftsraum" (Europäischer Rat 2000, Ziffer 5) zu entwickeln, ist daher ein bildungspolitisches Dokument, an dem sich diese Veränderung zeigen lässt.

In der Lissabon-Strategie ist die Methode der offenen Koordinierung (vgl. Hill 2002; Hinweis darauf in Dietsche 2004) vorgestellt worden. Dieses verwaltungspolitisch relevante Verfahren sieht vor, dass Leitlinien und Indikatoren/Benchmarks festgelegt werden, welche auf nationaler Ebene aufgegriffen und verfolgt sowie auf europäischer Ebene regelmäßig gemeinsam überwacht werden (vgl. Europäischer Rat 2000, Ziffer 7, 37 und 38). Die Governance-Instrumente wie die Methode der offenen Koordinierung, welche von der OECD bekannt gewesen seien (vgl. Ioannidou 2008, S. 102), setzen also auf eine Annäherung durch „wechselseitige Beobachtung" (Schrader 2008a, S. 42). Dazu wurden fünf Durchschnittsbezugswerte (Benchmarks) entwickelt (vgl. Rat der Europäischen Union 2003), die vor allem Informationen zu Performanz und Bildungsverhalten auf individueller Ebene erforderten. Schon bei der ersten Zusammenstellung und Überprüfung der Ergebnisse 2004 wurde klar, dass die Da-

---

134 Der Titel steht am Übergang zwischen dem „schlanken" und dem „aktivierenden" Staat, weil er sich sowohl mit Deregulierung auseinandersetzt als auch zukünftig auf Netzwerke setzt.

tenbasis nicht ausreichend war (vgl. Rat der Europäischen Union 2004), und es wurde der Adult Education Survey entwickelt (vgl. Europäische Kommission/Statistisches Amt 2005). Daher schreibt Gnahs: „Im Zeichen dieser Faktenorientierung und der geänderten Politikauffassung (...) hat Bildungsberichterstattung einen zentralen Stellenwert." (Gnahs 2010c, S. 29). Diese Herangehensweise wird derzeit in Deutschland auf die regionale, bzw. kommunale Ebene transferiert, und es wird kommunales Bildungsmonitoring entwickelt, womit sich die Datenbasis auf regionaler Ebene auch auf das individuelle Lernen ausweiten soll (vgl. Gnahs 2010c, S. 31).

8.3.2 Anstieg von Kooperationen und Drittmittelfinanzierung und neue Aufgaben/Aufgabenprofile

Das Programm „Lernende Regionen – Förderung von Netzwerken" des Bundesministeriums für Bildung und Forschung von 2000 – 2008 brachte „Schubkraft" (Dollhausen 2010, S. 60) für die Vernetzung von Weiterbildungseinrichtungen in der Region und für konkrete Kooperationsbeziehungen von Einrichtungen, was Dollhausen in der Zusammenschau relevanter Datenquellen ausführt (vgl. Dollhausen 2010, Abschnitt 6). Vor allem kooperative Veranstaltungen haben stark zugenommen (vgl. Dollhausen 2010, S. 62). Außerdem konkurrieren Weiterbildungseinrichtungen derzeit verstärkt um Drittmittel, die als „unsichere" Einnahmequelle gelten können (vgl. Dollhausen 2007; Dollhausen 2010, S. 50 und 51). Beide Entwicklungen – Kooperationen und Drittmittel – haben Auswirkungen auf die Tätigkeiten in Weiterbildungseinrichtungen. So wird Netzwerkmanagement als Tätigkeitsbereich in Weiterbildungseinrichtungen gesehen (vgl. Mania, Strauch 2010, S. 84; Dollhausen 2010, S. 69; Hippel, Fuchs 2009). Aber auch die Akquise und Abwicklung von Drittmittel(-projekten) wird als Herausforderung wahrgenommen, die zudem mit besonderem Verwaltungsaufwand verbunden ist (vgl. Hippel 2009).

Dies lässt sich durch die vorliegenden Ergebnisse stützen. Denn die Mitarbeitenden berichten von Aufwänden, die mit Kooperationsangeboten (Präventionskurse, Lehrerfortbildung, Projekte, Sonderveranstaltungen/Sonderveranstaltungsreihen) einhergehen. Teilweise sind damit auch besondere Tätigkeiten bezüglich der finanziellen Abrechnung (z.T. im Rahmen des Zuwendungsrechts) verbunden. Vor allem die Mitarbeitenden der Einrichtung, die Dienstleistungen für den Arbeitsmarkt erbringt, berichten von speziellen, teilweise datenbankgestützten Erfassungssystemen (vgl. S. 128). Die pädagogischen Mitarbeitenden dieser Einrichtung ordnen solche Tätigkeiten als Verwaltungstätigkeiten ein.

Mit dem erwähnten Förderprogramm des BMBF wurde auch die Weiterbildungsberatung voran gebracht. Denn in einem unübersichtlich gewordenen Anbieterspektrum wird die Beratung von Interessierten und potenziellen Lernenden wichtiger. Die unabhängige Weiterbildungsberatung wurde durch den Aufbau von Beratungsstrukturen und die individuelle Förderung z.B. mit der Bildungsprämie seit Mitte der 2000er Jahre weiterentwickelt. Doch schon mit der Dienstleistungsorientierung wurde die Anmeldeberatung als Tätigkeitsfeld wahrgenommen (vgl. PAS-DVV 1986). Dieser Bereich wurde eine neue, pädagogische Aufgabe der Verwaltungsmitarbeitenden in Weiterbildungseinrichtungen (vgl. Schöll 1996, S. 62; Deutsches Institut für Erwachsenenbildung 2008, S. 76; Hippel, Fuchs 2009). So hat sich ein Schnittstellenprofil der organisatorischpädagogischen Mitarbeitenden (OPM) (vgl. Hippel 2010; Meisel 2009, S. 434; unter dem Namen „Bildungskaufmann/Bildungskauffrau" vgl. Dietsche 2002a) herausgebildet, dessen Entwicklung weiter beobachtet werden sollte.

In der Auswertung wurde auf die Kundengespräche der Verwaltungsmitarbeitenden besonderes Augenmerk gelegt (vgl. Kapitel. 7.1.4). Es konnte anhand der Interviews gezeigt werden, dass dieser Tätigkeitsbereich Aufschluss darüber gibt, wie in den Weiterbildungseinrichtungen mit ihren beteiligten Berufspositionen Erwartungsstrukturen in Relation gesetzt werden. Dabei arbeiteten eine Verwaltungsmitarbeiterin und die nebenberufliche Außenstellenleiterin deutlich im Schnittfeld von Verwaltung und Pädagogik.

8.4 Weiterbildung im Spiegel verwaltungspolitischer Leitbilder

Unter Verwendung von bildungspolitischen Dokumenten und Literatur insbesondere zu Rechtsformen, Organisationsstrukturen und jeweils aktuellen Veränderungsthemen für Weiterbildungseinrichtungen wurden die von Jann skizzierten verwaltungspolitischen Leitbilder auf die Entwicklung der Weiterbildung und ihrer Einrichtungen bezogen. Die folgende Tabelle stellt im Überblick die oben ausgeführten Themen und Entwicklungen in der Weiterbildung zusammenfassend dar.

	Aktiver Staat	Schlanker Staat	Aktivierender Staat
Bildungspolitische Dokumente	Gutachten EB 1960, Strukturplan 1970	Bericht BW, Thesen zur Weiterbildung	4. KMK-Empfehlung, Lissabon-Strategie
Wer wird finanziell gefördert?	Trägerförderung		Auch Individualförderung
Rechtsform	Kommunalisierung	Anstieg privater Rechtsformen wie GmbH	
Organisationsstruktur-Modell und Zusammenarbeit	KGSt-Modell	Betrieb statt Behörde, Arbeitsgruppenmodell; Kooperationen, Drittmittelfinanzierung, organisatorisch-pädagogische Mitarbeiter	Kooperationen, Drittmittelfinanzierung, organisatorisch-pädagogische Mitarbeiter
Schlagwort	Staat	Markt	(gesteuerte, regionale) Netzwerke
Problemformulierungen und Lösungsansätze	„verwaltete VHS", „relative Autonomie"	Organisationsentwicklung, Dienstleistung;	Support-Strukturen, (Weiter-)Bildungsberatung, Berichterstattung und Monitoring
Empirische Befunde in der vorliegenden Arbeit	Eingliederung in Kommunalverwaltung, Organisationsstruktur nach dem KGSt-Modell, Trennung von Planung und Durchführung zwischen HPM und VMA;	Differenzierung der Bezeichnungen Kunde und Teilnehmer, Orientierung an Dienstleistung und verschränkten Prozessen, Rechtsformen wie Eigenbetrieb und GmbH, dezentr. Budgetverantwortung, Organisationsstruktur nach dem Arbeitsgruppenmodell, EDV-gestützte Seminarverwaltung;	Drittmittelfinanzierte Kooperationsangebote als Finanzierungsbaustein mit Auswirkungen auf Prozesse, datenbankgestützte Erfassungssysteme (auch Teilnehmerdaten) mit externen Berichtsschnittstellen, VMA mit Beratungsaufgaben

Tabelle 19: Weiterbildung im Spiegel verwaltungspolitischer Leitbilder

Die Verweise auf entsprechende Ergebnisse der vorliegenden Untersuchung deuten darauf hin, dass Elemente aus Entwicklungen, die durch frühere Leitbilder angestoßen wurden, nach wie vor sichtbar sind. Das stützt die These, dass „alte Leitbilder nicht vollkommen verschwinden, sondern dass neue Diskurse auf alten aufbauen, ja diese voraussetzen" (Jann 2002, S. 302; vgl. ähnlich Bull 2006, S. 10). Wie „Sedimente"[135] lagern sie sich ab und bilden den Grund für neue Entwicklungen.

Ein weiteres Fazit aus dieser Darstellung ist, dass es für den Weiterbildungsbereich lohnenswert ist, sich mit Verwaltungswissenschaften und Verwaltungspolitik auseinanderzusetzen. Denn zumindest für die öffentlichen Weiterbildungseinrichtungen sind die Entwicklungen der öffentlichen Verwaltung ein Einflussfaktor ihres – im neo-institutionalistischen Sinne – „organisationalen Feldes" denen sie sich nicht entziehen können, sondern die „isomorphen" Wandel anstoßen (vgl. DiMaggio, Powell 2009; Beispiel Qualitätsmanagement vgl. Hartz 2009).

---

135 Dieses Bild verdanke ich Wolfgang Seitter aus einem persönlichen Gespräch.

9 Resümee

Die hier vorgelegte explorative, qualitative Studie zu Verwaltung in Weiterbildungseinrichtungen ging von Beschreibungen von Verwaltungstätigkeiten der Berufspositionen von Leitenden, pädagogischen Mitarbeitenden, Verwaltungsmitarbeitenden und Kursleitenden sowie einer Verwaltungsleitung und einer Außenstellenleitung aus. Diese Tätigkeiten finden auf der Mikro-Ebene der Mitarbeiterinnen statt, sind jedoch in den Kontext der Meso-Ebene der Weiterbildungseinrichtung und auch in der Makro-Ebene des gesellschaftlichen Umfeldes von Weiterbildungseinrichtungen eingebunden.

Kern der Studie ist die strukturierende Analyse von Verwaltungstätigkeiten für jede Berufsposition. Aus dem Material konnte das Verwaltungsverständnis mit seinen verschiedenen Aspekten systematisiert werden. Überdies konnten Schwerpunkte von Verhältnisbestimmungen näher beschrieben und theoretisch angebunden werden. In der Untersuchung wurde ein rollentheoretischer Ansatz genutzt. Aus strukturfunktionalistischer Perspektive wurden Verwaltungstätigkeiten und Rollenerwartungen in Rollenpartnerschaften lokalisiert. Die Rollenpartnerschaften dienten als Einstieg in die positionsspezifische Darstellung der Ergebnisse, damit gegenseitige Bezugnahmen der Mitarbeiterpositionen im Hinblick auf Verwaltungstätigkeiten nachvollziehbar werden. Die interaktionistische Perspektive der Rollentheorie spielte beim Ausbalancieren von Teilrollen/Rollenelementen auf der Mikro-Ebene eine Rolle. Zur Einordnung der Thematik „Verwaltung in Weiterbildungseinrichtungen" auf der Makro-Ebene stellten sich „verwaltungspolitische Leitbilder" (vgl. Jann 2002) als Schlüsselkonzept heraus. Die diverse erwachsenpädagogische Literatur aber auch einige empirische Beobachtungen, konnte damit in eine übergeordnete Entwicklungsperspektive gestellt werden.

Die Ergebnisse der drei Hauptfragestellungen werden hier noch einmal überblicksartig aufgegriffen.

Was verstehen Mitarbeitende in Weiterbildungseinrichtungen unter Verwaltung?

Das Verwaltungsverständnis (vgl. Kapitel 5) entfaltet sich in drei Betrachtungswinkeln. Die assoziative Begriffsverwendung sagt etwas darüber aus „Wer oder Was" mit Verwaltung gemeint ist. Die Modi beschreiben Handlungsweisen, die

als Verwaltung wahrgenommen werden und die in einem dynamischen Zusammenhang stehen. Die Bedeutungszuschreibungen zielen auf den zugeschriebenen Sinn und Stellenwert von Verwaltung.
In den einzelnen Interviews bzw. den Positionen haben dazugehörige Unterkategorien unterschiedliches Gewicht bekommen bilden insgesamt gesehen aber die Facetten des Verwaltungsverständnisses ab. So ist bei den Modi „kontrollieren" und „dokumentieren" durchgängig eine Facette des Verständnisses, während „planen" nur in wenigen Interviews als Verwaltung gesehen wird.

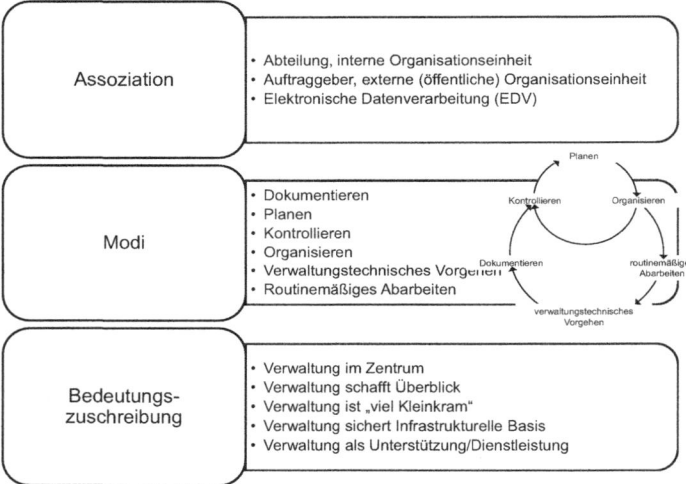

Abbildung 32: Facetten des Verwaltungsverständnisses

Die Auswertung des Verwaltungsverständnisses war auch für die inhaltlich-strukturierende Analyse der Verwaltungstätigkeiten hilfreich. Denn damit konnte der weite Kontext des Interviews herangezogen werden, um aufgezählte Tätigkeiten als „Verwaltungstätigkeiten" oder als „Mischtätigkeiten" einzuordnen. Das hatte wiederum Nutzen für die Relationskonzeptionen.

Welche Verwaltungstätigkeiten nennen Mitarbeitende in Weiterbildungseinrichtungen?

Diese inhaltlich-strukturierende Analyse der Verwaltungstätigkeiten erfolgte positionsspezifisch und wurde auch dementsprechend differenziert dargestellt (vgl. Kapitel 6). Bei Verwaltungsmitarbeitenden und der Verwaltungsleitenden stehen die Tätigkeitsbereiche im Vordergrund, weil es bei diesen Mitarbeitergruppen ohnehin wenig Material zu den Tätigkeiten gibt. Bei den pädagogischen Mitarbeitenden und den Kursleitenden war die genaue Analyse der „Mischtätigkeiten" von besonderem Interesse. Bei der Außenstellenleiterin bot sich ein Vergleich mit den Positionen der Verwaltungsmitarbeitenden und den pädagogischen Mitarbeitenden an. Und bei Leitenden vereint die Darstellung sowohl Tätigkeitsbereiche als auch tendenzielle Zuordnungen (zu Pädagogik – zu Verwaltung) der darunter genannten Tätigkeiten.

Die Analyse der Tätigkeiten war Ausgangspunkt für weitere Erkenntnisse. Denn die strukturierten Tätigkeiten standen zum einen im Zusammenhang mit dem oben genannten Ergebnis zur Frage, welches Verwaltungsverständnis sich in den Beschreibungen von Verwaltungstätigkeiten ausdrückt. Zum anderen konnten die Entwürfe der Befragten zum Verhältnis von Verwaltung und Pädagogik mit ganz konkreten Tätigkeiten, kooperativen Prozessen und Handlungsebenen der Weiterbildung in Verbindung gebracht werden.

Wie konzipieren Mitarbeitende in Weiterbildungseinrichtungen die Relation von Verwaltung und Pädagogik in der Beschreibung von Verwaltungstätigkeiten?

Es gibt zwar berufspositionsspezifische Unterschiede in den Relationskonzeptionen; zusammenfassend sind jedoch drei Schwerpunkte erkennbar.

Erstens beschreiben die Befragten Verwaltung und Pädagogik *als Verhältnis von Berufspositionen* (Kapitel 7.1). Im engeren Sinne geht es um die Zusammenarbeitsverhältnisse von Verwaltungsmitarbeitenden und der pädagogischen Mitarbeitenden, d.h. Verwaltung bedeutet hier „Verwaltungsmitarbeitende/Verwaltungsabteilung". Dies ist vor dem Hintergrund der erwachsenpädagogischen Literatur kein neuer Befund. Die verschiedenen Berufspositionen haben jedoch eine jeweils eigene Perspektive auf das Zusammenarbeitsverhältnis. Mit rollentheoretischen Begriffen kann außerdem von einer Zuschreibung dominanter Rollenelemente gesprochen werden. Die Mitglieder der beiden Berufspositionen „repräsentieren" in diesem Sinne „die Verwaltung" und „die Pädagogik". Für die Meso-Ebene der Einrichtungen kann dies funktional sein, weil damit das „Zusammenspiel verschiedener Fachkompetenzen [im Original fett]" (Küchler, Schäffter 1997, S. 60; hier im Sinne von Berufspositionen) einer prozessualen und kommunikativen Bearbeitung zugänglich gemacht wird.

Drei Einrichtungen konnten anhand des Umgangs mit Kundentelefonaten durch die befragten Verwaltungsmitarbeitenden verglichen werden, weil Interviewmaterial verschiedener Berufspositionen zur Verfügung stand. Der Vergleich zeigte, dass die Kommunikationsinhalte mehrerer Rollenpartnerschaften davon berührt sind, wenn Verwaltungsmitarbeitende nicht nur auf „organisatorische", sondern auch auf „inhaltliche" Fragen der Anrufenden eingehen. Dann ergibt sich ferner für Verwaltungsmitarbeitende, die an dieser Stelle als „OPM" (organisatorisch-pädagogische-Mitarbeitende) gelten können, die Herausforderung, verschiedene Rollenelemente auszubalancieren.

Die zweite Verhältnisbestimmung, die aus den Ergebnissen abgeleitet werden konnte, bezieht sich auf eben diese *Balance verschiedener Rollenelemente/ Teilrollen* auf der Mikroebene der einzelnen Mitarbeiter (vgl. Kapitel 7.2). Insbesondere Beispiele von „Mischtätigkeiten" der HPM und der Leitenden illustrieren diese Situation. Entsprechende Hinweise aus der erwachsenpädagogischen Literatur werden mit einer neo-institutionalisierten Sichtweise verknüpft, so dass davon ausgegangen wird, dass „Institutionen" Teilrollen/ Rollenelemente definierende Rollenerwartungen generieren. Im Anschluss an Johan P. Olsen bietet die Arbeit an, „Bürokratie" als Institution zu verstehen. Damit bewegt sich öffentlich geförderte Weiterbildung immer auch im Wirkungskreis der damit verbundenen Normen und Werte. Die Überlegungen führten daher zur These:

> Verwaltung ist eine institutionalisierte Erwartung, die in Rollenelementen/ Teilrollen die Institution „Bürokratie" repräsentiert. Diese institutionalisierte Erwartung hat für alle Berufspositionen in öffentlichen Weiterbildungseinrichtungen eine Bedeutung und wird mit anderen institutionalisierten Erwartungen in Relation gesetzt.

Damit stellt sich die Frage nach anderen institutionalisierten Erwartungen. Hierzu arbeitete die Studie mit Komplementärrollen (Lerner/Pädagoge, Kunde/ Dienstleister, Bürger/Staatsdiener) weiter. In spezifischen Situationen sollten sich Mitarbeitende daher fragen, welche Rollenelemente wie gefordert sind und welchen Einfluss die dahinter liegende Institutionen für die Fragestellung/Entscheidung o.ä. haben. Der Umgang mit der Anwesenheitsliste/Kursliste, hat sich für diese Arbeit als außerordentlich aufschlussreiche Thematik herausgestellt. Diese Liste ist Kristallisationspunkt für das Verwaltungsverständnis der Kursleitenden, die für sich im Grunde kaum Verwaltungstätigkeiten sehen. Der Umgang damit zeigt, wie auch diese Berufsposition administrative Rollenelemente handelnd verarbeitet.

Drittens kommt die Untersuchung von Verwaltung in Weiterbildungseinrichtungen zum Ergebnis: *Verwaltung wirkt transferierend an Übergängen* und vermittelt (in der Regel durch schriftliche oder elektronische Dokumentationen) Anschlüsse sowie Trennungen (vgl. Kapitel 7.3). Daher empfiehlt es sich, „Hybriddokumente" wie z.B. Planungsbögen, Ausschreibungstexte, Anmeldlisten, Projektanträge, Beratungsdokumentationen, Kursberichte etc. mit ihren Verflechtungen genauer anzuschauen. Die Zwischenräume (vgl. Abbildung 29), an denen Verwaltung relevant wird, sind zwischen dem Weiterbildungskontext und anderen Kontexten (1), zwischen der Makro-Ebene des Trägers und der Meso-

Ebene der Einrichtung (2) und zwischen der Meso-Ebene und der Mikro-Ebene des Lehr-Lern-Geschehens (3). Die Funktion von Verwaltung liegt in der An- und Abkopplung von Perspektiven, die Nutzbarmachung von Information in verschiedenen Zusammenhängen und die Herstellung von Nachvollziehbarkeit und Überschaubarkeit.

Indem die Studie Themen der Weiterbildung mit den Entwicklungsphasen verwaltungspolitischer Leitbilder in Verbindung gebracht hat (vgl. Kapitel 8), erschloss die vorliegende Arbeit eine zusätzliche Reflexionsmöglichkeit für die Weiterbildung. Es konnte gezeigt werden, dass Entwicklungen aus vergangenen Phasen in Weiterbildungseinrichtungen ihre Spuren hinterlassen haben. Unter dieser (historischen) Perspektive wird es leichter, manche aktuelle Anforderung in Weiterbildungseinrichtungen in einen größeren, auf öffentliche Verwaltung bezogenen Zusammenhang zu stellen und ein Stück weit als „zeitgebunden" zu begreifen.

Die Ergebnisse dieser praxisinspirierten Grundlagenforschung können in verschiedenen Bereichen genutzt werden: Innerhalb des Studiums der Erwachsenenbildung/Weiterbildung scheint es sinnvoll, den Studierenden 1. einen Einblick in die Verarbeitung von Programmplanungs- und Kursumsetzungsprozessen in EDV-Systemen zu ermöglichen, 2. die erarbeiteten Facetten des Verwaltungsverständnisses und der Relationskonzeptionen einzuführen, um Reflexivität zu erhöhen und 3. Absolventen/Berufsanfänger zu befähigen, Situationen (z.B. die „Schlüsselsituationen" nach Schäffter, vgl. Kapitel 7.2.3) aus verschiedenen institutionellen Perspektiven bewerten zu können.

Die Praxis der Weiterbildung kann beispielsweise in Organisationsentwicklungsprozessen stärker auf verwaltungsrelevante Dokumente/EDV-Systeme und auf die verwaltungsrelevante Einbindung der Berufspositionen (z.B. Klärung der Erwartungen an Kursleitende oder organisatorisch-pädagogische Mitarbeitende) achten. Anforderungen an Evaluation und Monitoring oder (regionale) Kooperationskonstellationen sind außerdem in Weiterbildungseinrichtungen praktisch zu bearbeiten. Ein geschärfter Blick auf damit verbundene Verwaltungstätigkeiten kann Prozesse optimieren. Zukünftig wäre z.B. das in der Erarbeitung befindliche Konzept „Kommunales Bildungsmanagement" auf die damit sich etablierenden administrativen Prozesse regional eingebundener Weiterbildungseinrichtungen hin zu beobachten.

Die Wissenschaft der Erwachsenenbildung/Weiterbildung kann von den Ergebnissen im Hinblick auf Organisations- und Professionsforschung profitieren. Die Anwendungsmöglichkeiten sind sehr umfangreich; in weiteren Forschungsarbeiten könnten auf die Ergebnisse zu Tätigkeiten, zum Verwaltungsbegriff und auf die Ergebnisse zu Relationierungen zurückgegriffen werden. Ertragreich könnte auch sein, den rollentheoretischen Ansatz fortzuführen und (z.B. im neo-institutionalistischen Rahmen) weiter zu entwickeln, um ihn für Professionsforschung und für Fragen der Steuerung der Weiterbildung auf der Mikro-Ebene der Mitarbeiter zu nutzen.

Weiterführende Fragestellungen, die diese Studie nicht behandeln konnte, betreffen z.b. die Übertragbarkeit der Ergebnisse auf andere Segmente der Weiterbildung oder auf andere (pädagogische) Felder. Eine quantitative Untersuchung der Tätigkeiten der Berufspositionen in Weiterbildungseinrichtungen stünde an, die z.b. neuere Ergebnisse zu Weiterbildungsanbietern als Grundlage für ein Sampling nutzt. Außerdem wäre es interessant, Verwaltung mit den stärker individuellen Themen des professionellen Selbstbildes oder mit einem biographischen Zugang zum Handeln der Mitarbeitenden in Weiterbildungseinrichtungen in Zusammenhang zu bringen. Die Parallelen der Entwicklung von Weiterbildung und der Verwaltungspolitik regen außerdem dazu an, bei einem historischen Blick auf die Erwachsenenbildung auch Verwaltungsthemen zu berücksichtigen.

Die Leistung der vorliegenden Studie lag darin, ein relevantes, weil allgegenwärtiges und zugleich schwer eingrenzbares Thema zu beleuchten. Durch eine strukturierende Bearbeitung wurden Verwaltungstätigkeiten der weiteren wissenschaftlichen und praktischen Reflexion zugänglich gemacht.

10 Verzeichnisse und Anhang

10.1 Abkürzungsverzeichnis

AUSL	Außenstellenleiterin/Außenstellenleiter
BLK	Bund-Länder-Kommission für Bildungsplanung und Forschungsförderung (1970-2007)
BW	Baden-Württemberg
CIT	Critical Incident Technique
DFÖV	Deutsches Forschungsinstitut für Öffentliche Verwaltung
DIE	Deutsches Institut für Erwachsenenbildung Leibniz-Zentrum für Lebenslanges Lernen e.V.
EB	Erwachsenenbildung
EDV	Elektronische Datenverarbeitung
FN	Fußnote
GmbH	Gesellschaft mit beschränkter Haftung
HPM	Hauptamtlich pädagogische/r Mitarbeiterin/Mitarbeiter
HWBG	Hessisches Weiterbildungsgesetz
KGSt	Kommunale Gemeinschaftsstelle für Verwaltungsvereinfachung, seit 2005 Kommunale Gemeinschaftsstelle für Verwaltungsmanagement, Köln
KL	Kursleiterin/Kursleiter
KMK	Ständige Konferenz der Kultusminister der Länder der Bundesrepublik Deutschland, kurz: Kultusministerkonferenz
L	Leitende/Leitender
LQW	Lernerorientierte Qualitätstestierung in der Weiterbildung, Markenname der Firma ArtSet Forschung Bildung Beratung GmbH, Hannover
MAXQDA	Markenname der Software für qualitative Datenanalyse der Firma Verbi GmbH, Berlin
OPM	organisatorisch-pädagogische/r Mitarbeiterin/Mitarbeiter

PAS-DVV	Pädagogische Arbeitsstelle des Deutschen Volkshochschul-Verbandes e.v. (Vorgängerinstitut des DIE)
PC	Personal Computer
SGB	Sozialgesetzbuch
VHS	Volkshochschule
VMA	Verwaltungsmitarbeiterin/Verwaltungsmitarbeiter
VMAL	Verwaltungsleiterin/Verwaltungsleiter
WB	Weiterbildung
WBE	Weiterbildungseinrichtung

10.2 Abbildungs- und Tabellenverzeichnis

Abbildung 1: Makro-, Meso- und Mikroebene der Weiterbildung 17
Abbildung 2: Mikro-Ebene des Mitarbeiters in WBE 17
Abbildung 3: Berufsbilder in der Erwachsenenbildung 20
Abbildung 4: KGSt-Modell der Verwaltungsgliederung einer VHS 22
Abbildung 5: Arbeitsgruppenmodell 22
Abbildung 6: Möglicher Rollensatz am Beispiel eines Kursleiters/Lehrenden 24
Abbildung 7: „Zum Verhältnis Pädagogik und Verwaltung" 25
Abbildung 8: Modell eines integrativen Change Management 33
Abbildung 9: Aufgabenfelder und Tätigkeiten 41
Abbildung 10: Prozess der Bündelung der Kategorien des Verwaltungsverständnisses 53
Abbildung 11: Teilaspekte des Verwaltungsverständnisses 55
Abbildung 12: Mit Verwaltung verbundene Modi im dynamischen Zusammenhang 58
Abbildung 13: Themen in Rollenpartnerschaften der Leitungsposition 69
Abbildung 14: Verwaltungstätigkeiten von Leitenden in Programmplanungsprozessen 75
Abbildung 15: Verwaltungstätigkeiten der Leitenden bei Kursumsetzungsprozessen 76
Abbildung 16: Verwaltungstätigkeiten von Leitenden im Zusammenhang mit Gremien 77
Abbildung 17: Verwaltungstätigkeiten von Leitenden im Zusammenhang mit Personal 78
Abbildung 18: Verwaltungstätigkeiten von Leitenden im Zusammenhang mit Finanzen 79

Abbildungs- und Tabellenverzeichnis

Abbildung 19: Verwaltungstätigkeiten von Leitenden im Zusammenhang mit Infrastruktur 80
Abbildung 20: Verwaltungstätigkeiten von Leitenden im Zusammenhang mit Dokumentation 81
Abbildung 21: Rollenpartnerschaften der Verwaltungsleiterposition 88
Abbildung 22: Rollenpartnerschaften der Verwaltungsmitarbeitenden 96
Abbildung 23: Vermittelnde Position der Außenstellenleitung 108
Abbildung 24: Zusammensetzung des Verwaltungsverständnisses der Außenstellenleiterin aus EDV, Hauptberuflichkeit und Behördenstatus 113
Abbildung 25: Rollenpartnerschaften der pädagogischen Mitarbeitenden 117
Abbildung 26: Rollenpartnerschaften der Kursleitenden................................135
Abbildung 27: Veränderung der Kommunikationsinhalte verschiedener Berufspositionen bei unterschiedlichen Reaktionen auf Kundentelefonate 154
Abbildung 28: Beispielhafte Balancen von Teilrollen von Mitarbeitenden in Weiterbildungseinrichtungen in Verbindung zu Lernenden in vier Situationen 162
Abbildung 29: Verortung der Transferverhältnisse 165
Abbildung 30: Verwaltung verbindet Kernprozesse 166
Abbildung 31: Aufgabentypen staatlichen Handelns.......................184
Abbildung 32: Facetten des Verwaltungsverständnisses.................192

Tabelle 1: Urteile von HPM und VMA gegenüber der anderen Berufsposition 35
Tabelle 2: Veränderungswünsche 37
Tabelle 3: Sample, Positionen und Einrichtungen der Interviewpartner....46
Tabelle 4: Funktionale Kategorien der Auswertung 52
Tabelle 5: Die befragten Leitenden (L) 68
Tabelle 6: Interviewtextstellen zu den Modi Planen, Organisieren und Kontrollieren..................82
Tabelle 7: Die befragten Verwaltungsmitarbeiterinnen 95
Tabelle 8: Tätigkeiten der Verwaltungsmitarbeitenden im Überblick 101
Tabelle 9: Vergleich zwischen „informierendem Kundengespräch" und „Kundengespräch zwischen Information, Verkauf und Beratung"..................104
Tabelle 10: Tätigkeiten der Außenstellenleiterin im Vergleich mit Tätigkeiten von pädagogischen Mitarbeitenden und Verwaltungsmitarbeitenden in anderen WBE 112

Tabelle 11:	Die befragten hauptamtlich pädagogischen Mitarbeitenden (HPM) 116
Tabelle 12:	Von HPM genannte Kooperationspartner 118
Tabelle 13:	Bereiche der Verwaltungstätigkeiten der HPM 122
Tabelle 14:	Tätigkeitsbereiche von 16HPM5 in pädagogischer und administrativer Perspektive 127
Tabelle 15:	Die befragten Kursleitenden 134
Tabelle 16:	Tätigkeiten der Seminarvorbereitung zwischen pädagogisch-inhaltlicher und organisatorisch-administrativer Perspektive 141
Tabelle 17:	Schema institutionell geprägter Teilrollen/Rollenelemente 161
Tabelle 18:	Verwaltungspolitische Leitbilder 170
Tabelle 19:	Weiterbildung im Spiegel verwaltungspolitischer Leitbilder .. 189

10.3 Verwendete Literatur

Abels, H. (2009): Einführung in die Soziologie. Band 1: Der Blick auf die Gesellschaft. (4. Auflage) VS Verlag für Sozialwissenschaften, Wiesbaden.

Apel, H.-J. (1999) (Hrsg.): Professionalisierung pädagogischer Berufe im historischen Prozeß. Klinkhardt, Bad Heilbrunn.

Appleby, P. H. (1961): Public Administration for a welfare state. Asia Publishing House, London.

Arnold, R. (2001): Erwachsenenbildung. Eine Einführung in Grundlagen, Probleme und Perspektiven. (4., korrigierte Auflage) Schneider, Baltmannsweiler.

Arnold, R./Gieseke, W. (1999) (Hrsg.): Die Weiterbildungsgesellschaft. Bildungstheoretische Grundlagen und Perspektiven. Luchterhand, Neuwied.

Arnold, R./Nolda, S./Nuissl, E. (2001) (Hrsg.): Wörterbuch Erwachsenenpädagogik. Klinkhardt, Bad Heilbrunn.

Arnold, R./Nolda, S./Nuissl, E. (2010) (Hrsg.): Wörterbuch Erwachsenenbildung. (2., überarbeitete Auflage) Klinkhardt/UTB, Bad Heilbrunn.

Ayers, D. F. (2009): Institutional Contradictions in the Community College. Community College Review, H. 2, S. 165-184.

Baden-Württembergische Landesregierung (1984): Herausforderung und Chance. Bericht der Kommission Weiterbildung erstellt im Auftrag der Landesregierung von Baden-Württemberg. Kommission Weiterbildung, Stuttgart.

Bastian, H. (2002): „Markt" und „Dienstleistung" in der öffentlichen Weiterbildung – Volkshochschulen im Umbruch. In: I. Lohmann (Hrsg.): Die verkaufte Bildung: Kritik und Kontroversen zur Kommerzialisierung von Schule, Weiterbildung, Erziehung und Wissenschaft. Leske und Budrich, Opladen, S. 247-260.

Beckel, A./Senzky, K. (1974): Management und Recht der Erwachsenenbildung. Kohlhammer, Stuttgart.

Becker, H. (1982): Erwachsenenbildung zwischen Wissenschaft, Verwaltung, pädagogischer Praxis und Politik. In: Pädagogische Arbeitsstelle des Deutschen Volkshoch-

schul-Verbandes (Hrsg.): Wissenschaftliche Perspektiven zur Erwachsenenbildung. Westermann, Braunschweig, S. 7-14.
Benz, A. (2009): Politik in Mehrebenensystemen. VS Verlag für Sozialwissenschaften, Wiesbaden.
Berger, P. L./Luckmann, T. (2010): Die gesellschaftliche Konstruktion der Wirklichkeit. Eine Theorie der Wissenssoziologie. (23. Auflage) Fischer, Frankfurt am Main.
Bergmann, K. (1977) (Hrsg.): Bildungsarbeit mit Erwachsenen. Handbuch für selbstbestimmtes Lernen. Rowohlt, Reinbek.
Bergold, R./Gieske, W./Hohmann, R./Seiverth, A. (2000) (Hrsg.): Pädagogische Professionalität und Berufseinführung. Abschlußbericht zum Projekt „Entwicklung und Erprobung eines Berufseinführungskonzepts für hauptberufliche Erwachsenenbildner/innen". Bitter, Recklinghausen.
Blanke, B. (2009): Erzählungen zum aktivierenden Staat. In: K. König/S. Kropp (Hrsg.): Theoretische Aspekte einer zivilgesellschaftlichen Verwaltungskultur. 2. Symposium des Arbeitskreises „Theoretische Aspekte der Verwaltungskultur". DFÖV, Speyer, S. 51-83. Online im Internet. URL http://www.dhv-speyer.de/kropp/Tagungen/Koenig_Kropp_Forschungsbericht_263.pdf (zuletzt abgerufen am 29.11.2013).
Blanke, B./Bandemer S. v./Nullmeier, F./Wewer, G. (2001) (Hrsg.): Handbuch zur Verwaltungsreform. (2., erweiterte und durchgesehene Auflage) Leske und Budrich, Opladen.
Bockemühl, C. (1978): Ordnungsmodelle der Erwachsenenbildung. Ein Vergleich der verschiedenen Landesgesetze. Aus Politik und Zeitgeschichte, H. 19, S. 34-46.
Bocklet, R. (1975): Öffentliche Verantwortung und Kooperation. Kriterien zur Organisation der Weiterbildung. In: Deutscher Bildungsrat (Hrsg.): Umrisse und Perspektiven der Weiterbildung. Klett, Stuttgart, S. 109-145.
Bogumil, J./Jann, W. (2009): Verwaltung und Verwaltungswissenschaft in Deutschland. Einführung in die Verwaltungswissenschaft. (2. Auflage) VS Verlag für Sozialwissenschaften, Wiesbaden.
Bogumil, J./Jann, W./Nullmeier, F. (2006) (Hrsg.): Politik und Verwaltung. VS Verlag für Sozialwissenschaften, Wiesbaden.
Böttcher, W./Terhart, E. (2004) (Hrsg.): Organisationstheorie in pädagogischen Feldern. Analyse und Gestaltung. VS Verlag für Sozialwissenschaften, Wiesbaden.
Boudon, R. (1980): Die Logik des gesellschaftlichen Handelns. Eine Einführung in die soziologische Denk- und Arbeitsweise. Luchterhand, Neuwied.
Brödel, R. (1998) (Hrsg.): Lebenslanges Lernen – lebensbegleitende Bildung. Luchterhand, Neuwied.
Brüsemeister, T./Göppert, S./Unger, T. (2008): Bildungssoziologie. Einführung in Perspektiven und Probleme. VS Verlag für Sozialwissenschaften, Wiesbaden.
Bull, H. (2006): Vorwort. In: I. Snellen: Grundlagen der Verwaltungswissenschaft. Ein Essay über ihre Paradigmen. VS Verlag für Sozialwissenschaften, Wiesbaden, S. 9-10.
Bundesminister für Bildung und Wissenschaft (1985): Thesen zur Weiterbildung. BMBW, Bonn.
Bundesministerium des Innern/Bundesverwaltungsamt (2013): Handbuch für Organisationsuntersuchungen und Personalbedarfsermittlung. URL: http://www.orghandbuch. de/ (zuletzt abgerufen am 27.11.2013).

Burggraf, D. (2007): Rechtsformänderung und Ressourcenverantwortung: VHS Braunschweig. In: F. v. Küchler (Hrsg.): Organisationsveränderungen von Bildungseinrichtungen. Bertelsmann, Bielefeld, S. 31-54.

Büschges, G. (1980): Organisationssoziologische Aspekte der Erwachsenenbildung. In: A. Weymann (Hrsg.): Handbuch zur Soziologie der Weiterbildung. Luchterhand, Neuwied, S. 280-293.

Büssing, A. (1995): Organisationsdiagnose. In: H. Schuler (Hrsg.): Lehrbuch Organisationspsychologie. (2., korrigierte Auflage) Huber, Bern, S. 445-479.

Cassell, C./Symon, G. (1998) (Hrsg.): Qualitative methods and analysis in organizational research. Sage Publications, London.

Chell, E. (1998): Critical Incident Technique. In: C. Cassell/G. Symon (Hrsg.): Qualitative methods and analysis in organizational research. Sage Publications, London, S. 51-72.

Combe, A./Helsper, W. (1999) (Hrsg.): Pädagogische Professionalität. Untersuchungen zum Typus pädagogischen Handelns. (3. Auflage) Suhrkamp, Frankfurt am Main.

Crozier, M./Friedberg, E. (1979): Macht und Organisation. Die Zwänge kollektiven Handelns. Athenäum, Königstein/Ts.

DeMarrais, K. B./Lapan, S. D. (2004) (Hrsg.): Foundations for research. Methods of inquiry in education and the social sciences. Erlbaum, Mahwah/NJ.

Derichs-Kunstmann, K./ Faulstich, P./Tippelt, R. (1996) (Hrsg.): Qualifizierung des Personals in der Erwachsenenbildung. Dokumentation der Jahrestagung 1996 der Kommission Erwachsenenbildung der Deutschen Gesellschaft für Erziehungswissenschaft. DIE, Frankfurt am Main.

Derichs-Kunstmann, K./Faulstich, P./Schiersmann, C./Tippelt, R. (1997) (Hrsg.): Weiterbildung zwischen Grundrecht und Markt. Rahmenbedingungen und Perspektiven. Leske und Budrich, Opladen.

Deutscher Ausschuss für das Erziehungs- und Bildungswesen (1960): Zur Situation und Aufgabe der deutschen Erwachsenenbildung. Klett, Stuttgart.

Deutscher Bildungsrat (1971): Strukturplan für das Bildungswesen. (3. Auflage) Klett, Stuttgart.

Deutscher Bildungsrat (1975) (Hrsg.): Umrisse und Perspektiven der Weiterbildung. Klett, Stuttgart.

Deutscher Volkshochschulverband (1978): Stellung und Aufgabe der Volkshochschule. Deutscher Volkhochschulverband, Bonn.

Deutsches Institut für Erwachsenenbildung (2008) (Hrsg.): Trends der Weiterbildung. DIE-Trendanalyse 2008. Bertelsmann, Bielefeld.

Deutsches Institut für Erwachsenenbildung (2010) (Hrsg.): Trends der Weiterbildung. DIE-Trendanalyse 2010. Bertelsmann, Bielefeld.

Dewe, B./Ferchhoff, W. (1988): Tätigkeitsanforderungen an Dienstleistungspersonal im Bildungs- und Sozialwesen. Zeitschrift für Personalforschung, H. 2, S. 131-153.

Dieckmann, B. (1980): Verwaltung und Weiterbildung – Weiterbildung in der Verwaltung. In: A. Weymann (Hrsg.): Handbuch zur Soziologie der Weiterbildung. Luchterhand, Neuwied, S. 294-307.

Dietrich, S./Schade, H.-J./Behrensdorf, B. (2008): Ergebnisbericht Projekt Weiterbildungskataster. DIE, Bonn. Online im Internet: URL http://www.die-bonn.de/doks/dietrich0803.pdf (letzter Zugriff am 27.11.2013).

Dietsche, B. (2002a): Bildungskaufmann/Bildungskauffrau – ein neuer Ausbildungsberuf? DIE – Zeitschrift für Erwachsenenbildung, H. 2, S. 40-41.
Dietsche, B. (2002b): Schnittstellen in Einrichtungen beherbergender Erwachsenenbildung. „Critical incidents" im Kontext von Arbeitsteilung und Koordination erhoben in organisationsdiagnostischen Fallstudien. Diplomarbeit. Philipps-Universität Marburg, Marburg.
Dietsche, B. (2004): Lebenslanges Lernen – wissensbasierter Wirtschaftsraum. Bildungspolitische Online-Dokumente zum lebenslangen Lernen (LLL) der Europäischen Union von 2000 bis Anfang 2004. DIE, Bonn. Online im Internet: URL http://www.die-bonn.de/esprid/dokumente/doc-2004/dietsche04_01.pdf (letzter Zugriff am 27.11.2013).
Dietsche, B. (2006): Fortbildung für Verwaltungsmitarbeitende in Weiterbildungseinrichtungen. In: U. Heuer/W. Gieseke (Hrsg.): Pädagogisches Wissen für die Weiterbildung. Fortbildungsbedarf und Personalentwicklung. Verlag TextWeinberg, Oldenburg, S. 185-227.
DiMaggio, P. J./Powell, W. W. (2009): Das „stahlharte Gehäuse" neu betrachtet: Institutionelle Isomorphie und kollektive Rationalität in organisationalen Feldern. In: S. Koch/M. Schemmann (Hrsg.): Neo-Institutionalismus in der Erziehungswissenschaft. Grundlegende Texte und empirische Studien. VS Verlag für Sozialwissenschaften, Wiesbaden, S. 57-84.
Dollhausen, K. (2007): Im Wettbewerb um Drittmittel. DIE-Zeitschrift für Erwachsenenbildung, H. 2, S. 30-33.
Dollhausen, K. (2008): Planungskulturen in der Weiterbildung: Angebotsplanungen zwischen wirtschaftlichen Erfordernissen und pädagogischem Anspruch. Bertelsmann, Bielefeld.
Dollhausen, K. (2010): Einrichtungen. In: Deutsches Institut für Erwachsenenbildung (Hrsg.): Trends der Weiterbildung. DIE-Trendanalyse 2010. Bertelsmann, Bielefeld, S. 35-74.
Dollhausen, K./Feld, T. C./Seitter, W. (2010a) (Hrsg.): Erwachsenenpädagogische Organisationsforschung. VS Verlag für Sozialwissenschaften, Wiesbaden.
Dollhausen, K./Feld, T. C./Seitter, W. (2010b): Erwachsenenpädagogische Organisationsforschung. Zur Einleitung in den Band. In: K. Dollhausen/T. C. Feld/W. Seitter (Hrsg.): Erwachsenenpädagogische Organisationsforschung. VS Verlag für Sozialwissenschaften, Wiesbaden, S. 13-18.
Ehses, C./Zech, R. (1999): Professionalität als Qualität in der Erwachsenenbildung. Zur Organisationsentwicklung von Volkshochschulen im Spannungsfeld diversifizierter Lernmilieus und wirtschaftlicher Marktanforderungen. In: R. Zech/C. Ehses (Hrsg.): Organisation und Lernen. Expressum, Hannover, S. 13-58.
Ehses, C./Zech, R. (2004): Gute Organisation – ein Beitrag zum Selbstverständnis der Weiterbildungsprofession. REPORT – Literatur- und Forschungsreport Weiterbildung, H. 2, S. 75-83.
Eichhorn, P./Friedrich, P. (2003) (Hrsg.): Verwaltungslexikon. (3., neu bearbeitete Auflage) Nomos, Baden-Baden.
Esser, H. (2002): Institutionen. Campus-Verlag, Frankfurt am Main.
Europäische Kommission/Statistisches Amt (2005): Task force report on adult education survey. Office for Official Publications of the European Communities, Luxem-

bourg. Online im Internet: URL http://epp.eurostat.ec.europa.eu/cache/ITY_OFF-PUB/ KS-CC-05-005/EN/KS-CC-05-005-EN.PDF (letzter Zugriff am 27.11.2013).

Europäischer Rat (2000): Europäischer Rat (Lissabon). Schlussfolgerungen des Vorsitzes. URL http://ue.eu.int/ueDocs/cms_Data/docs/pressData/de/ec/00100-r1.d0.htm (letzter Zugriff am 27.11.2013).

Faulstich, P. (1997): Regulation der Weiterbildung – Markt, Staat und Netze. In: K. Derichs-Kunstmann/P. Faulstich/C. Schiersmann/R. Tippelt (Hrsg.): Weiterbildung zwischen Grundrecht und Markt. Rahmenbedingungen und Perspektiven. Leske und Budrich, Opladen, S. 77-96.

Faulstich, P. (2010): Einrichtungen. In: R. Arnold/S. Nolda/E. Nuissl (Hrsg.): Wörterbuch Erwachsenenbildung. (2., überarbeitete Auflage) Klinkhardt/UTB, Bad Heilbrunn, S. 71.

Faulstich, P./Schiersmann, C./Tippelt, R. (1997): Weiterbildung zwischen Grundrecht und Markt. In: K. Derichs-Kunstmann/P. Faulstich/C. Schiersmann/R. Tippelt (Hrsg.): Weiterbildung zwischen Grundrecht und Markt. Rahmenbedingungen und Perspektiven. Leske und Budrich, Opladen, S. 9-14.

Fischer, L./Wiswede, G. (2009): Grundlagen der Sozialpsychologie. (3., völlig neu bearbeitete Auflage) Oldenbourg, München.

Flanagan, J. C. (1954): The Critical Incident Technique. Psychological Bulletin, H. 4, S. 327-358.

Flechsig, K. (1989): Ebenen didaktischen Handelns in der Weiterbildung. Textziffer 5.10. In: Grundlagen der Weiterbildung e.V. (Hrsg.): Grundlagen der Weiterbildung – Praxishilfen. Luchterhand, Neuwied, Lieferung Dezember 1989.

Flick, U. (2005): Design und Prozess qualitativer Forschung. In: U. Flick/E. v. Kardorff/I. Steinke (Hrsg.): Qualitative Forschung. Ein Handbuch. (4. Auflage) Rowohlt, Reinbek, S. 252-265.

Flick, U./Kardorff, E. v./Steinke, I. (2005) (Hrsg.): Qualitative Forschung. Ein Handbuch. (4. Auflage) Rowohlt, Reinbek.

Friebertshäuser, B. (2003): Interviewtechniken – ein Überblick. In: B. Friebertshäuser/A. Prengel (Hrsg.): Handbuch qualitative Forschungsmethoden in der Erziehungswissenschaft. Juventa, Weinheim, S. 371-395.

Friebertshäuser, B./Prengel, A. (2003) (Hrsg.): Handbuch qualitative Forschungsmethoden in der Erziehungswissenschaft. Juventa, Weinheim.

Frymark, H. (1977): Kommunalisierung der Volkshochschule. Gefahren der Reglementierung durch Verbürokratisierung. In: K. Bergmann (Hrsg.): Bildungsarbeit mit Erwachsenen. Handbuch für selbstbestimmtes Lernen. Rowohlt, Reinbek, S. 310-333.

Frymark, H. (1979): Volkshochschule – im Mahlwerk der Bürokratie. Päd.extra Zeitschrift für Erziehung, Wissenschaft und Politik, H. 4, S. 25-28.

Frymark, H. (1983): Volkshochschulbetriebe unter bürokratischer Organisationspraxis. bundesweite Studie 1980 für ein praxisnahes Studium. Eine verwaltungsbetriebliche Organisationsanalyse zu den Partizipation-, Flexibilitäts- und Effektivitätsvoraussetzungen von behördenintegrierten Volkshochschulen – im empirischen Vergleich zur Vereins-VHS. P. Lang, Frankfurt am Main.

Frymark, H. (1985): Überwindung verwaltungsferner erwachsenenpädagogischer Professionalisierung? Zeitschrift für Bildungsverwaltung, H. 1, S. 31-38.

Fuchs, K. (2003): Wissen und Tun. Tätigkeitsprofile und berufsrelevante Kenntnisse. In: H. Krüger (Hrsg.): Diplom-Pädagogen in Deutschland – Survey 2001. Juventa, Weinheim, S. 185-204.

Fuchs, S./Schwickerath, A./Barz, H./Hippel, A. v./Tippelt, R. (2009): Projekt KomWeit: Fragestellungen – Kooperationspartner – Desgin und Methoden. In: A. v. Hippel/R. Tippelt (Hrsg.): Fortbildung der Weiterbildner/innen. Eine Analyse der Interessen und Bedarfe aus verschiedenen Perspektiven. Beltz, Weinheim, S. 18-37.

Fuhr, T. (1991): Kompetenzen und Ausbildung des Erwachsenenbildners. Eine Studie zur Professionalisierung der Erwachsenenbildung. Klinkhardt, Bad Heilbrunn.

Fuhr, T. (1994): Pädagogik und Organisation. Anmerkungen zu einem schwierigen Verhältnis. Pädagogische Rundschau, H. 5, S. 579-591.

Gieseke, W. (1989): Habitus von Erwachsenenbildern: eine qualitative Studie zur beruflichen Sozialisation. Bibliotheks- und Informationssystem der Universität Oldenburg, Oldenburg.

Gieseke, W. (1999): Der Habitus von Erwachsenenbildnern. Pädagogische Professionalität oder plurale Beliebigkeit? In: A. Combe/W. Helsper (Hrsg.): Pädagogische Professionalität. Untersuchungen zum Typus pädagogischen Handelns. (3. Auflage) Suhrkamp, Frankfurt am Main, S. 678-713.

Gieseke, W. (2000) (Hrsg.): Programmplanung als Bildungsmanagement? Qualitative Studie in Perspektivverschränkung. Begleituntersuchung des Modellversuchs „Erprobung eines Berufseinführungskonzeptes in der konfessionellen Erwachsenenbildung". Bitter, Recklinghausen.

Gieseke, W. (2003) (Hrsg.): Institutionelle Innensichten der Weiterbildung. Bertelsmann, Bielefeld.

Gieseke, W./Gorecki, C. (2000): Programmplanung als Angleichungshandeln – Arbeitsplatzanalyse. In: W. Gieseke (Hrsg.): Programmplanung als Bildungsmanagement? Qualitative Studie in Perspektivverschränkung. Begleituntersuchung des Modellversuchs „Erprobung eines Berufseinführungskonzeptes in der konfessionellen Erwachsenenbildung". Bitter, Recklinghausen, S. 59-114.

Gieseke, W./Robak, S. (2000),: Evaluation als Prozessanalyse. In: R. Bergold/W. Gieseke/R. Hohmann/A. Seiverth (Hrsg.): Pädagogische Professionalität und Berufseinführung. Abschlußbericht zum Projekt „Entwicklung und Erprobung eines Berufseinführungskonzepts für hauptberufliche Erwachsenenbildner/innen". Bitter, Recklinghausen, S. 99-150.

Gieseke, W./Tietgens, H./Venth, A. (1979): Zur Berufseinführung und Fortbildung für eine pädagogische Tätigkeit in der Erwachsenenbildung. Aspekte zur methodischen Erschließung eines arbeitsplatzbezogenen Lernansatzes am Beispiel der Arbeit mit Selbststudienmaterial für Mitarbeiter in der Erwachsenenbildung. Esprint Druckerei und Verlag, Heidelberg.

Gieseke-Schmelzle, W. (1982): Berufliche Sozialisationsprozesse im Bereich der Erwachsenenbildung. In: Pädagogische Arbeitsstelle des Deutschen Volkshochschul-Verbandes (Hrsg.): Wissenschaftliche Perspektiven zur Erwachsenenbildung. Westermann, Braunschweig, S. 235-249.

Gnahs, D. (2001): Träger. In: R. Arnold/S. Nolda/E. Nuissl (Hrsg.): Wörterbuch Erwachsenenpädagogik. Klinkhardt, Bad Heilbrunn, S. 312-313.

Gnahs, D. (2010a): Träger der Erwachsenenbildung. In: R. Arnold/S. Nolda/E. Nuissl (Hrsg.): Wörterbuch Erwachsenenbildung. (2., überarbeitete Auflage) Klinkhardt/UTB, Bad Heilbrunn, S. 288-289.

Gnahs, D. (2010b): Weiterbildung und ihre Segmente. In: Deutsches Institut für Erwachsenenbildung (Hrsg.): Trends der Weiterbildung. DIE-Trendanalyse 2010. Bertelsmann, Bielefeld, S. 15-23.

Gnahs, D. (2010c): Berichtssysteme und Weiterbildungsstatistik. In: Deutsches Institut für Erwachsenenbildung (Hrsg.): Trends der Weiterbildung. DIE-Trendanalyse 2010. Bertelsmann, Bielefeld, S. 25-33.

Godde, W. (1976): Betriebsorganisation und Betriebsführung. Pädagogische Arbeitsstelle des Deutschen Volkshochschul-Verbandes, Frankfurt am Main.

Gonschorrek, U. (1989): Verwaltungspädagogik und Führungslehre. Band 1 Verwaltungspädagogik. (2., völlig neu bearbeitete Auflage) v. Decker, Heidelberg.

Gosepath, S./Celikates, R. (2008) (Hrsg.): Handbuch der politischen Philosophie und Sozialphilosophie. de Gruyter, Berlin.

Grochla, E. (1980) (Hrsg.): Handwörterbuch der Organisation. (2. Auflage) Poeschel, Stuttgart.

Gruber, H./Kraft, S./Harteis, C. (2005): Aufgaben- und Tätigkeitsfelder von Weiterbildner/inne/n. Vortrag auf der DIE-Veranstaltung „Situation des Weiterbildungspersonals" in Bonn am 19. November 2004. Unveröffentlichtes Manuskript.

Grundlagen der Weiterbildung e.V. (1989ff) (Hrsg.): Grundlagen der Weiterbildung – Praxishilfen. Luchterhand, Neuwied.

Grunenberg, H. (2001): Die Qualität qualitativer Forschung. Eine Metaanalyse erziehungs- und sozialwissenschaftlicher Forschungsarbeiten. Diplomarbeit. Philipps-Universität Marburg, Marburg.

Grunert, C./Krüger, H. (2004): Entgrenzung pädagogischer Berufsarbeit – Mythos oder Realität? Ergebnisse einer bundesweiten Diplom- und Magister-Pädagogen-Befragung. Zeitschrift für Pädagogik, H. 3, S. 309-325.

Harney, K. (1998): Krise öffentlicher Trägerschaft in der Weiterbildung: Betrieblichkeit als Referenzproblem. In: R. Brödel (Hrsg.): Lebenslanges Lernen – lebensbegleitende Bildung. Luchterhand, Neuwied, S. 184-195.

Harney, K. (2002): Weiterbildung aus Sicht des Bildungsmanagements. Hessische Blätter für Volksbildung, H. 2, S. 125-136.

Harrach, E. v./Loer, T./Schmidtke, O. (2000) (Hrsg.): Verwaltung des Sozialen. Formen der subjektiven Bewältigung eines Strukturkonflikts. UVK, Konstanz.

Hartig, C. (2008): Berufskulturelle Selbstreflexion: Selbstbeschreibungslogiken von ErwachsenenbildnerInnen. VS Verlag für Sozialwissenschaften, Wiesbaden.

Hartz, S. (2009): Diffusionsprozesse in der Weiterbildung – eine Analyse aus der Perspektive des Neo-Institutionalismus. In: S. Koch/M. Schemmann (Hrsg.): Neo-Institutionalismus in der Erziehungswissenschaft. Grundlegende Texte und empirische Studien. VS Verlag für Sozialwissenschaften, Wiesbaden, S. 133-159.

Hartz, S./Schardt, V. (2010): (Organisations-)theoretische Bezüge in erwachsenenpädagogischen Arbeiten. Eine Bestandsaufnahme. In: K. Dollhausen/T. C. Feld/W. Seitter (Hrsg.): Erwachsenenpädagogische Organisationsforschung. VS Verlag für Sozialwissenschaften, Wiesbaden, S. 21-43.

Hartz, S./Schrader, J. (2008a) (Hrsg.) : Steuerung und Organisation in der Weiterbildung. Klinkhardt, Bad Heilbrunn.

Hartz, S./Schrader, J. (2008b): Steuerung und Organisation in der Weiterbildung – ein vernachlässigtes Thema? In: S. Hartz/J. Schrader (Hrsg.): Steuerung und Organisation in der Weiterbildung. Klinkhardt, Bad Heilbrunn, S. 9-30.

Hartz, S./Schrader, J. (2009): Lernerorientierte Qualitätstestierung als Steuerungsmedium in Organisationen der Weiterbildung. Zwischen organisationaler und pädagogischer Handlungslogik. In: U. Lange/S. Rahn/W. Seitter/R. Körzel (Hrsg.): Steuerungsprobleme im Bildungswesen. Festschrift für Klaus Harney. VS Verlag für Sozialwissenschaften, S. 319-337.

Helsper, W./Busse, S./Hummrich, M./Kramer, R. (2008) (Hrsg.): Pädagogische Professionalität in Organisationen. Neue Verhältnisbestimmungen am Beispiel der Schule. VS Verlag für Sozialwissenschaften, Wiesbaden.

Herbrechter, D./Schemmann, M. (2010): Organisationstypen der Weiterbildung. Eine empirische Analyse aus der Perspektive des Neo-Institutionalismus. In: K. Dollhausen/T. C. Feld/W. Seitter (Hrsg.): Erwachsenenpädagogische Organisationsforschung. VS Verlag für Sozialwissenschaften, Wiesbaden, S. 125-141.

Heuer, U./Gieseke, W. (2006) (Hrsg.): Pädagogisches Wissen für die Weiterbildung. Fortbildungsbedarf und Personalentwicklung. Verl. TextWeinberg, Oldenburg.

Hill, H. (2002): Zur „Methode der offenen Koordinierung" in der Europäischen Union. Perspektiven der Verwaltungsforschung. In: K.-P. Sommermann (Hrsg.): Beiträge zur wissenschaftlichen Arbeitstagung aus Anlass des 25jährigen Bestehens des Forschungsinstituts für öffentliche Verwaltung vom 08. bis 10. Oktober 2001 in Speyer. Duncker und Humblot, Berlin, S. 139-162.

Hippel, A. v. (2009): Aktuelle und zukünftige Herausforderungen aus Sicht der Weiterbildner/innen. In: A. v. Hippel/R. Tippelt (Hrsg.): Fortbildung der Weiterbildner/innen. Eine Analyse der Interessen und Bedarfe aus verschiedenen Perspektiven. Beltz, Weinheim, S. 89-113.

Hippel, A. v. (2010): Erwachsenenbildner an der Schnittstelle zwischen Verwaltung und Pädagogik. Eine explorative Analyse der Tätigkeitsfelder von Verwaltungsmitarbeiter/inne/n mit pädagogischen Aufgaben. REPORT – Zeitschrift für Weiterbildungsforschung, H. 2, S. 77-88.

Hippel, A. v. (2011): Programmplanungshandeln im Spannungsfeld heterogener Erwartungen. Ein Ansatz zur Differenzierung von Widerspruchskonstellationen und professionellen Antinomien. REPORT – Zeitschrift für Weiterbildungsforschung, H. 1, S. 45-57.

Hippel, A. v./Fuchs, S. (2009): Aufgaben- und Tätigkeitsprofile von Weiterbildner/innen. In: A. v. Hippel/R. Tippelt (Hrsg.): Fortbildung der Weiterbildner/innen. Eine Analyse der Interessen und Bedarfe aus verschiedenen Perspektiven. Beltz, Weinheim, S. 63-88.

Hippel, A. v./Tippelt, R. (2009) (Hrsg.): Fortbildung der Weiterbildner/innen. Eine Analyse der Interessen und Bedarfe aus verschiedenen Perspektiven. Beltz, Weinheim.

Hof, C./Ludwig, J./Schäffer, B. (2010) (Hrsg.): Professionalität zwischen Praxis, Politik und Disziplin. Dokumentation der Jahrestagung der Sektion Erwachsenenbildung der Deutschen Gesellschaft für Erziehungswissenschaft vom 25. bis 27. September 2008 an der Freien Universität Berlin. Schneider, Baltmannsweiler.

Hopf, C. (2005): Qualitative Interviews – ein Überblick. In: U. Flick/E. v. Kardorff/I. Steinke (Hrsg.): Qualitative Forschung. Ein Handbuch. (4. Auflage) Rowohlt, Reinbek, S. 349-360.

Hufer, K. (1984): Möglichkeiten und Bedingungsfaktoren politischer Erwachsenenbildung am Beispiel kommunaler Volkshochschulen in Nordrhein-Westfalen. P. Lang, Frankfurt am Main.

Hufer, K./Klier, W./Tietgens, H./Zierer, W. (1982): Orientierungshilfe für pädagogische Mitarbeiter. Pädagogische Arbeitsstelle des Deutschen Volkshochschul-Verbandes, Frankfurt am Main.

Hufer, K./Landscheidt, P./Mösko, H./Richter-Lönnecke, H./Rogge, K. I./Schäffter, O./Stöver, J./Ufermann, F./Frymark, H. (1992): Im Netz der Organisation. Ein Handbuch für Menschen in Kultur- und Weiterbildungseinrichtungen. (2. Auflage) Soester Verl.-Kontor, Soest.

Huntemann, H./Reichart, E. (2012): Volkshochschul-Statistik. 50. Folge, Arbeitsjahr 2011. DIE, Bonn. Online im Internet: URL http://www.die-bonn.de/doks/2012-volkshochschule-statistik-01.pdf (letzter Zugriff am 27.11.2013).

Iller, C. (2010): Arbeitsanforderungen und Kompetenzentwicklung der hauptberuflich Tätigen – eine empirische Analyse auf Basis der BIBB-BAuA-Erwerbstätigenbefragung 2006. In: C. Hof/J. Ludwig/B. Schäffer (Hrsg.): Professionalität zwischen Praxis, Politik und Disziplin. Dokumentation der Jahrestagung der Sektion Erwachsenenbildung der Deutschen Gesellschaft für Erziehungswissenschaft vom 25. bis 27. September 2008 an der Freien Universität Berlin. Schneider, Baltmannsweiler, S. 114-125.

Ioannidou, A. (2008): Governance-Instrumente im Bildungsbereich im transnationalen Raum. In: S. Hartz/J. Schrader (Hrsg.): Steuerung und Organisation in der Weiterbildung. Klinkhardt, Bad Heilbrunn, S. 91-110.

Jäger, C. (2005): Öffentliche Verantwortung – öffentliches Interesse. Leitlinien der Weiterbildungspolitik im Wandel. DIE-Zeitschrift für Erwachsenenbildung, H. 3, S. 42-44.

Jann, W. (2002): Der Wandel verwaltungspolitischer Leitbilder: Vom Management zu Governance? In: K. König (Hrsg.): Deutsche Verwaltung an der Wende zum 21. Jahrhundert. Nomos, Baden-Baden, S. 279-304.

Jann, W. (2006): Die skandinavische Schule der Verwaltungswissenschaft: Neo-Institutionalismus und die Renaissance der Bürokratie. In: J. Bogumil/W. Jann/F. Nullmeier (Hrsg.): Politik und Verwaltung. VS Verlag für Sozialwissenschaften, Wiesbaden, S. 121-148.

Jüchter, H. T. (1979): Volkshochschule als Aufgabe der Kommunalpolitik – Trägerinteressen und Programmfreiheit. Hessische Blätter für Volksbildung, H. 4.

Kade, J./Nittel, D./Seitter, W. (1999): Einführung in die Erwachsenenbildung/Weiterbildung. Kohlhammer, Stuttgart.

Kain, D. L. (2004): Owning significance: the critical incident technique in research. In: K. B. DeMarrais/S. D. Lapan (Hrsg.): Foundations for research – methods of inquiry in education and the social sciences. Erlbaum, Mahwah/NJ, S. 69-87.

Katz, D./Kahn, R. L. (1978): The social psychology of organizations. (2. Auflage) Wiley, New York.

Kieser, A./Walgenbach, P. (2010): Organisation. (6., überarbeitete Auflage) Schäffer-Poeschel, Stuttgart.
Kil, M. (1998): Mitarbeiterinnen und Mitarbeiter in der Weiterbildungsorganisation: Arbeitsbedingungen und Motivierungspotentiale als Impulse für Fortbildung, Personal- und Organisationsentwicklung. Universität Dortmund, Dortmund.
Kil, M. (2003): Organisationsveränderungen in Weiterbildungseinrichtungen. Empirische Analysen und Ansatzpunkte für Entwicklung und Forschung. Bertelsmann, Bielefeld.
Klie, T./Maier, K./Meysen, T. (1999): Verwaltungswissenschaft. Eine Einführung für soziale Berufe. Lambertus, Freiburg im Breisgau.
Koch, S./Schemmann, M. (2009a) (Hrsg.): Neo-Institutionalismus in der Erziehungswissenschaft. Grundlegende Texte und empirische Studien. VS Verlag für Sozialwissenschaften, Wiesbaden.
Koch, S./Schemmann, M. (2009b): Neo-Institutionalismus und Erziehungswissenschaft. Eine einleitende Verhältnisbestimmung. In: S. Koch/M. Schemmann (Hrsg.): Neo-Institutionalismus in der Erziehungswissenschaft. Grundlegende Texte und empirische Studien. VS Verlag für Sozialwissenschaften, Wiesbaden, S. 7-27.
Kommunale Gemeinschaftsstelle für Verwaltungsvereinfachung (1973): Volkshochschule. Gutachten der Kommunalen Gemeinschaftsstelle für Verwaltungsvereinfachung (KGSt). Der Bundesminister für Bildung und Wissenschaft, Bonn.
Kommunale Gemeinschaftsstelle für Verwaltungsvereinfachung (1991): Dezentrale Ressourcenverantwortung. Überlegungen zu einem neuen Steuerungsinstrument. Bericht Nr. 12. Köln.
Kommunale Gemeinschaftsstelle für Verwaltungsvereinfachung0 (1968): Verwaltungsgliederungsplan. KGSt, Köln.
König, K. (1997) (Hrsg.): Öffentliche Verwaltung in Deutschland. (2. Auflage) Nomos, Baden-Baden.
König, K. (2002) (Hrsg.): Deutsche Verwaltung an der Wende zum 21. Jahrhundert. Nomos, Baden-Baden.
König, K./Kropp, S. (2009) (Hrsg.): Theoretische Aspekte einer zivilgesellschaftlichen Verwaltungskultur. 2. Symposium des Arbeitskreises „Theoretische Aspekte der Verwaltungskultur". DFÖV, Speyer. Online im Internet. URL http://www.dhv-speyer.de/kropp/Tagungen/Koenig_Kropp_Forschungsbericht_263.pdf (zuletzt abgerufen am 29.11.2013).
König, K./Reichard, C. (2007) (Hrsg.): Theoretische Aspekte einer managerialistischen Verwaltungskultur. 1. Symposium des Arbeitskreises „Theoretische Aspekte der Verwaltungskultur". DFÖV, Speyer. Online im Internet: URL http://192.124.238.248/fbpdf/fb-254.pdf (zuletzt abgerufen am 29.11.2013).
Köttgen, A./Dolff, H./Küchenhoff, W. (1962): Die Volkshochschule in Recht und Verwaltung. Klett, Stuttgart.
Kraft, S. (2006): Aufgaben und Tätigkeiten von Weiterbildnerinnen. Herausforderungen und Perspektiven einer weiteren Professionalisierung in der Weiterbildung. DIE, Bonn. Online im Internet. URL http://www.die-bonn.de/esprid/dokumente/doc-2006/kraft06_02.pdf (zuletzt abgerufen am 29.11.2013).

Kraft, S. (2009): Berufsfeld Weiterbildung. In: R. Tippelt/A. Hippel (Hrsg.): Handbuch Erwachsenenbildung/Weiterbildung. (3., überarbeitete und erweiterte Auflage) VS Verlag für Sozialwissenschaften, Wiesbaden, S. 405-426.

Kraft, S./Seitter, W./Kollewe, L. (2009): Professionalitätsentwicklung des Weiterbildungspersonals. Bertelsmann, Bielefeld.

Krings, H. (1979): Wieviel Autonomie braucht die Volkshochschule? Ein Beitrag zum Verhältnis zwischen Volkshochschule und Träger. Hessische Blätter für Volksbildung, H. 4, S. 338-342.

Krüger, H. (2003) (Hrsg.): Diplom-Pädagogen in Deutschland. Survey 2001. Juventa, Weinheim.

Krüger, H. (2004) (Hrsg.): Pädagogen in Studium und Beruf. Empirische Bilanzen und Zukunftsperspektiven. VS Verlag für Sozialwissenschaften, Wiesbaden.

Krüger, H./Rostampour, P. (2003): Berufliche Selbstbilder. Diffus oder konsistent? In: H. Krüger (Hrsg.): Diplom-Pädagogen in Deutschland – Survey 2001. Juventa, Weinheim, S. 205-216.

Küchler, F. v. (2007a) (Hrsg.): Organisationsveränderungen von Bildungseinrichtungen. Bertelsmann, Bielefeld.

Küchler, F. v. (2007b): Von der Rechtsformänderung zur Neupositionierung. Organisationsveränderungen als zeitgenössische Herausforderungen der Weiterbildung. In: F. v. Küchler (Hrsg.): Organisationsveränderungen von Bildungseinrichtungen. Bertelsmann, Bielefeld, S. 7-29.

Küchler, F. v./Schäffter, O. (1997): Organisationsentwicklung in Weiterbildungseinrichtungen. DIE, Frankfurt am Main.

Kuckartz, U. (2010): Einführung in die computergestützte Analyse qualitativer Daten. (3., aktualisierte Auflage) VS Verlag für Sozialwissenschaften, Wiesbaden.

Kuhlenkamp, D. (1997): Regelungen und Realpolitik in der Weiterbildung. In: K. Derichs-Kunstmann/P. Faulstich/C. Schiersmann/R. Tippelt (Hrsg.): Weiterbildung zwischen Grundrecht und Markt. Rahmenbedingungen und Perspektiven. Leske und Budrich, Opladen, S. 31-48.

Kultusminister Nordrhein-Westfalen (1975): Zur Entwicklung der Weiterbildung. Zweiter Bericht der Planungskommission Erwachsenenbildung und Weiterbildung des Kultusministers des Landes Nordrhein-Westfalen. Greven, Köln.

Kultusministerkonferenz (1994): Dritte Empfehlung der Kultusministerkonferenz zur Weiterbildung. Beschluss vom 02.12.1994. Bonn.

Kultusministerkonferenz (2001): Vierte Empfehlung der Kultusministerkonferenz zur Weiterbildung. Beschluss vom 01.02.2001. Bonn.

Kuper, H. (2001): Organisationen im Erziehungssystem. Vorschläge zu einer systemtheoretischen Revision des erziehungswissenschaftlichen Diskurses über Organisation. Zeitschrift für Erziehungswissenschaft, H. 1, S. 83-106.

Kuper, H. (2008): Entscheiden und Kommunizieren. Eine Skizze zum Wandel schulischer Leitungs- und Partizipationsstrukturen und den Konsequenzen für die Lehrerprofessionalität. In: W. Helsper/S. Busse/M. Hummrich/R. Kramer (Hrsg.): Pädagogische Professionalität in Organisationen. Neue Verhältnisbestimmungen am Beispiel der Schule. VS Verlag für Sozialwissenschaften, Wiesbaden, S. 149-162

Landesverband der Volkshochschulen Niedersachsens e.V. (1993): Empfehlungen zur Leitung und Verwaltung von Volkshochschulen. I:W Informationen Weiterbildung in Nordrhein-Westfalen, H. 3, S. 23-25.
Landscheidt, P./Ufermann, F. (1983): Dezentralisierte Programm- und Organisationsstruktur. Erfahrungsbericht aus der Arbeit einer großstädtischen Volkshochschule. PAS-DVV, Frankfurt am Main.
Lange, U./Rahn, S./Seitter, W./Körzel, R. (2009) (Hrsg.): Steuerungsprobleme im Bildungswesen. Festschrift für Klaus Harney. VS Verlag für Sozialwissenschaften, Wiesbaden.
Lieckweg, T. (2001): Strukturelle Kopplung von Funktionssystemen „über" Organisationen. Soziale Systeme, H. 2, S. 267-289.
Lohmann, I. (2002) (Hrsg.): Die verkaufte Bildung: Kritik und Kontroversen zur Kommerzialisierung von Schule, Weiterbildung, Erziehung und Wissenschaft. Leske und Budrich, Opladen.
Mania, E./Strauch, A. (2010): Personal in der Weiterbildung. In: Deutsches Institut für Erwachsenenbildung (Hrsg.): Trends der Weiterbildung. DIE-Trendanalyse 2010. Bertelsmann, Bielefeld, S. 75-92.
Mayntz, R. (1971a) (Hrsg.): Bürokratische Organisation. (2. Auflage) Kiepenheuer und Witsch, Köln.
Mayntz, R. (1971b): Max Webers Idealtypus der Bürokratie und die Organisationssoziologie. In: R. Mayntz (Hrsg.): Bürokratische Organisation. (2. Auflage) Kiepenheuer und Witsch, Köln, S. 27-35.
Mayntz, R. (1980): Rollentheorie. In: E. Grochla (Hrsg.): Handwörterbuch der Organisation. (2. Auflage) Poeschel, Stuttgart, Sp. 2043-2052.
Mayntz, R. (1985): Soziologie der öffentlichen Verwaltung. (3., überarbeitete Auflage) C. F. Müller, Heidelberg.
Mayntz, R. (2008): Verwaltung. In: S. Gosepath/R. Celikates (Hrsg.): Handbuch der politischen Philosophie und Sozialphilosophie. de Gruyter, Berlin, S. 1442-1445.
Mayring, P. (2003): Qualitative Inhaltsanalyse. Grundlagen und Techniken. (8. Auflage) Beltz, Weinheim.
Meisel, K. (2006): Organisationsentwicklung in Weiterbildungseinrichtungen – Von Stolpersteinen und Notwendigkeiten. Hessische Blätter für Volksbildung, H. 3, S. 198-205.
Meisel, K. (2008): Steuerung öffentlicher Weiterbildungsorganisationen bei paradoxen Anforderungen. In: S. Hartz/J. Schrader (Hrsg.): Steuerung und Organisation in der Weiterbildung. Klinkhardt, Bad Heilbrunn, S. 233-250.
Meisel, K. (2009): Weiterbildungsmanagement. In: R. Tippelt/A. Hippel (Hrsg.): Handbuch Erwachsenenbildung/Weiterbildung. (3., überarbeitete und erweiterte Auflage) VS Verlag für Sozialwissenschaften, Wiesbaden, S. 427-436.
Meisel, K./Rohlmann, R./Schuldt, H. (1998): Wirtschaftlichkeit in Weiterbildungseinrichtungen. (2., überarbeitete Auflage) DIE, Frankfurt am Main.
Merton, R. K. (1995): Soziologische Theorie und soziale Struktur. Aus dem Amerikanischen von Hella Beister. Herausgegeben und eingeleitet von Volker Meja und Nico Stehr. de Gruyter, Berlin.
Meyer, R./Hammerschmidt, G. (2006): Die Mikroperspektive des Neo-Institutionalismus. Konzeption und Rolle des Akteurs. In: K. Senge/K. Hellmann (Hrsg.): Einfüh-

rung in den Neo-Institutionalismus. VS Verlag für Sozialwissenschaften, Wiesbaden, S. 160-171.

Miebach, B. (2010): Soziologische Handlungstheorie. Eine Einführung. (3., aktualisierte Auflage) VS Verlag für Sozialwissenschaften, Wiesbaden, Wiesbaden.

Möller, S. (2002): Marketing in der Weiterbildung. Eine empirische Studie an Volkshochschulen. Bertelsmann, Bielefeld.

Nerdinger, F. W./Blickle, G./Schaper, N. (2008): Arbeits- und Organisationspsychologie. Springer Medizin, Heidelberg.

Nittel, D. (1999): Von der „Teilnehmerorientierung" zur „Kundenorientierung". Zur Bedeutung von systematischen Begriffen für pädagogische Feldanalysen. In: R. Arnold/W. Gieseke (Hrsg.): Die Weiterbildungsgesellschaft. Bildungstheoretische Grundlagen und Perspektiven. Luchterhand, Neuwied, S. 161-184.

Nittel, D. (2000): Von der Mission zur Profession? Stand und Perspektiven der Verberuflichung in der Erwachsenenbildung. Bertelsmann, Bielefeld.

Nittel, D./Seitter, W. (2003) (Hrsg.): Die Bildung des Erwachsenen- erziehungs- und sozialwissenschaftliche Zugänge. Festschrift für Jochen Kade. Bertelsmann, Bielefeld.

Nolda, S. (1996): Interaktion und Wissen. Eine qualitative Studie zum Lehr-, Lernverhalten in Veranstaltungen der allgemeinen Erwachsenenbildung. DIE, Frankfurt am Main.

Nonnenmacher, D. (2007): Organisation von Dienstleistungsprozessen. Rollen als Grundlage der Organisationsgestaltung. Eul-Verlag Lohmar.

Nuissl, E. (1996): Erwachsenenpädagogische Professionalisierung 1995ff. In: K. Derichs-Kunstmann/P. Faulstich/R. Tippelt (Hrsg.): Qualifizierung des Personals in der Erwachsenenbildung. Dokumentation der Jahrestagung 1995 der Deutschen Gesellschaft für Erziehungswissenschaft. DIE, Frankfurt am Main, S. 23-34.

Nuissl, E./Schuldt, H. (1993): Betrieb statt Behörde. Die Hamburger Volkhochschule im Wandel. PAS-DVV, Frankfurt am Main.

Oaklief, C. R. (1976): The Critical Incident Technique: Research Applications in the Administration of Adult and Continuing Education. Kansas State University.

Oevermann, U. (1999): Theoretische Skizze einer revidierten Theorie professionalisierten Handelns. In: A. Combe/W. Helsper (Hrsg.): Pädagogische Professionalität. Untersuchungen zum Typus pädagogischen Handelns. (3. Auflage) Suhrkamp, Frankfurt am Main, S. 70-182.

Oevermann, U. (2000): Dienstleistungen der Sozialbürokratie aus professionalisierungstheoretischer Sicht. In: E. v. Harrach/T. Loer/O. Schmidtke (Hrsg.): Verwaltung des Sozialen. Formen der subjektiven Bewältigung eines Strukturkonflikts. UVK, Konstanz, S. 57-77.

Olbrich, J./Siebert, H. (2001): Geschichte der Erwachsenenbildung in Deutschland. Leske und Budrich, Opladen.

Olsen, J. P. (2006): Maybe it is Time to Rediscover Bureaucracy. Journal of Public Administration Research and Theory, S. 1-24.

Olsen, J. P. (2008): The Ups and Downs of Bureaucratic Organization. Annual Review of Political Science, S. 13-37.

Oschmiansky, F. (2010): Aktivierender Staat und aktivierende Arbeitsmarktpolitik. Bundeszentrale für politische Bildung. Bonn. URL: http://www.bpb.de/politik/innenpolitik/arbeitsmarktpolitik/55052/aktivierende-arbeitsmarktpolitik (zuletzt abgerufen am 27.11.2013).

Otto, V./Reichard, C./Dieckmann, J./Rohlmann, R./Jüchter, H. T./Ehmann, C./Wiesemann, W./Melsbach, D./Löb, M./Hübner, B. J./Da Via, G. (1993): Rechtsstatus und Kommunalität. Rechtsträgerschaft und kommunale Steuerung von Volkshochschulen. Deutscher Volkshochschul-Verband e.V., Bonn.

Pädagogische Arbeitsstelle des Deutschen Volkshochschul-Verbandes (1968a): Institutionelles Gefüge. Rechtsstatus der VHS. Textziffer 12.000. In: Pädagogische Arbeitsstelle des Deutschen Volkshochschul-Verbandes: Die Volkshochschule. Handbuch für die Praxis der Leiter und Mitarbeiter. PAS-DVV, Frankfurt am Main, Lieferung März 1968.

Pädagogische Arbeitsstelle des Deutschen Volkshochschul-Verbandes (1968b): Institutionelles Gefüge. Verwaltung der VHS. Aufgaben- und Stellengliederung der VHS-Verwaltung. Textziffer 16.100. In: Pädagogische Arbeitsstelle des Deutschen Volkshochschul-Verbandes: Die Volkshochschule. Handbuch für die Praxis der Leiter und Mitarbeiter. PAS-DVV, Frankfurt am Main, Lieferung März 1968.

Pädagogische Arbeitsstelle des Deutschen Volkshochschul-Verbandes (1968c): Mitarbeiter. VHS-Leiter. Außenstellenleiter. Textziffer 21.170. In: Pädagogische Arbeitsstelle des Deutschen Volkshochschul-Verbandes: Die Volkshochschule. Handbuch für die Praxis der Leiter und Mitarbeiter. PAS-DVV, Frankfurt am Main, Lieferung März 1968.

Pädagogische Arbeitsstelle des Deutschen Volkshochschul-Verbandes (1968ff): Die Volkshochschule. Handbuch für die Praxis der Leiter und Mitarbeiter. In: Pädagogische Arbeitsstelle des Deutschen Volkshochschul-Verbandes: PAS-DVV, Frankfurt am Main.

Pädagogische Arbeitsstelle des Deutschen Volkshochschul-Verbandes (1970): Institutionelles Gefüge. Rechtsstatus der VHS. Kommunalisierung der VHS. Textziffer 12.011. In: Pädagogische Arbeitsstelle des Deutschen Volkshochschul-Verbandes: Die Volkshochschule. Handbuch für die Praxis der Leiter und Mitarbeiter. PAS-DVV, Frankfurt am Main, Lieferung Januar 1970.

Pädagogische Arbeitsstelle des Deutschen Volkshochschul-Verbandes (1971): Institutionelles Gefüge. Verwaltung der VHS. Textziffer 16.000. In: Pädagogische Arbeitsstelle des Deutschen Volkshochschul-Verbandes: Die Volkshochschule. Handbuch für die Praxis der Leiter und Mitarbeiter. PAS-DVV, Frankfurt am Main, Lieferung Januar 1971.

Pädagogische Arbeitsstelle des Deutschen Volkshochschul-Verbandes (1972a): Mitarbeiter. Pädagogische Mitarbeiter. Tätigkeitsmerkmale für Fachbereichsleiter. Textziffer 22.200. In: Pädagogische Arbeitsstelle des Deutschen Volkshochschul-Verbandes: Die Volkshochschule. Handbuch für die Praxis der Leiter und Mitarbeiter. PAS-DVV, Frankfurt am Main, Lieferung März 1972.

Pädagogische Arbeitsstelle des Deutschen Volkshochschul-Verbandes (1972b): Mitarbeiter. Mitarbeiter im Verwaltungsbereich. Tätigkeitsmerkmale im Bereich der VHS-Verwaltung. Textziffer 23.200. In: Pädagogische Arbeitsstelle des Deutschen Volkshochschul-Verbandes: Die Volkshochschule. Handbuch für die Praxis der Leiter und Mitarbeiter. PAS-DVV, Frankfurt am Main, Lieferung März 1972.

Pädagogische Arbeitsstelle des Deutschen Volkshochschul-Verbandes (1972c): Mitarbeiter. Kursleiter und Referenten. Textziffer 24.000. In: Pädagogische Arbeitsstelle des Deutschen Volkshochschul-Verbandes: Die Volkshochschule. Handbuch für die Praxis der Leiter und Mitarbeiter. PAS-DVV, Frankfurt am Main, Lieferung März 1972.

Pädagogische Arbeitsstelle des Deutschen Volkshochschul-Verbandes (1978): Mitarbeiter. VHS-Leiter. Funktionen von Außenstellenleitern. Textziffer 21.176. In: Pädagogische Arbeitsstelle des Deutschen Volkshochschul-Verbandes: Die Volkshochschule. Handbuch für die Praxis der Leiter und Mitarbeiter. PAS-DVV, Frankfurt am Main, Lieferung Dezember 1978.

Pädagogische Arbeitsstelle des Deutschen Volkshochschul-Verbandes (1982) (Hrsg.): Wissenschaftliche Perspektiven zur Erwachsenenbildung. Westermann, Braunschweig.

Pädagogische Arbeitsstelle des Deutschen Volkshochschul-Verbandes (1983): Abschlussbericht des Projekts „Berufseinführung von VHS-Mitarbeitern". Vorhaben W 0212.00. PAS-DVV, Frankfurt am Main.

Pädagogische Arbeitsstelle des Deutschen Volkshochschul-Verbandes (1985): Das Verhältnis von HPM und Verwaltungsmitarbeitern. Textziffer 20.007. In: Pädagogische Arbeitsstelle des Deutschen Volkshochschul-Verbandes: Die Volkshochschule. Handbuch für die Praxis der Leiter und Mitarbeiter. PAS-DVV, Frankfurt am Main, Lieferung Dezember 1985.

Pädagogische Arbeitsstelle des Deutschen Volkshochschul-Verbandes (1986): Auskunfts- und Beratungsaufgaben von Verwaltungsmitarbeitern. Textziffer 23.260. In: Pädagogische Arbeitsstelle des Deutschen Volkshochschul-Verbandes: Die Volkshochschule. Handbuch für die Praxis der Leiter und Mitarbeiter. PAS-DVV, Frankfurt am Main, Lieferung Dezember 1986.

Pädagogische Arbeitsstelle des Deutschen Volkshochschul-Verbandes (1988): Institutionelles Gefüge. Rechtsstatus der VHS. Die Volkshochschule in der Rechtsform einer gemeinnützigen GmbH. Textziffer 12.016. In: Pädagogische Arbeitsstelle des Deutschen Volkshochschul-Verbandes: Die Volkshochschule. Handbuch für die Praxis der Leiter und Mitarbeiter. PAS-DVV, Frankfurt am Main, Lieferung Dezember 1988.

Pädagogische Arbeitsstelle des Deutschen Volkshochschul-Verbandes (1989): Schlüsselsituationen im Tätigkeitsfeld Volkshochschule. Textziffer 22.004. In: Pädagogische Arbeitsstelle des Deutschen Volkshochschul-Verbandes: Die Volkshochschule. Handbuch für die Praxis der Leiter und Mitarbeiter. PAS-DVV, Frankfurt am Main, Lieferung Dezember 1989.

Pädagogische Arbeitsstelle des Deutschen Volkshochschul-Verbandes (1991a): Relative Autonomie. Textziffer 13.005. In: Pädagogische Arbeitsstelle des Deutschen Volkshochschul-Verbandes: Die Volkshochschule. Handbuch für die Praxis der Leiter und Mitarbeiter. PAS-DVV, Frankfurt am Main, Lieferung Dezember 1991.

Pädagogische Arbeitsstelle des Deutschen Volkshochschul-Verbandes (1991b): Disponierende Aufgaben. Textziffer 22.002. In: Pädagogische Arbeitsstelle des Deutschen Volkshochschul-Verbandes: Die Volkshochschule. Handbuch für die Praxis der Leiter und Mitarbeiter. PAS-DVV, Frankfurt am Main, Lieferung Dezember 1991.

Pädagogische Arbeitsstelle des Deutschen Volkshochschul-Verbandes (1994): Mitarbeiter. VHS-Leiter. Funktionen des VHS-Leiters. Textziffer 21.200. In: Pädagogische Arbeitsstelle des Deutschen Volkshochschul-Verbandes: Die Volkshochschule. Handbuch für die Praxis der Leiter und Mitarbeiter. PAS-DVV, Frankfurt am Main, Lieferung Juni 1994.

Pehl, K. (2005): Profilanalyse und Typisierung am Beispiel Weiterbildungsstatistik. DIE, Bonn. Online im Internet: URL http://www.die-bonn.de/esprid/dokumente/doc-2005/pehl05_06.pdf (letzter Zugriff am 27.11.2013).

Pöggeler, F. (1959): Die Volkshochschule im Spannungsfeld zwischen Kontrolle und Autonomie. Kulturarbeit Monatsschrift für Kultur und Heimatpflege, H. 11, S. 214-218.

Pöggeler, F. (1975): Geschichte der Erwachsenenbildung. Kohlhammer, Stuttgart.

Power, M. (1996): The Audit Explosion. Demos, London. Online im Internet: URL http://www.demos.co.uk/files/theauditexplosion.pdf (zuletzt abgerufen am 29.11.2013).

Püttner, G. (1989): Verwaltungslehre. Ein Studienbuch. (2. Auflage) Beck, München.

Rat der Europäischen Union (2004): Allgemeine und berufliche Bildung 2010. Die Dringlichkeit von Reformen für den Erfolg der Lissabon-Strategie. Gemeinsamer Zwischenbericht des Rates und der Kommission über die Maßnahmen im Rahmen des detaillierten Arbeitsprogramms zur Umsetzung der Ziele der Systeme der allgemeinen und beruflichen Bildung in Europa. Amtsblatt der Europäischen Union C 104/1 vom 30.04.2004. Online im Internet: URL http://eur-lex.europa.eu/LexUriServ/LexUriServ.do?uri=OJ:C:2004:104:0001:0019:DE:PDF (letzter Zugriff am 27.11.2013).

Rat der Europäischen Union: Schlussfolgerungen des Rates vom 5. Mai 2003 über europäische Durchschnittsbezugswerte für allgemeine und berufliche Bildung (Benchmarks). Amtsblatt der Europäischen Union C 134/3 vom 07.06.2003. Online im Internet: URL http://eur-lex.europa.eu/legal-content/DE/TXT/PDF/?uri=CELEX:52003XG0607%2801%29&from=DE (letzter Zugriff am 10.11.2014).

Reichard, C. (1993): Dienstleistungsunternehmung Kommune. Strategien und Konzepte eines neuen Verwaltungsmanagements am Beispiel Volkshochschule. REPORT – Literatur- und Forschungsreport Weiterbildung, S. 11-24.

Robak, S. (2004): Management in Weiterbildungsinstitutionen. eine empirische Studie zum Leitungshandeln in differenten Konstellationen. Kovac, Hamburg.

Rogge, K. I. (1994): Elemente einer Weiterbildungsbetriebslehre: Von der Zielorientierung über Programmentscheidungen zum Dienstleistungs-Mix. Textziffer 4.20.10. In: Grundlagen der Weiterbildung e.V. (Hrsg.): Grundlagen der Weiterbildung – Praxishilfen. Luchterhand, Neuwied, Lieferung Januar 1994.

Rohlmann, R. (1989): Strukturanalyse der wirtschaftlichen Bedingungen der allgemeinen Weiterbildung. Nomos, Baden-Baden.

Rohlmann, R. (1999): Weiterbildungsgesetze der Länder. In: R. Tippelt (Hrsg.): Handbuch Erwachsenenbildung/Weiterbildung. (2., überarbeitete und aktualisierte Auflage) Leske und Budrich, Opladen, S. 402-417.

Rose, A. M. (1962) (Hrsg.): Human Behaviour and Social Process: an interactionist approach. Routledge and Kegan Paul, London.

Rosenbladt, B./Bilger, F. (2008): Weiterbildungsverhalten in Deutschland. Bd. 1 Berichtssystem Weiterbildung und Adult Education Survey 2007. Bertelsmann, Bielefeld.
Rosenstiel, L. v. (2000): Grundlagen der Organisationspsychologie. Basiswissen und Anwendungshinweise. Schäffer-Poeschel, Stuttgart.
Rustemeyer, D. (2009): Anarchie im Büro? Organisationen als Formen multipler Rationalität. In: U. Lange/S. Rahn/W. Seitter/R. Körzel (Hrsg.): Steuerungsprobleme im Bildungswesen. Festschrift für Klaus Harney. VS Verlag für Sozialwissenschaften, Wiesbaden, S. 35-56
Sauter, E. (2008): Öffentliche Verantwortung und Eigenverantwortung. Steuerung der Weiterbildung durch Ordnungskonzepte und Systemansätze. In: S. Hartz/J. Schrader (Hrsg.): Steuerung und Organisation in der Weiterbildung. Klinkhardt, Bad Heilbrunn, S. 183-196.
Schäffter, O. (1979): Institutionsberatung als neue Aufgabe beruflicher Weiterbildung. Freie Universität Berlin, Berlin.
Schäffter, O. (1985): Kursleiterfortbildung. Überlegungen zur Intensivierung der Arbeitsbeziehungen zwischen hauptberuflichen und freien Mitarbeitern in der Erwachsenenbildung. PAS-DVV, Frankfurt am Main.
Schäffter, O. (1987): Organisationstheorie und institutioneller Alltag der Erwachsenenbildung. In: H. Tietgens (Hrsg.): Wissenschaft und Berufserfahrung: zur Vermittlung von Theorie u. Praxis in d. Erwachsenenbildung. Klinkhardt, Bad Heilbrunn, S. 147-171.
Schäffter, O. (1993): Perspektiven erwachsenenpädagogischer Organisationsforschung. Antrittsvorlesung 17. Juni 1993. Humboldt-Universität zu Berlin, Berlin.
Schäffter, O. (1998): Struktureller Wandel der Weiterbildung als Institutionsgeschichte. In: N. Vogel (Hrsg.): Organisation und Entwicklung in der Weiterbildung. Klinkhardt, Bad Heilbrunn, S. 35-53.
Schäffter, O. (2001): Weiterbildung in der Transformationsgesellschaft. Zur Grundlegung einer Theorie der Institutionalisierung. Schneider, Baltmannsweiler.
Schäffter, O. (2003a): Erwachsenenpädagogische Organisationstheorie. In: W. Gieseke (Hrsg.): Institutionelle Innensichten der Weiterbildung. Bertelsmann, Bielefeld, S. 59-81.
Schäffter, O. (2003b): Institutionelle Selbstpräsentation von Weiterbildungseinrichtungen. Reflexion pädagogischer Organisationskultur an institutionellen Schlüsselsituationen. In: D. Nittel/W. Seitter (Hrsg.): Die Bildung des Erwachsenen. Erziehungs- und sozialwissenschaftliche Zugänge. Festschrift für Jochen Kade. Bertelsmann, Bielefeld, S. 165-184.
Schedler, K. (2007): Forschungsannäherung an die managerialistische Verwaltung. In: K. König/C. Reichard (Hrsg.): Theoretische Aspekte einer managerialistischen Verwaltungskultur. 1. Symposium des Arbeitskreises „Theoretische Aspekte der Verwaltungskultur". DFÖV, Speyer, S. 79-109. Online im Internet: URL http://192.124.238.248/fbpdf/fb-254.pdf (zuletzt abgerufen am 29.11.2013).
Schemmann, M. (2009): Das unausgeschöpfte Potential des Neo-Institutionalismus. Die Verknüpfung der analytischen Ebenen als zukünftiger Forschungsfokus. In: S. Koch/M. Schemmann (Hrsg.): Neo-Institutionalismus in der Erziehungswissen-

schaft. Grundlegende Texte und empirische Studien. VS Verlag für Sozialwissenschaften, Wiesbaden, S. 347-358.
Schiersmann, C./Thiel, H./Fuchs, K./Pfitzenmaier, E. (1998): Innovationen in Einrichtungen der Familienbildung. Eine bundesweite empirische Institutionenanalyse. Leske und Budrich, Opladen.
Schlutz, E. (1997): Erwachsenenbildung als Dienstleistung. Textziffer 4.10.10. In: Grundlagen der Weiterbildung e.V. (Hrsg.): Grundlagen der Weiterbildung – Praxishilfen. Luchterhand, Neuwied, Lieferung Juli 1997.
Schmidt, C. (2003): „Am Material": Auswertungstechniken für Leitfadeninterviews. In: B. Friebertshäuser/A. Prengel (Hrsg.): Handbuch qualitative Forschungsmethoden in der Erziehungswissenschaft. Juventa, Weinheim, S. 544-568.
Schmidt, C. (2005): Analyse von Leitfadeninterviews. In: U. Flick/E. v. Kardorff/I. Steinke (Hrsg.): Qualitative Forschung. Ein Handbuch. (4. Auflage) Rowohlt, Reinbek, S. 447-456.
Schmitz, E./Tietgens, H. (1984) (Hrsg.): Enzyklopädie Erziehungswissenschaft. Band 11 Erwachsenenbildung. Klett-Cotta, Stuttgart.
Schöll, I. (1996): Weiterbildungsmarketing. DIE, Frankfurt am Main.
Schrader, J. (2008a): Steuerung im Mehrebenensystem der Weiterbildung – ein Rahmenmodell. In: S. Hartz/J. Schrader (Hrsg.): Steuerung und Organisation in der Weiterbildung. Klinkhardt, Bad Heilbrunn, S. 31-64.
Schrader, J. (2008b): Die Entstehung eines neuen Steuerungsregimes in der Weiterbildung. In: S. Hartz/J. Schrader (Hrsg.): Steuerung und Organisation in der Weiterbildung. Klinkhardt, Bad Heilbrunn, S. 387-413.
Schrader, J. (2011): Struktur und Wandel der Weiterbildung. Bertelsmann, Bielefeld.
Schreyögg, G. (1999): Organisation. Grundlagen moderner Organisationsgestaltung; mit Fallstudien. (3., überarbeitete und erweiterte Auflage) Gabler, Wiesbaden.
Schröer, A. (2004): Change Management pädagogischer Institutionen. Wandlungsprozesse in Einrichtungen der evangelischen Erwachsenenbildung. Leske und Budrich, Opladen.
Schröter, E./Wollmann, H. (2001): New Public Management. In: B. Blanke/S. v. Bandemer/F. Nullmeier/G. Wewer (Hrsg.): Handbuch zur Verwaltungsreform. (2., erweiterte und durchgesehene Auflage) Leske und Budrich, Opladen, S. 71-82.
Schuler, H. (1995) (Hrsg.): Lehrbuch Organisationspsychologie. (2., korrigierte Auflage) Huber, Bern.
Schulte-Zurhausen, M. (2010): Organisation. (5., überarbeitete und aktualisierte Auflage) Vahlen, München.
Schuppert, G. F. (1980): Die öffentliche Aufgabe als Schlüsselbegriff der Verwaltungswissenschaft. Verwaltungsarchiv, H. 4, S. 309-344.
Schuppert, G. F. (1997): Verwaltung zwischen staatlichem und privatem Sektor. In: K. König (Hrsg.): Öffentliche Verwaltung in Deutschland. (2. Auflage) Nomos, Baden-Baden, S. 269-284.
Scott, W. R. (1971): Konflikte zwischen Spezialisten und bürokratischen Organisationen. In: R. Mayntz (Hrsg.): Bürokratische Organisation. (2. Auflage) Kiepenheuer und Witsch, Köln, S. 201-216.
Scott, W.R. (2009): Institutions and Organizations. Sage, London 1995 zitiert nach Bogumil, J./Jann, W.: Verwaltung und Verwaltungswissenschaft in Deutschland.

Einführung in die Verwaltungswissenschaft. (2. Auflage) VS Verlag für Sozialwissenschaften, Wiesbaden.

Seckelmann, M. (2008): Die historische Entwicklung kommunaler Aufgaben. dms – der moderne staat, H. 2, S. 267-284.

Seitter, W. (1999): Zwischen Dozieren und Disponieren. Aspekte einer Professionalisierungsgeschichte von Erwachsenenbildung. In: H. J. Apel (Hrsg.): Professionalisierung pädagogischer Berufe im historischen Prozeß. Klinkhardt, Bad Heilbrunn, S. 383-407.

Seitter, W. (2007): Geschichte der Erwachsenenbildung. Eine Einführung. (3., aktualisierte Auflage) Bertelsmann, Bielefeld.

Senge, K. (2005): Der Neo-Institutionalismus als Kritik der ökonomistischen Perspektive. Technische Universität Darmstadt, Darmstadt. Online im Internet. URL: http://tuprints.ulb.tu-darmstadt.de/epda/000620/BIB9.pdf (zuletzt abgerufen am 27.11.2013).

Senge, K. (2006): Zum Begriff der Institution im Neo-Institutionalismus. In: K. Senge/K. Hellmann (Hrsg.): Einführung in den Neo-Institutionalismus. VS Verlag für Sozialwissenschaften, Wiesbaden, S. 35-47.

Senge, K./Hellmann, K. (2006) (Hrsg.): Einführung in den Neo-Institutionalismus. VS Verlag für Sozialwissenschaften, Wiesbaden.

Senzky, K. (1974): Management der Erwachsenenbildung. Eine Einführung. In: A. Beckel/K. Senzky: Management und Recht der Erwachsenenbildung. Kohlhammer, Stuttgart, S. 5-170.

Senzky, K. (1979): Erwachsenenbildung als Förderungsaufgabe. Zur Verwaltung von Förderungsaufgaben durch die Kommune am Beispiel der Volkshochschule. Hessische Blätter für Volksbildung, H. 4, S. 303-310.

Siebert, H. (1979): Wissenschaft und Erfahrungswissen der Erwachsenenbildung. Schöningh, Paderborn.

Snellen, I. (2006): Grundlagen der Verwaltungswissenschaft. Ein Essay über ihre Paradigmen. VS Verlag für Sozialwissenschaften, Wiesbaden.

Sommermann, K.-P. (2002) (Hrsg.): Beiträge zur wissenschaftlichen Arbeitstagung aus Anlass des 25jährigen Bestehens des Forschungsinstituts für öffentliche Verwaltung vom 08. bis 10. Oktober 2001 in Speyer. Duncker und Humblot, Berlin.

Stefan, A./Greskowiak, D. (2011): Kommunales Bildungsmanagement. Werkstattbericht. Projekt „Lernen vor Ort" Bonn. Online im Internet: URL http://www.lernen-vor-ort.info/_media/WB_1.pdf (zuletzt abgerufen am 27.11.2013).

Stitt-Gohdes, W. L./Lambrecht; Judith J./Redmann, D. H. (2000): The Critical-Incident Technique In Job Behavior Research. Journal of Vocational Education Research, H. 1, S. 59-84.

Strunk, G. (1988): Bildung zwischen Qualifizierung und Aufklärung. Zur Rolle der Erwachsenenbildung im Prozeß gesellschaftlichen Umbaus. Klinkhardt, Bad Heilbrunn.

Tacke, V. (2004): Organisation im Kontext der Erziehung. Schule als „lernende Organisation". In: W. Böttcher/E. Terhart (Hrsg.): Organisationstheorie in pädagogischen Feldern. Analyse und Gestaltung. VS Verlag für Sozialwissenschaften, Wiesbaden, S. 19-42.

Teichler, U. (1997): Politikprozesse, öffentliche Verantwortung und soziale Netzwerke. In: K. Derichs-Kunstmann/P. Faulstich/C. Schiersmann/R. Tippelt (Hrsg.): Weiterbildung zwischen Grundrecht und Markt. Rahmenbedingungen und Perspektiven. Leske und Budrich, Opladen, S. 67-76.

Terhart, E. (1986): Organisation und Erziehung. Neue Zugangsweisen zu einem alten Dilemma. Zeitschrift für Pädagogik, H. 2, S. 206-222.

Tietgens, H. (1972): Leiter und pädagogischer Mitarbeiter an Volkshochschulen. Blätter zur Berufskunde. (3. Auflage) Bertelsmann, Bielefeld.

Tietgens, H. (1982): Vorbemerkungen. In: Pädagogische Arbeitsstelle des Deutschen Volkshochschul-Verbandes (Hrsg.): Wissenschaftliche Perspektiven zur Erwachsenenbildung. Westermann, Braunschweig, S. 1-4.

Tietgens, H. (1984a): Institutionelle Strukturen der Erwachsenenbildung. In: E. Schmitz/H. Tietgens (Hrsg.): Enzyklopädie Erziehungswissenschaft. Band 11 Erwachsenenbildung. Klett-Cotta, Stuttgart, S. 287-302.

Tietgens, H. (1984b): Zum Verhältnis von Erwachsenenbildung und Verwaltung. In: Hessischer Volkshochschulverband: VHS-Verwaltungsmitarbeiter-Tagung 1984b. Hessischer Volkshochschulverband, Frankfurt am Main, S. 7-13.

Tietgens. H. (1987) (Hrsg.): Wissenschaft und Berufserfahrung. Zur Vermittlung von Theorie und Praxis in der Erwachsenenbildung. Klinkhardt, Bad Heilbrunn.

Tippelt, R. (1999) (Hrsg.): Handbuch Erwachsenenbildung/Weiterbildung. (2., überarbeitete und aktualisierte Auflage) Leske und Budrich, Opladen.

Tippelt, R./Hippel, A. (2009) (Hrsg.): Handbuch Erwachsenenbildung/Weiterbildung. (3., überarbeitete und erweiterte Auflage) VS Verlag für Sozialwissenschaften, Wiesbaden.

Turner, R. H. (1962): Role-Taking: Process versus Conformity. In: A. M. Rose (Hrsg.): Human Behaviour and Social Process: an interactionist approach. Routledge and Kegan Paul, London, S. 20-40.

Ufermann, F. (1987): Organisationspraxis und institutionelle Handlungsspielräume in Volkshochschulen. In: H. Tietgens (Hrsg.): Wissenschaft und Berufserfahrung. Zur Vermittlung von Theorie und Praxis in der Erwachsenenbildung. Klinkhardt, Bad Heilbrunn, S. 172-192.

Ufermann, F. (2001): Organisationsaufbau, Aufgabenverteilung und Arbeitsprozesse in Weiterbildungseinrichtungen. Textziffer 4.20.20. In: Grundlagen der Weiterbildung e.V. (Hrsg.): Grundlagen der Weiterbildung – Praxishilfen. Luchterhand, Neuwied, Lieferung Februar 2001.

Vogel, N. (1998) (Hrsg.): Organisation und Entwicklung in der Weiterbildung. Klinkhardt, Bad Heilbrunn.

Weick, K. E. (1976): Educational Organizations als Loosely Coupled Systems. Administrative Science Quarterly, H. 1, S. 1-19.

Weinberg, J. (1979): Weiterbildung ist Daseinsvorsorge. Hessische Blätter für Volksbildung, H. 4, S. 311-318.

Weymann, A. (1980) (Hrsg.): Handbuch zur Soziologie der Weiterbildung. Luchterhand, Neuwied.

Wissenschaftlicher Rat der Dudenredaktion (2010) (Hrsg.): Duden. Das Fremdwörterbuch. (10., aktualisierte Auflage) Dudenverlag, Mannheim.

Wissenschaftlicher Rat der Dudenredaktion (2013) (Hrsg.): Duden. Das Herkunftswörterbuch. (5., neu bearbeitete Auflage) Dudenverlag, Mannheim.
Wiswede, G. (1977): Rollentheorie. Kohlhammer, Stuttgart.
Wittpoth, J. (1987): Wissenschaftliche Rationalität und berufspraktische Erfahrung. Zum weiterbildenden Studium für Mitarbeiter in der Erwachsenenbildung. Klinkhardt, Bad Heilbrunn.
Wittpoth, J. (2003a): Einführung in die Erwachsenenbildung. Leske und Budrich, Opladen.
Wittpoth, J. (2003b): (Weiter-)Bildungssystem und Systembildung. In: D. Nittel/W. Seitter, (Hrsg.): Die Bildung des Erwachsenen. Erziehungs- und sozialwissenschaftliche Zugänge. Festschrift für Jochen Kade. Bertelsmann, Bielefeld, S. 53-67.
Woolsey, L. K. (1986): The Critical Incident Technique. An Innovative Qualitative Method of Research. Canadian Journal of Counselling, H. 4, S. 242-254.
WSF Wirtschafts- und Sozialforschung (2005): Erhebung zur beruflichen und sozialen Lage von Lehrenden in Weiterbildungseinrichtungen. Schlussbericht. Kerpen. Online im Internet. URL: http://www.bmbf.de/pubRD/berufliche_und_soziale_lage_von_lehrenden_in_weiterbildungseinrichtungen.pdf (zuletzt abgerufen am 27.11.2013).
Zech, R./Ameln, F. v. (2010): Handbuch Management in der Weiterbildung. Beltz, Weinheim.
Zech, R./Ehses, C. (1999) (Hrsg.): Organisation und Lernen. Expressum, Hannover.
Zeuner, C./Faulstich, P. (2009): Erwachsenenbildung – Resultate der Forschung. Entwicklung, Situation und Perspektiven. Beltz, Weinheim.

10.4 Anhang: Transkriptionsregeln

Sicher	Auffällige Betonung, auch Lautstärke
V i e l	Gedehnt
(..)	Sprechpause oder ab 3 sec. Zeitangaben
[Name]	Anonymisierung
(?)	nicht verständlich
(Beispiel?)	vermuteter Wortlaut
(englisch)	Englische Aussprache, flüsternd, leise
<Ereignis>	nichtsprachliches Ereignis, Handlungen, Begleiterscheinungen des Sprechens,
<I: hm, hm>	Rezeptionssignale in Textfluss eingebunden
I:	Interviewer
Ab Interview 10 VMA 4 keine Wortwiederholungen transkribiert.	
Bis Interview 10 VMA 4 kaum Rezeptionssignale transkribiert.	

The manufacturer's authorised representative in the EU is Springer Nature Customer Service Centre GmbH, Europaplatz 3, 69115 Heidelberg, Germany. If you have any concerns regarding our products, please contact ProductSafety@springernature.com

Printed and bound by CPI Group (UK) Ltd, Croydon, CR0 4YY

25/03/2026

02078212-0002